JN092897

定本
ライブハウス「ロフト」青春記

平野悠

LOFT BOOKS

プロローグ

「ロフトの歴史を書き留めておかねば」という考えがふっと脳裏をよぎったのは、還暦を目前にした7年前の夏だった。スコールまがいの雨の中、私は傘もささず新宿の摩天楼に向かって一人つぶやき、ちょっとした決意を持って深夜の歌舞伎町コマ劇場の前に立った。60歳といえば、いつ死んでもおかしくない年齢だ。

「今、書いておかなければ。俺しか書くヤツはいない」

そう、誰が何と言おうと、1971年春、東京・世田谷区の千歳烏山に誕生したロフトは、日本のロックの黎明期から現在まで、ロックやフォークのライブ空間を維持し続けてきた。現在に至るまでの約40年間、ロフトは無数の表現者とファンに支えられてきた。その人たちに対してロフトは、そして私たちスタッフは何をどう伝えてきたのか？

さまざまな思いが頭の中で交錯する。新宿歌舞伎町はいつまでも私を飽きさせない摩訶不思議な街だ。エキサイティングでスリル満点、懐も深い。酔客の傘の波が駅に向かって流れていく。雨にけぶる、けばけばしいネオンと猥雑な風俗のコピーが、嫌でも目の中に飛び込んでくる。なぜか〝孤独〟を感じながら、なおも私は「ロフトの歴史を書き残す」ことだけを考えていた。ロフトの伝統や歴史をただ振り返るのではない、まして誇るわけでもない。

この文章が私自身の歴史であるのか、それとも〝運命〟なのか、それさえも分からない。音楽評論家でもない非力な一ライブハウスのオヤジが、何をどこまで書ききれるのか、不安はある。それでも、ロフトとともに生き、喜び、怒り、楽しみ、苦しんだ日々を書き記すことで、いまだ自分が知らない何かを発見したい、何かを語りたい、と激しく思った。

蒸し暑い夜風に吹かれながら、「書きたい」という感情は抑えきれないほど強くなってくる。あっちにゴツン、こっちにゴツンと悪戦苦闘しながら書き続けるしかないと思った。書きたいテーマはたくさんある。

雷鳴交じりの雨はやむことなく、〝不夜城〟〝日本一危ない街〟の夜は、さらに輝きを増していく――。

定本　ライブハウス「ロフト」青春記

目次

第二章　飛躍　西荻窪ロフト編　47

第三章 追撃 荻窪ロフト編

第四章　革命　下北沢ロフト編　113

第五章 天下御免 新宿ロフト編 vol.1 141

第六章 爛熟 新宿ロフト編vol.2 205

ブックデザイン　鈴木成一デザイン室

第一章

開宴

失業、そしてジャズ喫茶を開店

山小屋風スナック
烏山に誕生!!
TEL 308-8691
COFFEE & WINE LOFT IS YOUR ROOM
ちかごろ若者向のスナックが少なくなったと悩んでいる若者に絶対の店、スナック・ロフト誕生!! 大東京にもめずらしい山小屋風スナック新しい君の個性を創り出す部屋‥‥
● ロフトとは、屋根裏という意味でアメリカのヒッピーの愛用する言葉です。
MENU
ロフト特選コーヒー
コーヒーブレンド 120
ブラジル 160
マンデリン 160
コロンビア 160
キリマンジェロ 160
モカ 180
ブルーマウンテン 180
紅茶 120
コーラ 130
ビール 220
日本酒(大) 250
ウイスキー 白 100
角 200
オールド 300
サンドウィッチ 250
焼そば 200
カツライス 300
カレーライス 250
ーキープボックスー
角 3,000
オールド 4,000

FREE TALKING SPACE
京王線
ロフト 千歳烏山店
JAZZ
ROCK
FOLK
失なわれた連帯の回復とは
—ポリシーのある連帯を求めて—
弧立無援のあなたにおくる
めくるめく愛の宿!!
NEW MUSIC ショップ 烏山ロフト
コルトレーン・クラプトンから陽水まで聴く事ができるのです。
〝小ちゃな店です。
ここが本当の屋根裏部屋(LOFT)です
ドアーをあけたとたん あなたはその雰囲気にのみこまれてしまいます
NEW MUSIC IN LOFT FOR YOU ROOM
PM.3:00〜AM.2:00 ☎307-8490
千歳烏山
PARKING

ある音大生に宛てた手紙

交流ノート　1971年8月

今、僕は『銀巴里セッション』のレコードを流しながらこの手紙を書いています。君が通う音楽大学のそばに、僕は烏山ロフトというちっぽけなジャズ喫茶を開き、君は毎日のように通ってくれた。君はいつも一人で来て、マンデリンを1杯頼み、文庫本をテーブルに置き、窓際のいつもの席に、まるでお人形さんのようにちょこんと座っていた。僕はアルコール・ランプに火を入れ、サイフォン・コーヒーをいれる。小さな店内でコーヒーの香りがスウィングし始める。

お客さんのいない店内で君を迎える音楽はやはり、高柳昌行、富樫雅彦、菊地雅章によるジャズの名曲『グリーンスリーブス』にしよう。この盤が日本で録音されたのは、1963年6月26日の深夜だった。当時、著名なジャズメンが揃って麻薬や酒で演奏不能になってしまい、もう日本のジャズは終わった、とささやかれていた。

「何とかしようと、みんなが集まってレコーディングしたのがこの盤だった」と教えてくれたのは、確か君だったよね。レコードを聴きながら「日本のジャズの夜明けはここから始まったのよ」って熱っぽく語ってくれたね。それから、これからの日本のジャズ界を背負っていくのは菊地雅章と山下洋輔だ、と力説していたことも。確かにこの名盤に参加していたジャズメンは、最初おどおどして、ちょっと遅れがちに演奏に入っていく。そのもどかしさというか、彼らの感激した思いがジンジン僕には伝わってくる。

「ジャズは常に前衛的でなければいけない。だからジャズは面白い。作曲と即興演奏こそがジャズのエネルギーなの」と、クラッシック・ピアノを専攻している君が熱く語るのを、とても興味深く聴いていた。当時の僕はジャズの聖人、ジョン・コルトレーンばかりを聴いていた。ジャズに関して僕は井の中の蛙、それで満足していたんだな。ジャズ喫茶のマスターが、音大生のお客さんにジャズを教えてもらっていたなんて、今思うとひどく滑稽な話だね。

　君とのおしゃべりが僕の空想癖に火をつけたみたいで、全くおかしいくらい君が帰った後はいろいろと空想にふけっていたものだ。日常のふとした瞬間、本を読むでもなく、人を待つあてもない時間の中で、いろいろな考えが頭の中を駆け巡る。電車の窓からぼんやり眺めていると、思いがけないアイデアが次から次へと湧き出てきて、突然次の駅で降り、喫茶店に入ってノートするなんてことも、よくあったよ。

烏山ロフトは次第にジャズだけではなく、ロックもフォークもかけるようになり、「君が来たらこのレコードを聴かせてやろう」と、あれこれ用意して待ち構えていたものだ。君が僕と同様、ロックやフォークに目覚めていく情景は、二人の密かな楽しみでもあったと思う。僕は今、烏山ロフトに置いてあるお客さん同士の「交流ノート」（落書き帳）に君が書き込んだ文章を読んでいるんだ。

交流ノートの返信

学校のそばに見つけた、生まれて初めての小さな安らぎの空間、それが烏山ロフト。私が行くのは昼間の3時ごろ。いつもお客さんは誰もいなくって、なぜか私一人のためのジャズ喫茶。気に入っています。お客さんがいつも少ないようだけど、潰さないでくださいね。最低、私が卒業するまでは……。怪しい音大生より。

失業から自立へ？「鳥山ロフト」の誕生

1970年、私はもう26歳になっていた。大学を卒業し、やっともぐり込んだ出版社を追い出されたとき、かみさんのお腹には子供がいた。恐れを知らぬ青春の日々、私は肉体労働のアルバイトと失業保険で不安定な日々を過ごしていた。自分を取り巻く絶望的な状況に相当焦っていた。もうすぐ子供が生まれるというのに、私にはまともな就職口すらなかったのである。

大学時代は多くの青年と同様、はしかにかかるようにマルクス主義の洗礼を受け、学生運動にハマってしまい、逮捕されることもあった。とにかくマルクス主義の「革命」という幻想に夢中になってしまった。時代は〝政治の季節〟であり、かのキューバ革命の闘士、チェ・ゲバラが「第2、第3のベトナムを！」とアジり、ボリビアの山奥で壮絶な死を遂げた。先進国に抑圧されていた第三世界の国々が独立戦争を経て自らを主張し始めた。アメリカではブラック・パンサーが黒人解放のために立ち上がり、パリでは学生たちが学生街を解放区にして権力と戦った。そんな学生運動ばかりやっていた私に、まともな就職先なんかあるはずもない。試験を受け、面接まで行っても必ず落ちた。それでも、かみさんは長いこと何も言わず、妊娠7ヵ月になっても働きに出ていた。

無職・浪人中の私はいよいよ追い詰められ、もはや起業して小さな店でも持つ以外に食べていく道はなかった。資産的な展望もスナック運営のプログラムも持ち合わせていなかった。もちろん当時でさえ、若造が起業して「自分の店を持つ」なんて夢の世界であったが、あえて挑戦してみることにした。自信は全くなかった。目的は生活手段獲得であった。起業といっても、60年代後半から日本ではやり出したスナックをつくろうと考えた。一般的には女性（ママと呼ばれる）がカウンター越しに接客サービスをするという怪しげな場所だと思っていた。

「僕が初めて　君を見たのは　白い扉の　小さなスナック」と歌われたパープル・シャドウズの『小さなスナック』という曲が当時、はやっていた。たまたま私は学生時代からジャズが大好きで、よく新宿や吉祥寺のジャズ喫茶に通ってはいたが、おたく風ないわゆる「ジャズキチ」ではなかった。それでもジャズのレコードを多少持っていた（200〜300枚だったと思う）こともあり、豪華な音響設備やレコード数万枚を所有する老舗（しにせ）ジャズ喫茶にはまるで歯が立たないが、このレコードをベースにジャズ喫茶まがいのスナックを開こうという、何とも危なっかしい独立計画を持った。好きなジャズを聴きながら飯が食えるなんて、何とステキな商売だろう、と幻想が膨らんでいった。

かき集めた開店資金は１４０万円

手持ちの開店資金はかみさんから借りた40万円ポッキリ。これでは圧倒的に足りない。親や友人に共同経営者として出資してもらい、ほとんど詐欺状態で借りまくり、総額１４０万円となった。友人を中心に、ほとんど手づくりの店を完成させるのにそれほどの苦労はなかったと思う。

まず、新宿の喫茶店で見習いとして短期の約束で働き始めた。仕事はさほど難しいと思わなかった。軽食と飲み物の調理方法を覚えるのに1週間もかからなかった。特別な料理を教わる必要もなかった。ただ自分の好きなコーヒーにだけはこだわった。お客さんが注文するたびに1杯ずつ丁寧にいれるサイフォン式を選んだ。何とも気楽な開店準備でもあり、後に当然のごとく経営危機に陥(おちい)って、涙なくしては語れない苦労をするなんて、夢にも思っていなかった。

若かったし、時代は高度経済成長期に入っていた。社会全体はさまざまな矛盾をはらみながらも明るく楽しげに動いており、生活を支える悲壮感なんてあり得なかった。何ともノー天気な時代で、〝明日への希望〟が、どこにでもあるように思えた。

ロフトのネーミングの由来

ジャズ・スナックをつくるにあたり、店の名前にはこだわった。ロフトの内装をやってくれた鉄骨デザイナーの加藤さんとアメリカ直輸入の雑誌『ローリング・ストーン』を読んでいたら、偶然にも「LOFT」という文字を発見した。その言葉の響きが気に入った。そもそも「LOFT」とは屋根裏部屋のことで、屋根の傾斜がそのまま天井に出るつくりになる。それで、「LOFT」（英語で「傾斜している」の意）と言うのだそうだ。

70年代といえば、ベトナム戦争が激化し、若者たちの社会変革の波が全世界に押し寄せていた。中でもニューヨークは世界中の芸術家の卵にとって憧れの地であった。夢と希望を求めて、あらゆる地域から若い芸術家が集まってきたが、貧乏な彼らはアトリエや仕事場を持つことができない。そこで、ソーホーという地区を中心に、屋根裏部屋を安くシェアして借り、共同の作業場とした。そこを芸術家の卵たちは「ＬＯＦＴ」と呼んでいた。

かくして東京郊外にある私鉄沿線の名も知らぬところに、ほんの小さな私の根拠地、山小屋風なジャズ喫茶が誕生し、「スナック・ロフト」とネーミングされた。

「ジャズ喫茶・烏山ロフト」の開店

脱サラと自立をテーマに、少ない予算をもとに私は店舗物件を探し回った。東京・新宿を起点とする京王線・千歳烏山駅の近くに7坪、木造モルタルの居抜き店舗物件を見つけた。東京の郊外に初めての店を出した第一の理由は、自宅に近かったから。ここなら幼(おさな)なじみや同級生が来やすいだろうと考えた。極めて単純である。客のあてなんて、それくらいしかなかった。勝算があるわけでもなかった。まだ若かったし、勢いもあった。

木造モルタル2階建て、隣は大家さんが経営する不動産屋だ。居抜きの「烏山ロフト」がささやかにオープンしたのは、１９７１年の3月。吹けば飛ぶような本当に小さなスナックだった。東京で春一番が吹き荒れた日だった。

71年というと、高度経済成長の波に乗り、脱サラがはやった時期であった。街では、かけそば1杯、コーヒー1杯がそれぞれ120円、週刊誌が80円。7坪の家賃が1ヵ月＝3万5000円、いちおうジャズが聴ける4チャンネルの、当時としては最新鋭のステレオ（家庭仕様だったが）を備えた。

この小さな空間が私のお城になった。朝11時に店に入り、まず窓を開け、目いっぱいまでボリュームを上げレコードに針を落とし、それから自分のためのコーヒーを沸かしながら店の掃除をする。

誰もいない店内、お客が来るまでの時間は好きなジャズ・サウンドといつも二人きりだった。私はこの時間をとても愛していた。お客さんが来れば注文を取り、レコードのリクエストにも応じなければならない。やはりお客さん相手のジャズ喫茶だし、好きではないレコードを揃えることもあえてするしかなかった。昼食どきの客を狙い、開店を12時としたが、近所に大きなオフィスがあるわけでもなく、最初のお客さんが来るまでは、コーヒーをすすりながらジャズの世界を堪能していた。売り上げさえ考えなければ、至福のひとときだったような気がする。

水を打ったように静かな昼下がりのけだるい店内、サイフォン・コーヒーの強い香りが漂う中、大好きなフォー・ビートのリズムが小気味よくスウィングする。ジョン・コルトレーンの『至上の愛』の低いサックスの響きが心地よい。毎日毎日、私はコルトレーンばかり聴いていた。

気のきいたメニューなんて何もない。昼間の時間帯はソフト・ドリンク、焼きそば、サンドイッチの軽食、夜はウイスキーの水割りかハイボール。簡単な、どこにでもあるものしか出せなかった。当時のジャズ喫茶なんてそんなものだった。

何年か前は新左翼運動に熱中していて「労働者諸君、今こそ革命を！」なんてアジっていたのがウソみたいだった。あてどもない革命の暴力世界、目的のためなら自分の命を惜しいとも思わなかった。しかし、今、私にはかけがえのない子供が生まれようとしている。命を懸けて守らねばならない妻がいる。そう考えると身が引き締まったが、力も金もない自分がいて、あるのは若さゆえに持つ、勇気と希望だけだった。「頑張ればどんどんよくなる。それが青春だ」と自分に言い聞かせ、信じていたような気がする。

60〜70年代、ジャズ喫茶は威張っていた

1967年7月17日午前4時、肝臓ガンでジョン・コルトレーンは死んだ。私はそのニュースを知って、渋谷百軒店の坂を上ったところにあるジャズ喫茶に駆けつけた。私たちは驚愕し、嘆き悲しんだ。訃報を知った夜、渋谷の「DIG」（のちの「ブラック・ホーク」）では植草甚一、平岡正明、相倉久人といったジャズ評論界の大御所が、この世の終わりのような、悲愴な顔で集まった。巨大なスピーカーから流れるコルトレーンの名曲の数々を聴きながら彼の死をみんなで悲しんだのが、少し前のことのように思い出される。

60年代当時、ジャズ喫茶はカウンター・カルチャー（対抗文化）として若者文化の一翼を

担っていた。ジャズ喫茶に入ると、貧乏な演劇・映画青年や学生が静かにジャズを聴いている風景が一般的だった。歌謡曲や和製ポップス全盛の時代、ジャズ喫茶に通う行為には「俺はお前たちとは違うんだ」というちょっとしたエリート意識があり、そうした前衛的な小道具としてのジャズが必要な時代でもあったのだ。

当時のジャズ喫茶にはいろいろ厳しいルールがあった。1枚のレコードを客の全員が聴くことになるのだ。センスの悪い曲をかけようものなら、気に入らない客は舌打ちして文庫本に目を落とすか、伝票を持って立ち上がる。ジャズ喫茶にはいつだってレコード室の前にレコード・ジャケットが飾ってある。興味のある曲がかかるとジャケットを触りに行くのだ。かける曲の選択は基本的に店の専権事項だった。皿回し（ジャズ喫茶の一流店では専属がいた）は店のオーナーがやるのが常だった。

店はその皿を回すことで客に店側のポリシーとメッセージを伝えた。「おしゃべり禁止」「居眠り禁止」「2時間以上居座ったら追加オーダー」といったルールがあり、「客はただ黙って与えられたジャズを聴け！」という傲慢（ごうまん）な姿勢の店が大半だったような気がする。

店内は薄暗く、コーヒー代も割高だった。客はうつむき加減に席に座り、足でリズムを取り、煮詰まったコーヒーを飲みながら、ちょっと肩を落として本を読む。おしゃべりやコーヒーの味を楽しむこととジャズを楽しむことは別の世界だった。ジャズ喫茶のコーヒーが美味しいなんて話は聞いたことがない。

店主は無口で陰険で、偉そうで、いつも面白くなさそうな顔をしていた。巨大スピーカーから流れる、耳をつんざく爆音が自慢だった。当時の若者たちにステレオを買う余裕はなかったし、ウォークマンもまだなかった時代だ。ましてや60年代当時、ＬＰレコード1枚は２０００円もしたし、ブルーノートのＬＰの空輸便は1枚３０００円以上もした。大卒の初任給が２万～3万円、簡単には買えない。

ジャズのＬＰ1枚を買うには肉体労働のアルバイト料1日分以上が必要だった。レコード盤が宝石のごとく大切に思えたし、1枚1枚に思い出が詰まっていた。60～70年代の音楽文化はこういうところから始まったのだ。

さっそく直面した経営難

店の広さは7坪弱、新宿から京王線で十数分の千歳烏山駅から徒歩5分、今にも潰れそうな映画館を通り過ぎ、にぎやかな甲州街道旧道のバス停先に「烏山ロフト」はあった。ガラス入りの木製扉を開けると、木目の天井から古い山小屋のランプが何本か垂れ下がり、小さな木のテーブルをかすかに照らす。15人も入れば満席になる。天井には買ったばかりの4チャンネル・ステレオスピーカーが大小合わせて4台。中間にトイレと厨房（ちゅうぼう）がある。初めての自分のお城だ。開店したときには一国一城の主になった気分で誇らしかった。予定通りに開店できて、お祝いに多くの友人・知人が来てくれた。街にはさわやかな希望溢れる風が吹いていた。だが、この幸せが長続きするわけもなかった。

1～2週間もすると、ひと通りのお祝い客の波が去り、そして誰も来なくなった。閑散とした店内で私は毎日、呆然と立ち尽くしていた。開店当初は他のジャズ喫茶と同じように昼間の12時に店を開け、夜の11時に閉めていたが、そんな生半可（なまはんか）な営業時間で経営が成り立つはずがないとすぐに悟った。ジャズの看板に惹かれてやってきた客には「えっ！　レコードが全然ない。自分が持っているレコードより少ない！」と絶句された。

新しいお客はほとんど来ない。来客数20人以下の日が続いた。二人の従業員を雇ったが、とても売り上げから給料を支払えない。家賃や酒代も払えない。手持ちのお金はどんどん減っていく。私は焦っていた。お客が入らず潰れてゆく水商売とはこのことなんだと、なぜか他人事のような、不思議な感覚でぼーっとしていたような気がする。ときどきドアを開けて祈るような気持ちで外を見る。しかし道行く人はほとんどいない。暑さ厳しい夏が過ぎ、いつの間にか秋になっていた。

1杯120円のコーヒー代、小さな店内、長時間席を占領する貧乏学生。ジャズ喫茶なんて、お金にならないものだなぁとほとほと痛感していた。これではとてもやっていけない。営業の中心を夜の酒にして店の売り上げを伸ばすしかなかった。酒飲みの相手をするのは辛いけど、ぜいたくは言っていられない。思いきって終業時刻を朝4時の始発まで延ばすと、確かに店の売り上げは若干伸びた。当時、朝まで営業しているスナックや飲み屋は、この街に少なかったのだ。

そうすると今度は夜中に行き場がないチンピラ風の連中や、女性目当てのくだらんオヤジどもが集まってきた。彼らはジャズやロック文化に全く興味を示さない。しかし、これも商売のため、相手にするしかない。彼らは外でシンナーやボンドを吸い、戻ってきては店内でケンカを始めた。平気でツケをするようになってきた。最初は断っていたのだが、彼らの使う金額はそれなりに貴重だった。酒を中心に売ることによって店はますます荒(すさ)んだ場所になった。店側にお客さんを選ぶ余裕はなかったのだ。

そんな店にわざわざジャズを聴きに来る若者はいない。店を経営していて面白くも楽しくもなくなっていった。確かに店の売り上げは少し伸びたが、私の心は晴れなかった。経営意欲がどんどん失われていくのが実感できた。

「もう今月で店を閉めよう」と考える日が続いた。心の中では「また出版業界に戻りたい」という意識があったのだと思う。店をやりながら新聞社や出版社の試験を何回か受けたが合格できなかった。

そんな悪戦苦闘の中、半年が過ぎた。展望なんかまるでなくなり、何がしたいという希望も失われていた。ある夜、私は腹心の部下である山ちゃんと開店前から応援してくれたスタイリストのミトさんに相談した。

「もう限界だ。残念だけど、俺にはもうこの店をやっていく力も情熱もない。このまま赤字でずるずるやっていても自分の首を絞めるだけだ。今月で店を閉めたい」と打ち明けた。この言葉を出せばすべてが終わると思っていた。自分の苦闘に終止符が打てる、と。自らの口で言わないと踏ん切りがつかないと思った。重苦しい沈黙が続いた。

深夜のお客さんが誰もいなくなった店内。クリフォード・ブラウンの『オータム・イン・ニューヨーク』のレコードが悲しく空回りしていた。外はもう白み始め、牛乳を配達する自転車の空き瓶がコトコト鳴っている。「そうか、それほどこの店の経営状態が悪いとは……知らなかった」と親友のミトさんは寂しそうにつぶやいた。

山ちゃんがビックリしたような顔をして、突然立ち上がり、太い声で言った。「悠ちゃん、ちょっと待ってくれ。店の経営状態が悪いことは俺も知っている。でも、もう少し頑張ろうよ。俺、昼間は解体屋のアルバイトをして、そのお金を店に入れる。儲かるようになるまで給料はいらないから。ね、お願いだ」と哀願するように言った。私は「こんな荒んだ店、続けても意味がない」と突き放す。「でも、ここまで苦労してやってきたのだからもったいないよ」と無口なミトさんが繰り返す。

私は目を閉じ、自分が最も愛していたかつてのジャズ喫茶を思い浮かべようとしていた。「こんな店、いつ潰れてもおかしくない。何の意味もない店……俺はいらない」と、ぎりぎりまで感情を抑えて言いきった。

「俺はいいんだ。悠ちゃんが決める問題だ」と、山ちゃんが苦渋の表情で声を振り絞った。私は黙って立ち上がり、「ちょっと一人になりたいんだ。後は頼む」と言って外に出た。京王線上りの始発を待たず、家まで歩いて帰るつもりだった。新聞配達のお兄さんや、早朝の街をウォーキングする老人とすれ違った。Tシャツの中に肌寒い朝の空気が入り込んできた。

朝の国道20号線を歩きながら、私は店をやめる理由を探していた。こんなちっぽけな店だけど、多くの仲間が無償で手伝ってくれたのだ。簡単に敗北宣言はできないと思った。路上に立ち尽くし、信号機を見つめた。なぜか足が前に進まない。ふっと息を止めると「本当に、お前は精いっぱい、ギリギリまで挑戦したのか？」という、私を学生運動に巻き込んだ先輩の叱咤する声が切れ切れに聞こえたような気がした。

「エッ、あんたは今、刑務所に入っているはずじゃないか！　俺は武装闘争が怖くなって戦線離脱した裏切り者だ。何で出てくるんだ!?　来るなよ！」と幻影に向かって叫んでいた。瞬時の〝会話〟が終わった。すると何となくあっけらかんとしている自分を発見した。意外だった。「そうか、もうちょっと頑張ってみるか。ここで放り出してはダメだよな」という意識が身体全体に広がっていった。

帰宅して朝の苦いコーヒーを飲んだ。かみさんは働きに出ている。一人カーテンを開け、レコードをかける。まぶしい朝の陽射しは「ここで立ち止まるわけにはいかない」という確たる思いを後押ししてくれるように思えた。やがてうつらうつらとなり、私はベッドに潜り込んだ。

再出発で自慢できるものは何か？

正直な話、ジャズ喫茶・烏山ロフトには、自慢できるものが何ひとつなかった。自分をさらけ出し、捨て身で店を経営してこなかったことを十分に反省していた。自分の給料なんてほとんどない。だが、圧倒的に少ないジャズのレコード、しょぼいスピーカー・システム、東京の郊外という立地条件もよくはない。かわいいウエイトレスはいないし、美味しい物を食べさせることもできなかった。これじゃお客さんが来るわけがない。私が出した最終結論は、「ジャズ喫茶風経営をやめる」ことだった。

まず基本的に考えたのは、もっとこの街になじみ、地域とともに生きることだった。言うなれば「土着化」の思想を持たなければいけないと思った。ほんの小さな街に開く小さなジャズ喫茶、商店街の会合に出席し、近くの飲み屋にも可能な限り顔を出し、おしゃべりをした。幸いなことに、店の近くには桐朋学園大学の音楽学部や白百合女子大学、複数の劇団の稽古場もあった。そこの女子学生がちらほらお客さんとして来るようになっていた。私は女子大周辺や劇団の稽古場に手書きのポスターを貼り、毎日チラシを配った。京王線沿線で「ジャズ・スナック」を名乗る店がなかったことも幸いした。チラシをサークルの部室や行きつけの喫茶店に貼ってくれる常連客も出てきた。それでも1日1万円の売り上げをあげるまで半年以上かかった。

烏山ロフト再生計画が始まった

店内ではお客さんの一人ひとりに丁重に声をかけ、レコード枚数の少ないことを素直に詫び、「あなたが聴きたいレコードは必ず揃えます」と約束した。さらに、私が大してジャズを知らないことを白状し、誠心誠意むき身の自分をさらけ出してお客さんに対応した。また、自分の過去の生活、特に果敢にやってきた全共闘運動や新左翼系労働運動の苦い経歴談が、興味本位だが若い客に受け入れられていった。「えっ、悠ちゃんはブント（共産主義者同盟）だったの？　逮捕されたこともあるんだ！」と、一部の若者には尊敬もされるようになった。これも気取らずに自分のことを丁寧に答えていったからだと思う。

そして、店内には彼らが好む漫画雑誌『ガロ』や『ＣＯＭ』、当時残り少なかった貸本屋から買い込んだ多くの古い漫画本、同人誌を置き、ガリ版刷りの新聞もつくった。お客さん同士が交流しやすいようにと置いた「交流ノート」は下北沢ロフト時代まで続き、のちに数々の伝説を生んだ。

「交流ノート」には誰もがビックリするような論文やルポ、雑文などがジャズの旋律のように書き込まれていた。店内に置いてあるノートはお客さんに語り継がれ、恋があり、酒の肴(さかな)になり、それを伝え聞いた常連客が出入りして書き始めた。１９７３年、この「交流ノート」はＮＨＫの朝ドラの主題ともなった。

私は、近くに住む女子大生をとても大切にした。女性の参加の多い空間には男が必然的に集まってくるという〝原則〟は、学生運動やサークル活動を通して学んだことだった。これなら得意だ。大胆な店外活動も展開することにした。野球チームを結成し、海水浴やスキー・ツアーも実施。お客さんに野草の専門家がいれば、みんなで「野草採り天ぷらツアー」を企画した。青山高校や千歳高校の社研の連中を集めて「政治討論会」もよく開催したりした。店では若者たちが自主的に『烏山通信』という新聞をガリ版印刷で発行し始めた。そうやって若者の自由な表現を保障すると、店は彼らの溜まり場となった。お客が増え、明日の仕入れ費用に困ることもなく、少しばかりの蓄えさえできるようになっていった。

レコード枚数が少ないことを武器に

烏山ロフトは圧倒的にレコードの枚数が少なかった。ちょっとしたマニアやコレクターが持つ枚数にも負けた。しかし、これがかえってお客さんとの距離を縮めた。お客さんが「この店はかわいそう」と同情したのかどうか分からないが、自発的にレコードを持参してくれた。それが進み、自分のレコードをお店に置いていってくれるようになった。私が「この盤、いいね。ちょっとだけ貸してくれる？」とお願いすることから始まった不思議なシステムだ。

常連たちは自分が所有するレコードを勝手に持ってきて、レコード室に入り込み、勝手にレコードをかけるようになった。こんなジャズ喫茶はあり得なかった。小さなレコード室にはお客さん専用の棚まであって、ジャズ、フォーク、ブルース、カントリー、歌謡曲から浪曲まで、自慢げに各自のレコード棚に置いてくれた。

酔っぱらったお客さんが勝手にレコードをかけるものだから、レコード盤はそれなりに傷み、針もすぐいかれてしまうものの、このシステムは画期的だった。ロフトでは雑多な音楽が来店しているお客さんの気まぐれで決定された。もちろん「なんでそんなつまらん曲をかけるのか！」というクレームでときにはケンカ状態にもなったけれど、実は、そこからお客さん同士のコミュニケーションが生まれたりもした貴重な空間だったのである。

他のお客さんに聴かせるため、自分のレコードを自慢したいがために大切なレコードを持参し、酒を飲みながらジャズやロックの講釈を垂れるのだ。店は生き生きとしてきた。私も週1回、夕刻に「マスターのジャズ基礎講座」を開催することにした。ジャズのことなんか大して知らないのに偉そうに講釈を垂れていた。そうなると、私よりジャズに詳しい連中が集まって来るようになった（彼ら常連は得意満面でジャズの歴史を語ってくれたりした）。私がジャズを知らない客のために最初に聴かせるのは、マル・ウォルドロンの『レフト・アローン』とデイヴ・ブルーベック・カルテットの『テイク・ファイヴ』だった。

「マスターのジャズ基礎講座」は結構人気があった。私の講義中はお客さんが平気でカウンターに入り、勝手に自分のコーヒーをいれた。お客がカウンターの中に入るなんて信じられない、というのが当時も今も、当たり前の考えだ。しかし、私は客と店の間の壁を意識的に取り外したのだ。お客さん一人ひとりが自分の部屋にいるような感じで振る舞い始めた。昼間の店で働くのは私一人だ。忙しいときには常連が手伝ってくれるようになった。

自然とチンピラや女性だけが目当てのお客さんは来なくなり、次第にロフトはお客さん参加型の音楽喫茶になっていった。

お客さんが素晴らしい音楽教師であった

そんな常連たちに囲まれながら、私ははつらつとしてきた。お客さんが貴重な場としてこの店を愛してくれるようになったのが何よりも嬉しかった。営業中にジャズ狂のお客さんが生音でクラリネットを吹いたり、チャーリー・クリスチャン並みにギターを奏でたりした。私の役割は見知らぬお客さん同士を結びつけることだった。お客さん同士が仲良くなれるコミュニケーション手段もたくさんつくった。お酒と心地好い音楽がそこにはあり、客同士の親睦も深まり、特に若い男たちは女性に群がった。従業員に常連だった佐藤文雄が加わり、給料も滞る(とどこお)ことなく払えるようになった。

私はこの店で多くのお客さんからロックやフォークを教えてもらった。60年代後半にべ平連を中心とするフォークゲリラに新宿西口で何度も遭遇し、三里塚の農民の青年行動隊が始めた「日本幻野祭」や「中津川フォークジャンボリー」などが開催されているのは知っていたが、まさか歌や踊り（歌舞音曲）で革命ができるとは思っていなかった。だから何も知らない私にとって、たくさんの情報を持っている若いお客さんは最良の音楽教師でもあった。「悠ちゃん、ビートルズもツェッペリンも知らないの？」と呆れられ、面白がられた。私は数々のお客さんの優しさに育てられた、と言っても過言ではない。

私が初めてロックに興味を持ったのは、ある常連客がピンク・フロイドの新盤『原子心母』を聴かせてくれたときだと思う。このプログレには少なからずぶっ飛んだ。「ロックって意外と繊細さもあって面白いじゃん！」と思った。次にエマーソン・レイク＆パーマー（EL＆P）の『展覧会の絵』がかかったときには、もう間違いなく驚嘆していた。初めてぶっ飛んだロック音楽がプログレというジャンルだったとは随分後から知った。

さらに、自分にとって一番苦手だった〝フリースタイル・ジャズ〟の山下洋輔トリオの『DANCING古事記』を聴いてフリー・ジャズの認識が変わり、友部正人の『にんじん』や浅川マキの『かもめ』、三上寛の『夢は夜ひらく』にショックを受け、とどめは小坂忠が歌う『ほうろう』だった。

いつの間にか、私はロックやフォークのレコード収集も始めるようになった。

烏山ロフトに集まった論客たち

烏山ロフトができてから現在まで49年の月日が経った（店自体は80年代前半に閉店）。あの時代はみんな青春を謳歌していた。烏山ロフトの常連には坂本龍一（音楽家）、二木啓孝（評論家）、生江有二（ジャーナリスト）、そして小林秀夫（ジャズ・バー「モダン」経営者）という4人の大物がいた。彼らは仲がよく、いつもつるんで烏山近辺で飲み歩いていたのも面白い。

坂本龍一

70年当時、坂本は京王線の千歳烏山に住んでいた。芸大の大学院に通いながらアルバイトで銀座のシャンソン喫茶「銀巴里」のピアノを弾いていた。烏山ロフトはレコード枚数も少なく、何とも悲惨な店だったが、すぐ近くにある桐朋学園大学音楽学部の女子学生がたくさん来ていて、坂本龍一は彼女らにホワイトの水割り1杯をおごってもらい、代わりにその場で酒を飲みながらレポートを代筆し、最後はいつもカウンターで酔い潰れて朝を迎えていた。

私はこの時期の坂本を見ていて「彼は天才だ」と直感した。とにかくロフトの女性客にモテた。店内では結構音楽論争があったりしたから、坂本にとっても居心地はよかったはずだ。坂本龍一が日本のロックやフォークと接点を持ち、その存在感を高めていったのも、西荻窪にロフトが開店してライブをやり始めてからだったような気がする。坂本龍一の音楽性の幅広さはこの時代に培（つちか）ったものではないかと思える。坂本はロフトが烏山から西荻窪、荻窪、下北沢に進出する頃には何度も姿を見せていた。深夜に現れ、若いミュージシャンたちと音楽論争をよくしていた。彼ら若き音楽家が坂本音楽理論に影響された逸話は数多く残されている。

「ぼくは、たまたまロフト1号店ができた烏山に住んでいたので、顔を出すようになった。いろいろあった、あの店の中で。それから、あっちこっちにロフトができた。西荻にも行ったし、下北にも行ったな。新宿店は数えるぐらいだった。平野とも、もうあまり顔を合わせることがなくなった。でも、まだあの烏山店の楽しくてわびしい日々は覚えているよ」

――坂本龍一／『ROCK is LOFT』に寄せられたコメントより

二木啓孝

〝最後の全共闘〟と呼ばれていた二木啓孝は当時、明大ブント系過激派組織の幹部で、烏山ロフトの隣のバーでオルグした彼女の勤めるバーが終わるのをロフトで律気に待っていた。

二木が属していた新左翼系過激派（情況派）が73年に、どんな理由か知らないけれど明大生田（いくた）でバリケード・ストライキに突入した。しかし、バリケードを組む学生がほとんどいない。彼らは全教室のドアのかぎ穴に接着剤を注ぎ込んで開かないようにした。それで全学ストライキだと称した。数ヵ月後、二木は学校に呼び出され「ドアの修繕費に何百万円もかかった。その費用を返すか、それとも除籍処分か、どちらがいいか？」と訊かれた。「では、除籍にしてください」ということで無罪になったと自慢していた。

二木は結構ロックが好きで、ギターもベースも弾く音楽青年だった。私も二木の大学の学園祭でシュガー・ベイブや山下洋輔トリオなどが出演した明大自治会主催のコンサートを企画したり、原一男監督の映画『極私的エロス・恋歌１９７４』を上映した覚えがある。

生江有二

明治学院大学出身で、学生の頃からジャーナリスト活動をしていた。狙うは「大宅壮一ノンフィクション賞」だという噂が流れた。長いことテレビ朝日系列の『トゥナイト2』のリポーターを続けていたのは有名な話だ。ロフトプラスワンのオープン時にもテレビ・クルーを連れてきて、中継をしてくれた。

本業はノンフィクション作家で、1982年に暴走族をテーマにした『無冠の疾走者たち』で第9回日本ノンフィクション賞を受賞。ARBの石橋凌をモチーフとした『渾身／石橋凌』は秀逸なルポルタージュだった。主戦場だった『平凡パンチ』全盛期には、生江の署名記事が至るところにあった。ライブハウス・ロフトの特集を何度もやってもらった。文体がすごく綺麗で、滑らかだった。

小林秀夫

千歳烏山駅近くにある「烏山書房」の2代目。書店が閉まる夜10時前後から毎日ロフトに来て酒を飲んでいた。ひと晩でサントリー・ホワイトのボトルを空けてくれたので、売り上げ的には本当に頼りがいがあった。黎明期の烏山ロフトにおいて、忘れようと思っても忘れられない恩義のある人たちの一人である。

インテリである小林さんはロフトが烏山を去った後、書店の上の階に音楽を聴きながらグラスを傾けられるジャズ・バー「J・mood（ジェイ・ムード）」を開店した。開店時間は夜7

時で、週末はジャズ・ライブをやっている。

音楽文化の街・吉祥寺が若者文化をリードした

この時期、毎日が楽しかった。売り上げは順調に伸び、毎月20枚近くレコードを買い、ストックも増えていった。「自分はこの仕事で将来も生活していく」と心を新たにし、この仕事が天職とも思えた。しかし、7坪の小さな空間で将来の展望を持つことまではできなかった。

烏山ロフトは京王線沿線で徐々に人気となり、遠くから来てくれる客が増えていった。しかし私には、どこか不満が残った。十数人でいっぱいになってしまう小さな店では、収入をこれ以上増やすことができない。さらに私を刺激したのが中央線吉祥寺や高円寺の音楽文化だった。新しく湧き起こってきた若者文化はとても興味深く、そこにのめり込んでいった。ジャズ文化は吉祥寺の一つの名物になっており、多くの若者がこの街にやってきた。

数万枚のレコード・ストックと、パラゴンJBLという日本で一番グレートなスピーカーを擁するジャズ喫茶「ファンキー」を筆頭に、吉祥寺ジャズ道場「メグ」、ジャズ酒場「SOMETIME」「西洋乞食」「OUTBACK」があった。さらに洋楽ロック喫茶「赤毛とそばかす」「マッチボックス」が、当時はやりだったレッド・ツェッペリンやストーンズといった洋楽を巨大な音でガンガン流す光景にはぶっ飛んだ。店内はいつも若者で超満員だった。このロック喫茶のシーンは新宿や渋谷の音楽文化を遥かに越えているように見えた。

吉祥寺では、アパッチと言われる人がフリークスのために『名前のない新聞』（72年発行）というミニコミ紙を出していた。この新聞はマイナーながら多くの若者たちに支持された。中央線吉祥寺発であり、カウンター・カルチャーの代表的存在だった。こうして70年代は〝政治の季節〟に青春を燃焼し尽くした青年たちが挫折や消耗から立ち直り、市民社会に戻ってコツコツと地道に自分たちの信じる生きざまをテーマに活動していたのだ。

吉祥寺「武蔵野火薬庫ぐゎらん堂」の衝撃

「BLUES HALL／武蔵野火薬庫ぐゎらん堂」は日本のウッドストックと呼ばれる中津川フォークジャンボリーの翌年、村瀬春樹によって1970年10月に吉祥寺に生まれ、若者が集まる〝伝説の空間〟と言われた。規模も設備もそれほど大規模ではないから投資資金も少なく済みそうで、私にも何とかそういった空間を実現できそうな店だった。吉祥寺の外れの小さなビルの3階にあり、20坪くらいの広さ。基本的には日本のフォーク・ソングやロックを大きなスピーカーから流す特異な店であった。

「ぐゎらん堂」では毎夜何の前触れもなく友部正人や高田渡、南正人、シバ、中川五郎といった中央線沿線に住んでいるシンガー・ソングライターがギターを抱えてやってきて、お客さんと一緒に歌いだすのだ。店内にはマイクも照明もステージもなく、特別な料金も取らない。音楽だけではなく店内の壁面では油彩、日本画、写真、漫画原画などジャンルにとらわれない展示が毎月行われていた。ライブ、イベント、音楽はもとより、さまざまなパフォーマンスが繰り広げられ、当時では珍しい落語会なども催された。

「ぐゎらん堂」に集まったのはミュージシャンとそのファンの高校生、大学生たちだけではなかった。詩人、作家、画家、編集者、漫画家、写真家、映画作家、演劇人、舞踏家、落語家とその卵たちなど、市井（しせい）のプロフェッショナルたちもたくさんやってきた。

つまり「ぐゎらん堂」とは、70年代における日本のカウンター・カルチャーの拠点であり、若者たちのアジト（隠れ家）であり、さまざまな恋愛関係が錯綜した若衆宿でもあった。コミュニケーション重視の店で、かすかだけど政治や市井の匂いがして、〝連帯、友情、そして平和〟という当時はやった雰囲気が残っている感じがあった。

ライブハウスへの目覚め

ロフト2軒目の店は「ぐゎらん堂」のように若者が自由に集まれる空間をつくりたかった。京王線から脱出して憧れの中央線文化に触れてみたいという欲望が膨らんでいった。そんな私の計画を熱心に常連客に話したりしていた。常連客の中に石田さんという音楽ライターで素敵な人がいた。ある深夜、ロックやフォークにハマっていく私に彼はアドバイスをくれた。それは魅力ある「悪魔のささやき」に聞こえた。

「中央線に店を出すのか？　じゃあ、ライブをやれる店をやってみないか？」とタバコの煙を強く吐き出しながら思いきりよく言った。かかっている曲はセロニアス・モンクの『ラウンド・アバウト・ミッドナイト』だった。

「えっ、ライブスポット?」と私が訊き返すと、石田さんは大きくうなずいた。まだライブハウスという言葉さえなく、ライブスポットにしても、日本でそれなりに歴史のあるジャズ系の店(例えば新宿の「ピットイン」)が使っていた言葉だ。

「そんなもの俺にはできっこないよ。コネもないし、やり方も資金も機材の使い方もキャリアもない。ないない尽くしじゃないか?」と私は慌てて言う。

「今、東京にはロックやフォークを直接聴ける店が1軒もなくなってしまった。ロックの本場・アメリカにはいくらでもあるし、ロフトというか平野さんが音楽の第一線に出ていくチャンスだと思う」

「ただレコードをかけるだけではダメか? うーん、この音楽不毛の時代に? 吉祥寺の『ぐゎらん堂』みたいな店なら何とかできると思うし、実はそういう若者文化の情報発信基地みたいな店をやろうと考えていたんだ」。私は石田さんに「ぐゎらん堂」で自分が感じた熱気を伝えようとした。

だが、石田さんは反論する。「『ぐゎらん堂』とは違うな。あそこはフォークだ。マイクとかピアノとかPA(音響)機材もほとんどない。俺が言いたいのは、悠さんがよく行った吉祥寺の『OZ』や渋谷の『クレイジー・ホース』みたいな演奏空間をつくったら面白いだろうと。多分、今の音楽状況から言えば毎日(月30本)ライブはできないと思う。そんなに出演者はいないだろうし。でも、将来、絶対に日本のロックは外国ロックに対抗できる力を持つはずだ。今立てばロフトは日本のロックのパイオニアになれる」。何とも濃い話が果てしなく続いていた。

「確かに月に何回かそういったライブができるのは面白いかもね」と、私はこのアイデアに乗り始めている自分を意識していた。

「週末の金、土、日から始めるといいよ。みんなで応援するから、きっと大丈夫だと思う。やるべきだよ!」と石田さんは断言するように言い、周囲の常連の数人が「私も手伝いたい」と、会話に入ってきた。夜も更けて、お客は数人になっていた。ライブスポットをつくるといったアイデアは考えたこともなかったし、これは画期的だった。ものすごく新鮮な切り口だと私の心は飛び上がらんばかりに躍っていた。

浅川マキの『かもめ』のしわがれたボーカルが深く静かに私の心を支配していた。現実的には夢みたいな話だと十分に分かっているつもりだったが、私は金縛りに遭ったようなしびれと軽い目まいさえ感じていた。

「きっとジャズやはっぴいえんども生演奏できるよね? 山下洋輔トリオを自分の手でやってみたいな……」。酔っぱらった勢いもあったのだろう。私はどこか宙を飛んでいる感じで口走っていた。

「大丈夫。山下トリオの事務所の人を知っているし、吉祥寺に巣くっているフォークの連中なんかは演奏する場所を探しているから、きっと出てくれるよ」と石田さんは簡単に言ってのける。

「でも、ギャラって高いんだろう？　採算は？　お客って入るのかしら……」

酒を飲みながら、夜が白むまでお客さんたちと真剣に討論した。「ライブハウス」とは何か？　と。ライブハウスの本場であるアメリカやイギリスにも行ったことのない私が、まさかライブハウスをつくるなんて、思ってもみないことだった。

朝4時半、酔客が帰った店内で、ほろ酔い加減の私は一人後片づけをしながら、ライブができる空間をつくる夢に酔いしれていた。それがどんなに大変なことなのか知る由もなく、夢に向かって突き進んでいくことになるのだ。その夜はなかなか眠れなかった。

第二章

飛躍

西荻窪ロフト編

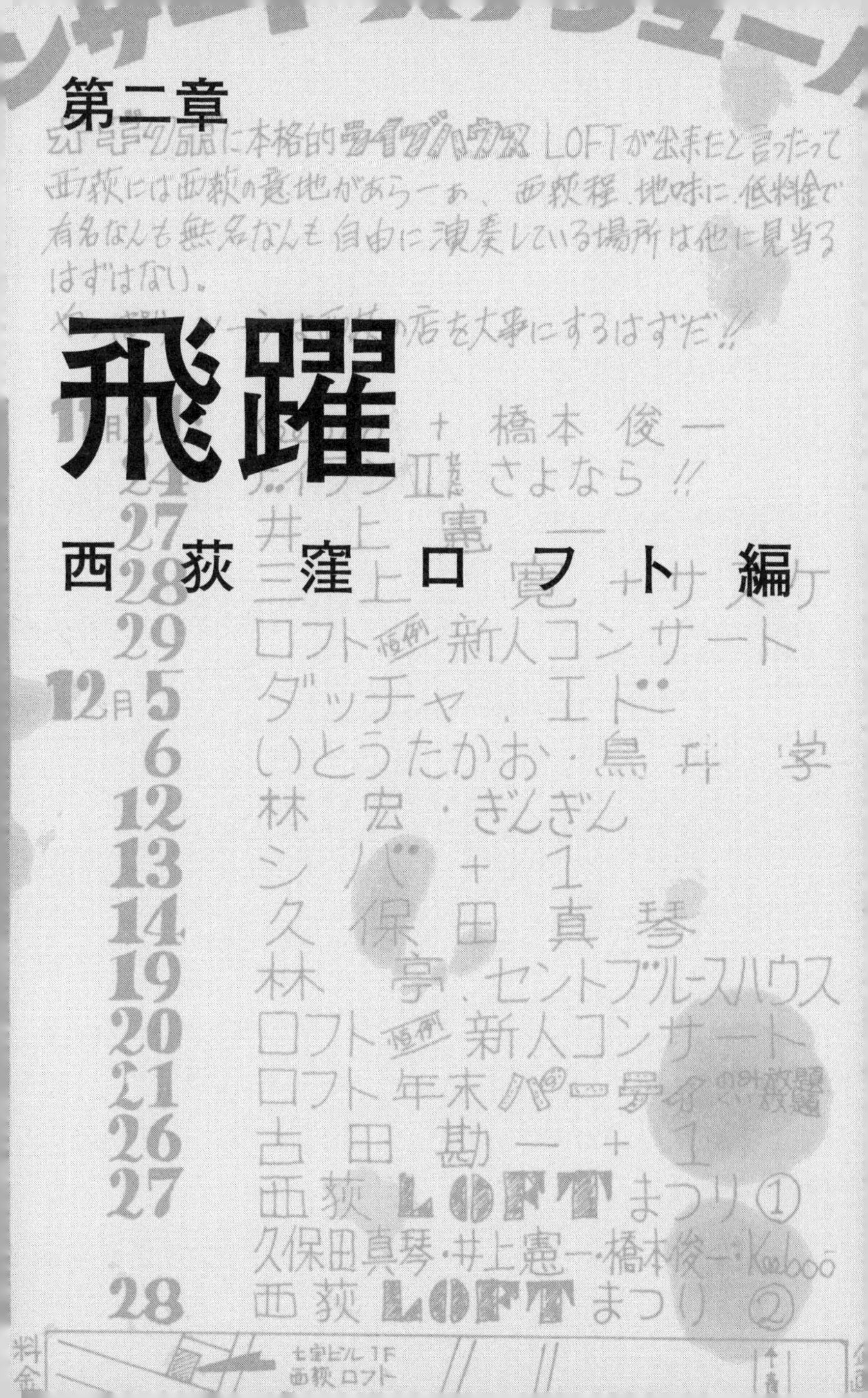

西荻窪ロフト 1973.7→76.10

西荻窪ロフト・春二番コンサート 1973.7〜

初日・11日㊌ センチメンタル・シティ・ロマンス／茶木みやこ／吉田よしこ／吉田美奈子

第2日・12日㊍ 高田渡／シバ／林宏／武部行正＆メモリアル／ごまのはえ／鳥井学

第3日・13日㊎ 桑名正博／尾関裕司／南佳孝／布谷文夫／坂本龍一／ふくやまゆきお／下村明彦／竜＆かおる

第4日・14日㊏ ダッチャ／いとうたかお／野沢享司／古田勘一／南正人／大塚まさじ

第5日・15日㊐ 西岡恭蔵／三上寛／中塚正人／長田タコヤキ

第6日・16日㊊ あがた森魚／鈴木慶一＆ムーンライダーズ／国吉良一

第7日・17日㊋ 金森幸介／中川イサト／豊田勇造／永井洋／東野ひとし

第8日・18日㊌ 中山ラビ／山下成司／生田敬太郎／跳べないアヒル

第9日・19日㊍ 吉川忠英＆ホームメイド／ブレッド＆バター／萱せつかず／はしだのりひこ

千秋楽・20日㊎ 友部正人／田中研二／中川五郎／林亭／古川豪

●これに続く春三番コンサートは当時のフォークシーンを代表していた出演者が並んでいる。

1974.11「西荻窪ロフト」スケジュール

1日㊎ いとうたかお／ダッチャ

8日㊎ 古田勘一

9日㊏ 西岡恭蔵

14日㊍ 中山ラビ

15日㊎ 山下成司／アシッド・セブン

17日㊐ 〈ロフト朗読の夕べ〉朗読＝諏訪優／吉原幸子／吉増剛造

21日㊍ Keeboo／橋本俊一

24日㊐ 〈さよなら解散コンサート〉ザ・ディランⅡ

27日㊌ 井上憲一

28日㊍ 三上寛／サスケ

29日㊎ 〈ロフト恒例新人オーディション＆コンサート〉

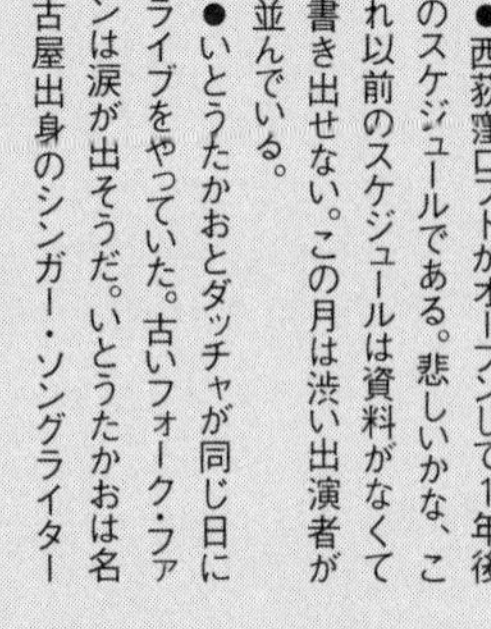

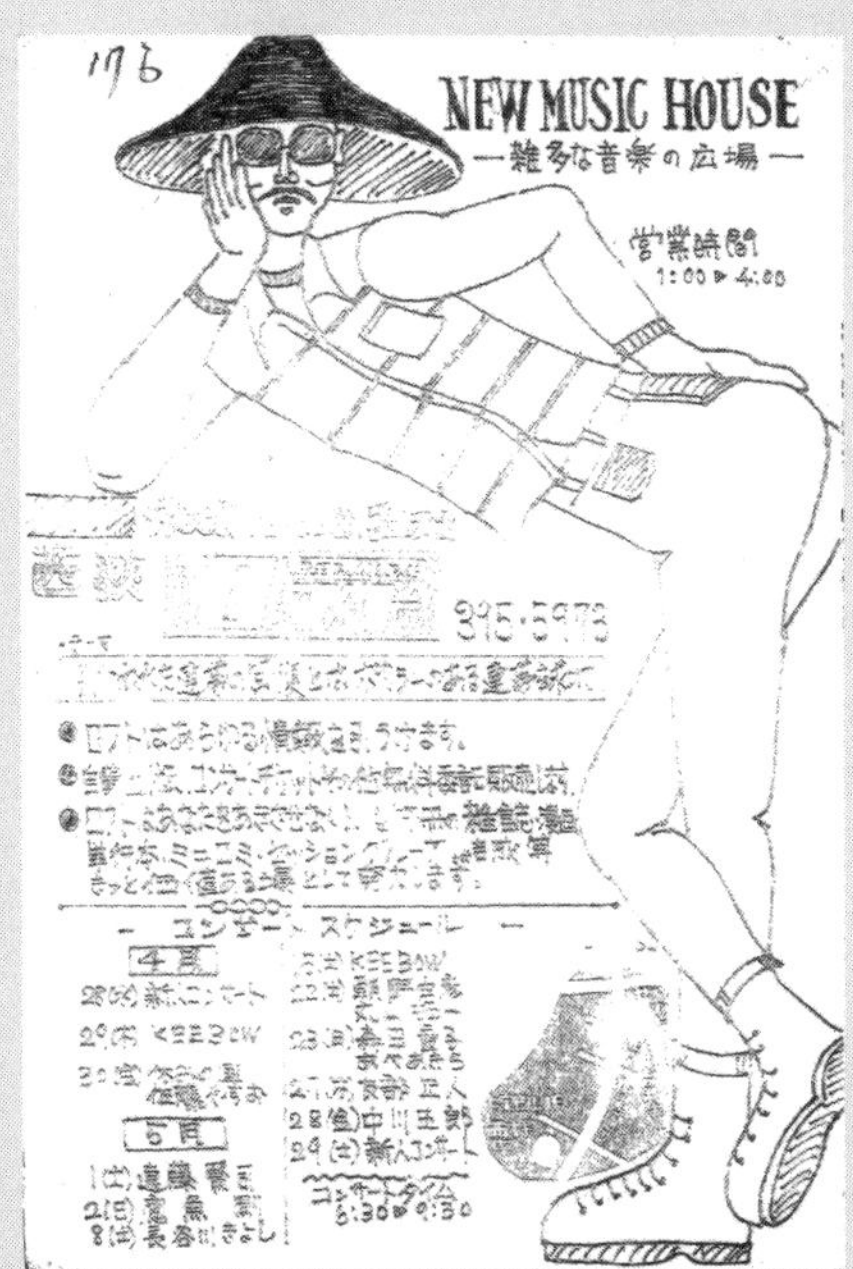

●西荻窪ロフトがオープンして1年後のスケジュールである。悲しいかな、これ以前のスケジュールは資料がなくて書き出せない。この月は渋い出演者が並んでいる。

●いとうたかおとダッチャが同じ日にライブをやっていた。古いフォーク・ファンは涙が出そうだ。いとうたかおは名古屋出身のシンガー・ソングライターで愛称はペケ。

●世界的な詩人であるギンズバーグ研究の第一人者、諏訪優さんを中心に詩の朗読会運動が日本中で盛んに行われた時代、〈詩の朗読会〉はそのムーブメントの先駆であった。ゲストに吉原幸子さんとは豪華だ。第1回以降、このイベントは数年間続き、出演する詩人は『黄金詩篇』の吉増剛造、谷川俊太郎、白石かずこと続く。

●この月の話題はやはりザ・ディランIIの解散だろう。このイベントには多くのファンや音楽関係者が詰め掛け、彼らの解散を惜しんだ。

●古田勘一は千葉のペンキ屋さんで、ギター一本で延々とブルースを奏でた。

●三上寛は青森出身で68年に上京。その作風は真に迫るもので、扇情的な歌から「怨歌フォーク」とも呼ばれていた。俳優稼業でも良い味を出している異色なシンガーだ。三上寛の『夢は夜ひらく』は迫力あり衝撃度ありで、なぜかめくるめく怨念の世界に入り込み、コンサートが終わると疲れきった。

●たしかこの時代、アングラの帝王・浅川マキが何度か西荻ロフトで歌っているはずだ。

1975.11 「西荻窪ロフト」スケジュール

チャージ（200〜400円）＋オーダー

1日㈯ 野沢享司
8日㈯ 長谷川きよし
9日㈰ 下村明彦
12日㈬ 友部正人
13日㈭ 〈詩の朗読会〉谷川俊太郎／吉増剛造／諏訪優／白石かずこ
14日㈮ 〈音楽、革命、暴力を語る〉平岡正明
15日㈯ 〈おばけと円盤を語る・UFO観測会〉平野威馬雄
16日㈰ 生田敬太郎／よしだよしこ
22日㈯ 佐渡山豊
23日㈰ 佐藤公彦（ケメ）
27日㈭ 南正人

●この時代、ロフトは音楽だけでなくトーク・イベントもやっていた。〈詩の朗読会〉や平岡正明による世界革命浪人（ゲバリスタ）の話、おばけと円盤や自主映画の公開、芝居の定期公演なども盛んにやった。今のトークライブハウスのロフトプラスワンみたいに。

●盲目のギタリスト、長谷川きよしは初めての出演だ。渋谷の「ジァン・ジァン」などで活動していた長谷川と浅川マキは当時〝アングラの帝王〟と呼ばれ、我々サブカル周辺では人気があった。しかし、音にはうるさい人だと思った。長谷川きよしのPAは私がやったので、ライブ終了後「どうでしたか？」と恐る恐る聞きに行った。「いいんではないですか。よかったよ。音はしっかりしているね」と言われたときにはとても嬉しかった。私がロフトの音にこだわりだしたのはこれが契機だった。ミュージシャンから「音がいい」と言われると嬉しいものだ。彼はすでに『別れのサンバ』『黒の舟歌』というヒット曲を持っていた。この付き合いは新宿ロフトの「サンデー・サンバ・セッション」へとつながっていく。

●平岡正明はジャズ評論家で世界革命浪人、犯罪者同盟（平岡正明・竹中労・太田竜）は根っからの左翼だった。このひとつの時代をつくった3人はすでにこの世にはいない。平岡正明の著『山口百恵は菩薩である』は名作だ。

●平野威馬雄（フランス文学者、UFO研究家）は私の伯父である。「おばけを語る会」が発展して新宿UFO観測会が出来て、横尾忠則のデザイン、平野威馬雄の監修で『衝撃のUFO』というレコードが出来た。

●佐渡山豊は沖縄フォーク村出身のシンガー・ソングライター。

●佐藤公彦（ケメ）はティーン・エイジャーの女性を中心に圧倒的な人気を誇っていた。72年、事務所を脱退して弾き語りのソロ活動に入るが、マイナーなロフトではなかなか動員が伸びなかった。

●南正人は井上憲一の鋭く切れのあるリード・ギターに乗せて、1曲歌うに30分かけることもしばしば。彼が歌い出すと、いったい何時に終わるのか心配になった。夜12時を過ぎることがたびたびで、当時、私はライブ後半には平気で通りがかりのお客を無料で呼び込んだ。店のほうは飲食代さえ稼げれば問題なかったし、ミュージシャンも無料でいいから、多くのお客さんに聴いてもらいたいものだ。その時代のライブチャージはコーヒー2杯分の値段だった。彼は吉祥寺の奥の武蔵野にコミューンを持ち、集団で暮らしていた。アメリカ先住民みたいに何とも理想的な生活で、多くのヒッピーの連中が出たり入ったりしていた。

1976.10「西荻窪ロフト」スケジュール

チャージ（300～600円）＋オーダー

1日㊎ 雷徒人／あべあきら
3日㊐ 金森幸介
8日㊎ 長谷川きよし
9日㊏ 森田童子
10日㊐〈期待の新人ロフトに初登場〉来生たかお
15日㊎ 南佳孝
16日㊏ 渡辺勝／浜田省吾
17日㊐ 斉藤哲夫／小林倫博
31日㊐ ソンコ・マージュ

●この月のラインナップは豪華だ。浜田省吾や南佳孝の弾き語りをもう一度見たいと思っても、もはや無理な話だろう。

●斉藤哲夫は音楽事務所「風都市」の宝、天才シンガーだ。シティ・ポップ全盛の時代、綺麗事ばかりを歌うフォーク・ソングがはやる中で『さんま焼けたか』なんて歌うシンガーは少なかった。

●金森幸介もロフト歴は長い。「春一番」でも欠かせないメンバーだ。75年、五つの赤い風船に参加（他のメンバーは西岡たかし、中川イサト、永井洋ら）。『鼻歌とお月さん』は名盤だ。76年にソー・バッド・レビューに参加する。

ある音大生に宛てた第2の手紙

1973年5月

この前は君が初めて深夜にやってきたのでビックリしました。雨の激しい冷たい夜だったね。でも、店内は三上寛特集で深夜の常連客は盛り上がり、全員で合唱していたよね。この夜は三上寛以外のレコードはかけないと、お客さんたちが勝手に決めた日だった。もうあれでは完全にジャズ喫茶ではないよね。

ところで、前に話したかもしれないけど、僕は頑張って2軒目の店を始めることにした。烏山ロフトの小さな空間では限界がありすぎて、やりたいことがたくさんある僕にとっては不十分だと感じているからだ。本当にできるかどうか分からない、というより自信なんてまるっきりないんだけど、自分の青春を烏山だけで終わらせたくないと思ったんだ。人生いろいろな生き方があって、次々に事業を拡大する人や、小さな店が1軒あれば十分で、それを大切にする経営の仕方もあるよね。僕は前者で行こうと思っているんだ。

それでね、今度の店はレコードをかける「音楽居酒屋」だけではなくて、「ライブ」もできる空間にしようと思っている。自分でもよく分からないけど画期的でしょ。僕が烏山ロフトで君やその他のお客さんたちから教わった「ジャズでもロックでも歌謡曲でも、いいものはいい」といった哲学をやっとこさ実践できるわけだ。だからジャズもロックもフォークも基本的に一切こだわらず、何でも演奏できる店にしようと思っていて、できれば君に新しい店でピアノを弾いてもらおうと思っている。悲しいかなグランドピアノは高いし、大きすぎてとても買えないけど、アップライトのピアノは置くことにしたからね。

そんなわけで、僕は今、次の未知なる挑戦に燃えていて忙しい。もっともっと時間が欲しい。そして、誰もいない店のけだるい午後のひととき、ゆっくり音楽を聴きながらコーヒーの香りの中、君がやってくるのを待ちたいと思っているんだけど、君が来る時間帯に僕が店にいるのは難しくなってきているんだ。今年の6月にはお店を出したいので、それまでは会えそうにないけれど、招待状を出すから開店パーティーにはぜひ来てくださいね。きっと君が好んでくれそうな店をつくるつもりです。期待してね。おやすみ。

交流ノートの返信

とても忙しいようですね。最近はロフトに行っても平野さんに会えないので、ちょっと寂しかったです。私が初めて足を踏み入れた夜中のロフトはすごかったですね。毎晩ああなんですか？

私は門限があってとても毎日行けそうもないけど、みんな楽しそうでしたね。新しい店を出す話は山崎さんから聞いていました。頑張っていい店をつくってください。もちろんオープン・パーティーには行きます。

初めてのライブハウスに悪戦苦闘

1973年、夢を持った出発だった。烏山ロフトでいろいろ苦い経験をして私は一層たくましくなっていた。借金をして新しい店を出すことに恐れはなかった。ロフト2軒目の物件探しが始まった。都バスの料金が40円、大卒初任給が6万円、世の中では石油ショック・狂乱物価が始まり、トイレットペーパーが商店から姿を消したなんてこともあった。日本の高度経済成長は終幕を迎えているようだった。

私は限られた予算の中で何とかライブができる店が欲しかったし、場所は中央線沿線が目標だった。深夜、若者たちが酒を飲んでわいわい騒いでも隣近所の迷惑にならない場所が欲しかった。さんざん探し回った揚げ句、中央線の西荻窪駅から徒歩5分、通称女子大通りの古びた雑居スーパーの一角に店を借りることができた。隣は八百屋で、前は魚屋と肉屋。家賃は月

15万円。スーパーの一角をブロックの壁で囲んだだけの店で、トイレはスーパーと共用だった。

資金は妻の親のマンションを担保に銀行から借りた。生まれて初めてこの手で持つ300万円の小切手に手が震えた。広さは烏山の3倍以上ある。生ピアノ、PA機材費など経費は予想以上にかかった。といっても、全く経験のないことばかり。「そうか、ライブをやるってこういうことなのか?」程度にしか思わなかったのが不思議だ。多分興奮していたのだろう。

店も水道、ガス、電気工事以外はほとんど手づくりで、多くの友達が集まってきてくれて、みんなの力で立ち上げた。ジャズにロックにフォーク、いい音楽なら何でもやるつもりだった。大変だったのは、初経験となるライブのできる環境づくりだった。ステージは中2階にしてピアノを置いたが、ステージが高すぎて失敗した。楽屋や出演者の専用トイレなんてない。今のライブハウスと比べたら、ないない尽くしだった。

当時はやりのジムテックという大きなスピーカーを買ったが、演奏中によく飛び、修理代が大変だった。マイクはソニーのコンデンサー(この指向性の強いマイクが一番安く、2本で4000円くらいだった)を4本、後はすべて生音だった。マイクスタンド4本、コンソールはヤマハの8チャンネル・リバーブつきという全く自慢にならない代物だった。こんな設備はちょっとしたバンドなら持っていた。照明は裸電球を銀紙でくるんだ。ライブ・チャージ(入場料)は200~600円。何とかライブをやれる空間として体裁は整えた。

そんなひどい状態でも、文句を言うミュージシャンはほとんどいなかった。みんな演奏できる空間が完成したことを祝福してくれた。今から考えるとオモチャみたいなロック居酒屋兼ライブハウスだったが、女子大通りの人の流れも申し分なく、周囲には安アパートがたくさんあった。カウンターも広くて長く、自由にお客さんとの会話が楽しめた。中古だけど初めて製氷機も買った。これで毎日支払う高い氷代から解放された。

西荻窪ロフト、1973年オープン

30歳にもならない年齢で店を2軒持つなんて夢のようだった。ほんの2年数ヵ月前は無職で、あてどもない生活をしていたことが幻のように思えた。若い私は有頂天だった。借金も自分の持つエネルギーと行動力からすれば苦にならなかった。

1973年6月4日にオープンした西荻窪ロフトは、週末には生演奏をやるライブスポットだった。この時点で日本でロック系ライブハウスと言われる空間は、京都の「拾得（じっとく）」と浦和で不定期にライブをやっていた「曼荼羅（まんだら）」（のち、吉祥寺に進出）くらいだったと思う。それはまさしく日本のロックやフォークが花開いていく夜明け前だったのだろう。自分自身、半信半疑で、暗中模索しながら計画を進めていった気がする。

まだ『ぴあ』や『シティロード』といった情報誌がない時代、ライブの情報をどうやって伝えたらいいのか分かるわけもなかった。とりあえずチラシを大量に駅前でまいた。お巡りさんに追い回されながら、夜中のうちに、吉祥寺、西荻窪、荻窪と中央線沿線にポスターを貼りまくった。かくして西荻窪ロフトは静かにオープンした。

伝説のオープニングライブ

1973年7月1日より始まった西荻窪ロフト・オープニング10日間のラインナップを、記憶を頼りに綴ってみよう（出演順は不明）。

山下洋輔バンド、中山ラビ、頭脳警察、裸のラリーズ、休みの国、鈴木慶一、伊藤銀次、遠藤賢司、友部正人、センチメンタル・シティ・ロマンス、高田渡、南正人、鈴木茂、小坂忠、桑名正博、南佳孝、吉田美奈子、中川五郎、三上寛、西岡恭蔵、ザ・ディランⅡ、なぎら健壱、斉藤哲夫、シバ……etc。

出演者は今にして思えば、とにかく豪華だった。そのときのチラシすら残っていないので正確ではないのだが、あのフリー・ジャズの山下洋輔から吉田美奈子といった面々の名前が並んでいた。それまで出演者のほとんどの生ライブを私は見たことがなかった。だからセレモニーの期間中、店主である私は緊張のしっぱなしだった。

私は山下洋輔から「音楽は耳で聴くものではない。身体で受け止めるのだ。そのリズムも……」と教わった。やっと、ギンギンのロックをちゃんと聴けるようになったのも新しい発見だった。次から次に出演者がやってきて、自然体で何の力みもなく歌ってしゃべって、酒を飲んで帰っていった。

出演してくれた数々の表現者たちも、実はその道で食べることができている者はほとんどいなかった。大手のプロダクションやレコード会社に所属しないフリーランスのプロフェッショナルなミュージシャンにとって、新しくできたライブハウス「ロフト」はそれなりにではあるが貴重な空間だったようだ。

嵐のような10日間

初めて10日間ぶっ続けのライブを敢行した。オープニング・セレモニーである。私はまるで初めてロフトの現場に入ったアルバイトの少年のように興奮していた。ライブが終わると、椅子やテーブルを置き直して、今度はロック居酒屋を朝4時までやるのだ。東京で壊滅してしまったライブ空間だが、何とも恐ろしいことに、それをど素人の私が挑戦しようとしたのだから自分でも驚きだ。

セレモニーは風都市という音楽事務所が手伝ってくれた。彼らはその2年ほど前まで渋谷・道玄坂の百軒店商店街にあるロックが生演奏できる「ＢＹＧ」という店でブッキングをやっていたが、72年頃にはライブがやれなくなっていた。拠点を失った彼らは、新しくできた西荻窪ロフトに自分たちの夢を託してくれたのかもしれない。これもラッキーだった。

当日の入場料は500円。このセレモニー10日間は毎日100人近いお客さんが入った。この時代、ライブでは固定ギャラ（1日1万5000円）が普通だった。赤字は当然と思っていたが、店サイドにも少しだけど金が残った。その後、この支払いシステムで店が潰れかかるなんて予想もしていなかった。ただただオープン時には多くのお客さんが詰めかけてくれたことが嬉しかったし、何も分かってはいない私はこの状態が続くと信じて疑わなかった。

そして、時代はまさしく日本に新しく巻き起こった音楽文化、ロックとフォークの黎明期に入り込んだ。そんな日本におけるロックの夜明け前の画期的なシーンにロフトが付き合えたのにも何か不思議な縁を感じていた。これに続いていくのが、あのはっぴいえんど系の多くのミュージシャンたちだった。

出刃包丁を持った魚屋の殴り込み

オープニング・セレモニーの第1弾は山下洋輔トリオだった。当たって砕けろの覚悟で出演交渉したのだが、いとも簡単にOKが出たので逆にビックリした。「そうか、音楽業界というのはこういう世界なのか」と。こんな大物ジャズマンを呼ぶのに電話一本で交渉がまとまったのが不思議でさえあった。

この時期の山下洋輔トリオは第2期のメンバーで、サックスが中村誠一から坂田明に替わり、黄金のフリー・ジャズ・トリオとなった。山下洋輔（ピアノ）、坂田明（アルトサックス）、森山威男（ドラム）という面子だ。日曜日の午後2時のライブ、PAとスピーカーは山下洋輔トリオのマネージャーだったテイク・ワンの柏原卓（故人）が私に教えながら仕切ってくれた。お客さんは満員（椅子席で80人くらい）だったから、この日のライブは利益が出た。このライブ・レポートが『スイングジャーナル』の投稿コーナーで取り上げられ、べた褒めされたのがとても嬉しかった。ライブではすべての出来事が私には初体験だった。

この日は忘れられない〝事件〟があった。山下さんの単行本にもその顚末が出てくるのであるが、演奏途中、隣の魚屋のオヤジが出刃包丁を持って店に殴り込んできたのだ。「うるさい！　これじゃ営業ができない！」と、今にも殴りかからんばかりの勢いで怒鳴るオヤジ。突如演奏がやんだ。場内は真っ白だ。

私が入り口で魚屋のオヤジと揉めているとき、山下さんが「おやっさ〜ん、あと30分で終わるから勘弁してや！」とステージ上からマイクを持って叫んだ。満員のお客さんも一斉に「おやじさん、もうちょっとの辛抱、我慢して……帰りに魚買うからさ。俺たちみんなこの街の住人だよ」と言ってくれる。さすが真っ赤になって怒っていた魚屋のオヤジも笑ってしまい、「俺も音楽は大好きだけど、こんな雑音だらけの音楽、面白いんかね？」と言い返し、私は「おやっさん、見ていってくださいな」と話したのを今でも鮮明に覚えている。魚屋のオヤジがフリー・ジャズを聴いて好きになったら面白いなと思ったが、それは無理だった。

この抗議の一件で、昼間のライブはとてもじゃないができないと思った。その後、ライブは夜にやるのだが、付近の住民からロックの演奏に対して苦情が来るようになり、西荻ロフトはフォーク系中心のライブとなっていく。

ライブはいつも大赤字

嵐のようなオープニング連続記念ライブが終わり、週末3日間の夜だけライブをやることになった。お客さんがどれだけ少なくても、当然バンドはしっかりギャラを要求してきた。ライブをやるたびに最低でも1万円以上がレジから消えていった。オープニング・セレモニーとは違い、お客さんは見事に入らなかった。冷えきった音楽状況の中、手づくりのロックやフォーク・バンドの動員力はほとんどゼロに等しかった。客数10人以下のライブが何度も開かれた。出演者の人数がお客さんを上回ることもしばしばだった。このままギャラを払い続けたら店は潰れるという恐怖に襲われた。ライブで店が潤うことはほとんどないことにようやく気づいた。現在のように出演者にノルマを課して会場使用料を徴収するなんてことは出演バンド数が少なすぎて考えもつかなかった。週3回のライブ・スケジュールを埋めるのさえ大変な苦労が必要だったのだから。

「申し訳ない。お客さんからもらったチャージ料の3000円、全部差し上げます。今日のギャラはこれで勘弁してほしい。その代わり酒を飲んでください」と、ライブが終わり閑散とした店内で私はバンド・マネージャーに訴える。

「それは困る。口約束だけど、我々は1万5000円のギャラがもらえるというので出演している。ギャラをもらえなければ帰れない」とマネージャーは口を真一文字に結ぶ。「それは分かりますが、東京ではロックやフォークを演奏する空間がここだけになってしまった。私たちは必ず日本のロックを復活させる意気込みでやっています。いつかきっと恩返ししますので……」と私は身を切る思いで出演者に訴える。その訴えを一部の出演者は受け入れてくれたが、「絶対ダメだ!」と言うバンドが何組もあった。

出演者にしてみれば、自分たちも食うや食わずの生活をしている。ギャラを引き下げる余裕はない。ライブの翌日、若いマネージャーが店にやってきた。曇天の昼下がりだった。「昨夜の有料客は5人でした。とてもギャラを払える状態ではありません。ロフトはこれから発展していきます。どうかそこを見込んでギャラをまけてほしい」と、私は申し訳なさそうに切り出す。

「それは困ります。このギャラをみんなが待っている。我々は二度とこの店に出演することはないと思います」と、ちょっと言いすぎなマネージャー。

「そうですか。もうロフトには出演しないというわけですね。しっかり覚えておきましょう」と、ここで二人の会話は終わった。私は彼を店に待たせ、銀行に駆け込んだ。このバンドはロックのパイオニアだった。演奏は実に素晴らしく、私は惚れ込んだものだが、バンド側とケンカ状態になったのは初めてだった。

チャージ全額バック制のシステムに移行

赤字続きのライブ。一方で、平常営業（ライブ以外のロック居酒屋）の売り上げは順調に伸びていた。しかし、中央線の始発時間まで頑張って稼いだ利益はバンドへのギャラ支払いですぐに消えてしまいそうだった。売り上げは平均1日5万円、そこからライブの赤字を補顛（ほてん）する割合がどんどん増えていく。営業的な採算が合わないので何度もライブはやめようかと迷ったが、「こういうライブをやっているからこそ、店の認知度が上がり、音楽居酒屋に来てくれるお客さんが増えているのだ」と感じていた。

開店して3ヵ月目、私は当時まだ誰もやったことがない「チャージバック」システムを生み出した。今ではどこのライブハウスでも当たり前のことなのだが、「こうまでお客が入らなければ固定ギャラはとても払えない」と思って断行した。固定ギャラがなくなると、いくつかの芸能プロ事務所は手を引いた。バンド側にも「客が入らないのは店の責任で自分たちの仕事ではない」という悪しき意識があった。騒音問題もあった。隣近所への迷惑を考えると、大音量でのロックの生演奏は断念せざるを得なかった。スケジュールは音量の少ないアコースティックの弾き語りフォークやブルースが中心となっていった。

それに反してロック居酒屋のお客さんはどんどん増えていった。お客さんが入らず手間だけかかるライブはちょっと邪魔な存在になったが、私はどんなにお客が少なくても週末の夜のライブは続けた。出演した音楽家やスタッフが朝まで残って飲んでくれるようにもなったからだ。ライブが終わった頃、中央線の下り電車に乗った遊びや勤めの帰りの若者、アパートに戻る途中の若者が店へ寄ってくれるようになった。

こうして店と表現者とお客さんのコミュニケーションの道が開け始めた。居酒屋に来たお客さんにとって、打ち上げで残っている表現者と一緒に酒を飲むのは大きな楽しみだった。これは店としても格好の宣伝となった。また、店で行うライブが時折、深夜放送や音楽雑誌に紹介されたりして、徐々にではあるが名が知られるようになっていった。何しろ東京でロックとフォークを中心としたライブスポットは西荻窪ロフトしかなかったのだ。

お客さんは拡大再生産されていった。近くに東京女子大学があって、女子大生がたくさんやってきたことにも救われた。店は、相変わらず昼12時に開店し、「ロック、フォーク、ジャズ……雑多な表現者の集まり」をモットーとし、週末は夕刻5時よりリハーサルに入る。7時からライブをやり、終了後の夜10時頃にはロックを中心にレコードをかける音楽居酒屋に変身し、朝4時まで営業を続けた。

店の売り上げは居酒屋で得ており、ライブで経営が成り立っているとは全く思わなかった。チャージは極力安くし（300〜500円前後）、もちろん全額出演者に還元した。次第に中央線沿線に住む「吉祥寺フォークビレッジ」の連中や音楽関係者などが集まるようになった。

ジャズ・ピアニストの明田川荘之が経営する「アケタの店」という伝説のライブスポットが開店したのもこの年だった。ジャズのライブスポットは都内にたくさんあったが、西荻窪にできたのは嬉しかった。私は「アケタの店」の常連になった。

重苦しい息切れの夏

1972年、田中角栄の『日本列島改造論』が絶賛され、日本中がコンクリートに覆われる時代となった。多くの日本人にとって世の中はバラ色に見えていたに違いない。札幌で冬季オリンピックが開催され、頭脳警察のファースト・アルバムがレコ倫に引っかかって発売中止となった。ハード・ロックの先駆者、カルメン・マキ&OZが結成され、友部正人の名曲『一本道』、ザ・ディランⅡの『きのうの思い出に別れをつげるんだもの』、三上寛の『ひらく夢などあるじゃなし』といった作品が発表され、70年代前半を代表する日本のロック・フォークのレーベル「ベルウッド・レコード」が設立されたのもこの年だ。三浦光紀氏が選んだその第1弾があがた森魚の『赤色エレジー』と、友部の『一本道』であった。

あれだけ高揚し、世界の青年たちを巻き込んだ〝政治の季節〟が、日本では息の根を止められる瞬間が来た。同年2月19日、連合赤軍が浅間山荘に人質を取って籠城し、日本の革命運動史上初の権力との銃撃戦が10日間にわたって展開されたのだ。街ではオヤジたちが朝から晩まで残業ありの働きづめ。若者は政治運動など関係ないとばかり、ペアルックのTシャツなどを着て手をつないで闊歩(かっぽ)する。

国民の多くが連合赤軍に怒っていた。ふらりと入った西荻窪の居酒屋で、事件をテレビで見ながらオヤジどもは興奮してののしっている。テレビの画面を見ると、山荘にたてこもっている連中が見えた。知っている顔があった。私が「でもね、彼ら（連合赤軍）の気持ちも分かるよな」とぽつりと言ってしまったとき、隣のオヤジからコップの水をかけられた。「若造、つまらんことを言うんじゃない！」と。友部正人の『乾杯』という曲に当時の状況が悲しく歌われていた。

春二番コンサート・イン・西荻窪ロフト

1973年7月11〜20日に行われた「春二番コンサート」は、西荻窪ロフトを語る上で欠かすことのできないライブだ。防音の不備から西荻窪ロフトでは本格的なロックが演奏不可能になった。そのため、オープンして半年あまりでプログラムは日本のフォークの弾き語り中心になっていく。この「春二番コンサート」は西荻窪ロフトの新しい出発点だった。我々は日本のフォーク・シーンを引っ張って「春一番コンサート」をプロデュースしてきた福岡風太と阿部登に敬意を表し、「〝春二番〟コンサート」というタイトルをつけた。このイベントにその後大ブレイクする坂本龍一や桑名正博が出演していたのだ。

「春一番コンサート」は71年春、大阪・天王寺公園の野外音楽堂でスタートした。途中、休みはあったが日本で最も古くから続いているイベントだ。仕掛け人の福岡風太と阿部登は日本のフォークソング、ロック、ジャズなど、ジャンルにこだわらないイベントを育て上げた。

「西荻のロフト、ボロボロの汚い所（笑）。そこで悠さんから電話かかってきて、74年か。その当時『春一番』という年に1回のコンサートが大阪にあって、その出演者を悠さんがすごく好きやった、悠さんと僕の趣味がわりと合うてたワケや。悠さん、オープニング記念週間のタイトルを『春一番』って付けたいって言うわけや。（略）僕は年に1回『春一番』ってコンサートをやるのが生活のサイクルやった。（略）70年代の俺たちが好きだった曲は、今でもものすごい残っている。若い奴にもそんな曲聴いてくれよ、みたいなのが『春一番』の一面ではある。だから『春一番』は懐メロ大会と違ういうことを言いたいわけ」

——福岡風太／『ROCK is LOFT』に寄せられたコメントより

ロフトの人気投票1位だった桑名正博

ロフトで人気があった桑名正博も関西から毎月、東京に単身やってきた。74年にファニー・カンパニーを解散してから流浪の身となる。いつだって彼の周りにはいい女がたくさんいた。女にモテたきゃロッカーになればいいいと、ロッカーの誰もが思っていたような時代だ。77年、『哀愁トゥナイト』（松本隆・詞、筒美京平・作曲）がヒット。シンガー・ソングライターである音楽家が他人から詞をもらい、曲をもらう。それでヒットするという、ロックの時代に逆行したと言われた。

「ファニー・カンパニーを解散して一人になった俺は、大阪に戻って次なるバンドの構想を練っていた。（略）俺一人で出稼ぎ（そんな稼ぎはなかったが）と称して東京のライブハウスなどをギター1本担いで巡っていた。西荻、荻窪のロフトも俺のステージを用意してくれる数少ないライブハウスのひとつだった。（略）今の俺の原点（弾き語り）がロフトにはあった。平野氏が『お〜い、お前ロフトの人気投票で一位になっとるで〜！』と言って励ましてくれた日を今でも鮮明に覚えている」

——桑名正博／『ROCK is LOFT』に寄せられたコメントより

西荻窪ロフトをいっぱいにしたスターたち

西荻窪ロフトには高田渡、友部正人、ザ・ディランⅡ、遠藤賢司ら動員力のあるフォーク界のスターがいた。彼らのライブはいつも100人近く集まって、ロフトは満杯だ。当時、フォークのライブでこれだけ動員力がある表現者は珍しかった。

高田渡

小さな球形のスピーカーから高田渡の『自衛隊に入ろう』が流れてくる。「おっ、反戦フォークだ！」……あれからもう何年になるのだろうか？

西荻窪ロフトでは、フォーク界の大御所・高田渡のライブを何度も開催した。中央線といえば高田渡のホームグラウンドだ。彼は大の酒好きだから、酒を飲みながら歌う。当時、メジャーなポピュラー・フォークの井上陽水や吉田拓郎は別として、日本のフォーク界では岡林信康や高石ともや、友部正人と並んでこのフォーク界のカリスマ・高田渡のライブに大勢の客が詰めかけた。

ライブが始まった。満員の観客の前でギターを〝じゃら〜ん〟と鳴らし、静まり返った観客は次のフレーズを息を飲んで待っている。……だが、いつまで経っても次のステップがないのだ。時間は3分、5分と経つが、音は一向に鳴らないし、高田は顔を上げる素振りもない。お客さんがざわつき始めた。PA（音響）を自ら担当していた私は、お客さんに「ちょっと様子を見に行ったほうがいいですよ」と促されてステージに上がった。彼を見ると、何とギターを抱えたまますやすやと眠っているではないか！

仕方なく私は「どうしたの？　寝ちゃ〜ダメだよ！」って渡の背中をぽ〜んと叩いた。その瞬間、渡は前のめりになってゲボ〜っと汚物をステージ一面に吐き出し、汚物にまみれた床に崩れ落ちた。そしてヘロヘロになりながら、また寝てしまった。ライブはそのまま中止になった。

今だったら、そんなこと許されるわけもないが、やはりフォークの元祖だけあって、お客さんの誰も文句さえ言わず、聞こえてくるのは「高田さんの体が心配です」という何とも温かいメッセージばかり。店側ではチャージ（300円）を返却するだけで済んだ。高田渡は根っからの自由人だった。そして彼の酒だけは誰も止められなかった。ちょっとタバコを買いに出て、半年帰ってこなかったなんて、ファンの間で伝説となっていた。

友部正人

西荻窪ロフトで一番動員力があった異色の天才シンガー・友部正人は、日本のサブカル的フォーク・シーンに最も影響を与えた人物だろう。72年に『大阪へやって来た』でデビュー。何十万枚もレコードを売る有名アーティストではないが、誰もマネができない不思議な感覚の世界を持っていた。ギター一本で全国を回り、ときには坂本龍一と組んでギターとピアノで歌ったりしていた。いまだに熱狂的ファンが多い。

「ロフトが新宿にできる前、ぼくたち夫婦は小滝橋通りに今でもある酒屋の2階に住んでいた。ロフトが新宿にできるという噂を聞いてまだ内装工事中の店内を覗いてみたら平野氏がいて、前の店が残していったナイフやフォークを片づけていた。ぼくは新宿の記念にそのナイフやフォークをもらった。ロフトが新宿にオープンした時ぼくたちはもう新宿にいなかった。だからぼくはロフトと新宿ではすれちがっている。あの時もらったナイフとフォークは今でもぼくたちの食器棚の中にある」

――友部正人／『ROCK is LOFT』に寄せられたコメントより

大塚まさじ（ザ・ディランⅡ）と西岡恭蔵

大阪に「ディラン」という大塚まさじ経営のほんの4坪の喫茶店があった。その小さな店が関西フォークを語る上で最も重要な伝説的な存在となった。この場所からあの福岡風太の「春一番コンサート」が生まれた。この店でまさじは永井洋と西岡恭蔵に出会う。3人はそこで「ザ・ディラン」を結成する。その後、西岡恭蔵が抜け、まさじは永井洋と「ザ・ディランⅡ」を結成（74年に解散）。大塚まさじはその後もソロとして西岡恭蔵たちと活動するが、99年4月に西岡恭蔵は死去。彼は名曲『プカプカ』を残す。

時代はバンドを組んでフォークをやるという風潮になっていく。メッセージ・フォークはどんどん姿を消していく。まさじも西岡恭蔵と「オリジナル・ザ・ディラン」というバンドを結成するも不発に終わる。ロック全盛の時代になると、ロフトに出演することも次第に少なくなっていった。

「ロフトはライブハウスと呼ばれるもののはしりだった。（略）西荻ロフトにはよく出してもらった。当時はまだ大阪に住んでいたので、泊まりはいつもロフトの主人であった平野悠さん宅だった。その後、荻窪ロフトにも世話になり、悠さんにはたいへんかわいがってもらった。（略）ぼくの音楽の遍歴がロフトにあると言っても過言ではない。また歌わせて下さい」

——大塚まさじ／『ROCK is LOFT』に寄せられたコメントより

中山ラビ

歌手歴は長く、ポリドール所属で、その後のキティ・レコードの会社設立に参加した（井上陽水・小椋佳らがいた）。キティ・レコードの副社長、田中氏が西荻窪の街をラビの後ろからギターをかついで歩いていた。美人で、「女ボブ・ディラン」と呼ばれた時代もあった。現在は、歌いながら国分寺の「ほんやら洞」を経営。

あるお客さんの回想。「2度目にラビを見たのはその年（73年）の秋になる。10月と11月に西荻窪のロフトで間近に見ることができた。新しいライブハウスができ始めていた時期で、その中で最も早い一つであった西荻窪ロフトは、スペースとして非常に小さかった。10月に行ったとき、客は10人足らずで店の関係者のほうが多いという状態だった。いわゆる情報誌がほとんどなかったし、そんな場があるというのが知られていなかったため、客の入りは常によくなかったようだ」（ネットメディア引用）。ラビはそんな西荻窪ロフトの初期からの出演者というわけだった。

「西荻のロフトはとてもちっちゃかったので、立てば眼下に坐れば鼻先に顔がという恐いところで、ひと前でうたうことになれてなかった私は、一番前の人の靴ばかりながめてうたってりました。それでもきっと虫歯だらけの口の中をすっかり見られてしまったわけです。どんどんステージが高くなっていったロフト。子供ができて、音とは無縁の今も、想いだせば、時代の匂いとともにはっきりと街並につづくロフトが浮かんできます。そのときは、どうもありがとうございました」

——中山ラビ／『ＲＯＣＫ ｉｓ ＬＯＦＴ』に寄せられたコメントより

河島英五

76年11月、河島英五がロフトに初出演している。

「初めて『ロフト』で歌ったのは１９７６年の『西荻窪ロフト』だと思う。僕にとって76年というのは忘れられない年で、高校時代に結成した『ホモサピエンス』という名前の４人組のバンドを解散した年なんです。『ホモサピエンス』はアマチュアながら自主制作レコードを出してコンサートは七、八百人動員でき、テレビやラジオにもちょくちょく出演と、関西では割合知られていて、いよいよ満を持して１９７５年メジャーデビュー。ところがまったく売れない。しかもなぜか元からのファンの人たちも離れていく。言いしれぬ敗北感のなか２枚目のアルバム発表後解散したのでした。解散後の脱力感、空虚感のなか何とか開き直ってソロでやっていこうとした大阪人に『ロフト』は優しかったです」

——河島英五／『ＲＯＣＫ ｉｓ ＬＯＦＴ』に寄せられたコメントより

孤高のシンガー、森田童子

東京生まれの森田童子は学園闘争で高校を中退。72年、一人の友人の死をきっかけに自作自演で歌い始める。70年代はライブハウスを拠点に活動を続け、80年代の到来とともにシーンから去っていった。カーリー・ヘアで決してサングラスを外さなかった。83年、新宿ロフトでのライブを最後に活動休止するまで、6枚のオリジナル・アルバムと1枚のライブ・アルバムを発表している。

あれは75年、秋風が心地よく吹き抜ける10月だったと思う。表通りは快晴だった。一人の少女と大人が1枚のLPを手に、中央線沿線の小さな店、西荻窪ロフトにやってきた。少女は「すみません、私にここで歌わせてください」と言った。それが森田童子だった。実はその3日前だったか、やはりまだ少女にしか見えなかった山崎ハコが「歌わせてください」とやってきたばかりだったので、よく覚えている。

森田童子のファースト・アルバムは『good-bye グッド・バイ』というタイトルで、太宰治の未完の遺作と同じ題であり、私はそのLPを聴いて脳天を突き抜けるような衝撃を受けた。これは間違いなく、〝政治の季節〟に青春を送り、挫折し、傷ついた者にしか分からない歌詞だったのだ。「この少女の過去にいったい何があったのだろう?」という疑問符交じりの好奇心が湧いた。

それは私自身の青春――マルクスやレーニンなんて大して分からないまま革命を叫び、機動隊に突撃していった「全共闘運動」時代の風景と恐ろしいくらいにリンクしていたのだ。

森田童子は私が恋心すら抱いた初めての表現者だった。ステージでいつも、たくさんの、本当にたくさんの涙を流しながら、あまり上手くないギターを弾いていた。彼女の独特な世界を見届けるためロフトにやってくるお客さんは、ほとんどがボロボロのコートの襟を立て、文庫本を抱え、孤独そうに一人でいた。みんなうつむき加減で、休憩時間でもほとんどしゃべらず、過去の重みを引きずるような空気が客席を覆っていた。何も知らない人が見たら、「なんて暗い集団なのか?」と思ったに違いない。

70年代、彼女は23歳でデビューし、31歳でステージを去った。引退するまでの8年間、ロフトは森田童子の活動と最後まで付き合うことになる。西荻窪ロフトはフォークの宝庫であったため、〝狂信的〟な森田童子信者が増えていくには相当の時間がかかった。世の中が明るい方向に行こうとしているときだけに、あの暗い、深遠な当て処もない声質とメッセージではとてもブレイクしないだろうと思っていた。彼女が引退した83年、私は無期限放浪のバックパッカーとして世界中を回っていた。

ところが、彼女が引退して10年後の93年に『ぼくたちの失敗』がテレビ・ドラマ『高校教師』の主題歌に採用されてヒットする。この頃、テレビ番組の主題歌はほとんど利権絡みだったが、『高校教師』の脚本家、野島伸司はメジャー・レコード会社からの売り込みを一切排除し、自分が好きな音楽を主題歌にしたということで話題となった。

森田童子という孤高のシンガーは「一人の政治運動に倒れた青年」に思いを寄せ、わずか8年間の音楽活動を自ら終息させた。その後ファンやリスナーの前から一切の消息を断ち切った。二つの例外を除いては……。森田童子……そっとしておこう。

「新宿ロフトのステージの左隅に、古いアップライトのピアノがありました。このピアノは、チューニングがくるっているので『あのうー、このピアノのチューニング、まだみたいなんですけどー』と遠慮がちに私が云うと、『山下洋輔だってこのピアノで弾くんだョ』と平野悠さんの声が返ってきました。『そうかァ、チューニングをくるわした犯人は山下洋輔かァ』、『山下洋輔もこれで弾くんだョ』と云われては私はひとこともありませんでした。（略）私は昭和50年11月より58年12月まで新宿ロフトでコンサート活動を続けさせて戴きました。ありがとうございました。まだ、新宿ロフトのステージの左隅には、少しチューニングの悪いアップライトピアノがあるのでしょうか」

——森田童子／『ROCK is LOFT』に寄せられたコメントより

都会派ミュージシャンの南佳孝とブレイク前夜の浜田省吾

73年、南佳孝は『摩天楼のヒロイン』でデビュー。毎日のように下北沢ロフトへ飲みにきていた。私は南と、ある契約をした。「下北ロフトのピアノを好きに使ってください。パブタイムのとき、できたら弾き語りをやってほしい。酒はただで飲ませる」という内容だったが、ライブが終わる騒々しい時間帯はみんな興奮していて、南のピアノと歌を聴く雰囲気になっておらず、この試みはほんの数回で挫折した。今思えばもったいないなかったな。

西荻窪ロフトといえば、今や大御所となった浜田省吾の存在も忘れられない。73年に広島フォーク村の仲間とともに愛奴というバンドを結成し（なぜかドラムスを担当）、75年にレコード・デビューを果たすも、浜田は間もなく愛奴を脱退。翌年の12月、愛奴は荻窪ロフトで解散した。

それ以降、浜田はソロとして地道に活動。その表現はアコースティック・ギター一本で歌うことを目指した。西荻窪ロフト時代はレギュラーで頑張っていた。そうした不遇な時代を経て、79年に『風を感じて』がヒットしたことにより一躍脚光を浴びる。

天才音楽家、浜田にとってロフト時代はあまり思い出したくない過去なのかもしれない。私は浜田とそれほど親しくはなかったが、ステージの袖で彼のしぐさを見ていて何度も感動していた。なかなか注目されない不遇時代のミュージシャンをそっと支えるのもライブハウスの仕事だと思った。

〝歌う哲学者〟斉藤哲夫と〝天才〟加川良

70年代初頭、斉藤哲夫も加川良もＵＲＣの新人で、声の質が秦晴らしかった。71年に岡林信康が一時引退し、次にビッグになるのは吉田拓郎か斉藤哲夫、加川良かと言われた。しかし彼らはメジャーからの誘いには応じなかったようだ。だから拓郎や南こうせつほどの一般的名声を得ることはなかった。拓郎が音楽性をポップなものに変えていったのとは正反対に、メッセージ性を重要と考えた。彼らの姿勢は自分の表現したい音楽に忠実だったということだろう。

加川良は「中津川フォークジャンボリー」に飛び入りで『教訓I』を歌い無名デビューし、会場での評価を独占した。その存在感たるや凄まじいものだったと当時の音楽関係者が今でも語っている。私は加川良の『下宿屋』という曲が好きで、その曲が入っている名盤『親愛なるQに捧ぐ』を店でかけると、そこにいるお客さんは必ずレコード・ジャケットを手に取ってまじまじと見ていたものだ。

斉藤哲夫は『いまのキミはピカピカに光って』が80年にCMソングとしてヒットしたが、それ以前にも『悩み多き者よ』『されど私の人生』『君は英雄なんかじゃない』などの名曲を持つ。その文学性の高い歌詞から〝歌う哲学者〟の愛称で呼ばれた。もっと評価されていいと思う。この両者は天才シンガー・ソングライターと言われ、リズム感も最高で、どんな音楽評論家も彼らの才能と将来性を高く評価していたのだが……。

第三章

追撃

荻窪ロフト編

ロフト《広場》——11月1日OPE

トーキングスペース荻窪店誕生!!

● ロフトはJAZZ・ROCKそしてFOLKまでも含めた雑多な音楽の可能性を追及します。

● ロフトはフリートーキングスペース!!
アルティックA5のスピーカーシステムのサウンドの中、自由な会話を保証します。

● ……月1回はオールナイトセッションも行う予定です。

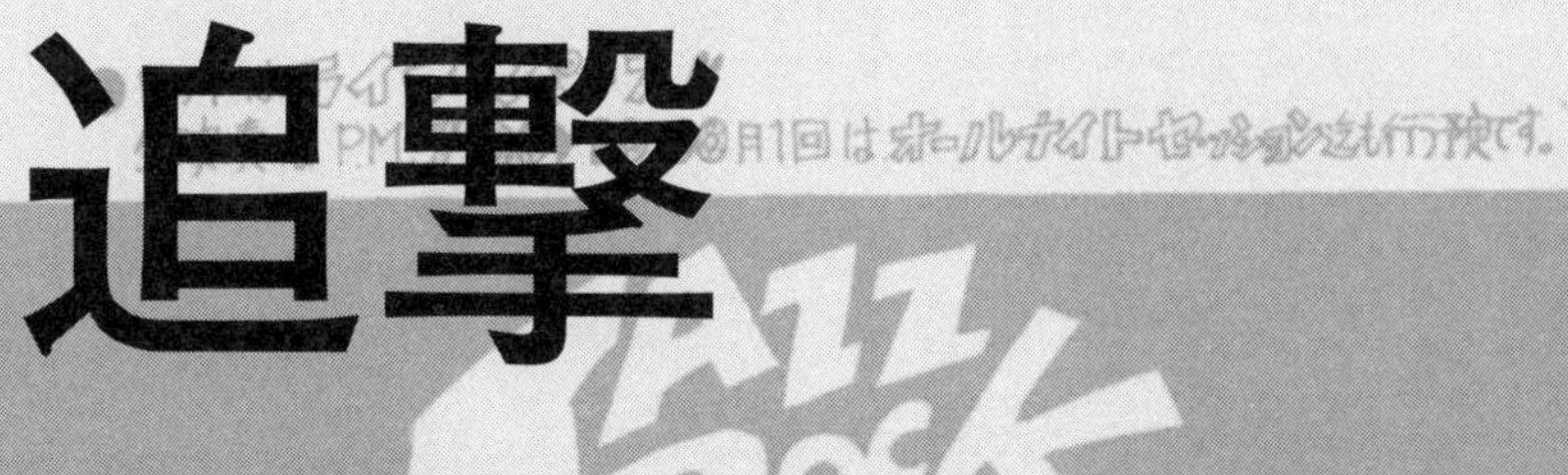

●ロフトは情況を先取りします… 壁面利用の映画・芝居・コンサート・自費出版ミニコミや前売チケットの取扱い その他情報センターとしての場をめざします。

●ロフトには何かがある
NOWなインテリアと音楽を愛する若者がつくり出す場はきっと何かが起ります。

●ロフトはあなたをあきさせない… 数百冊の雑誌・漫画・単行本やミニコミ発行、セッショングループ結成等、きっとあなたに価値ある場として努力します

・営業時間 PM1:00 ▶ AM3:00

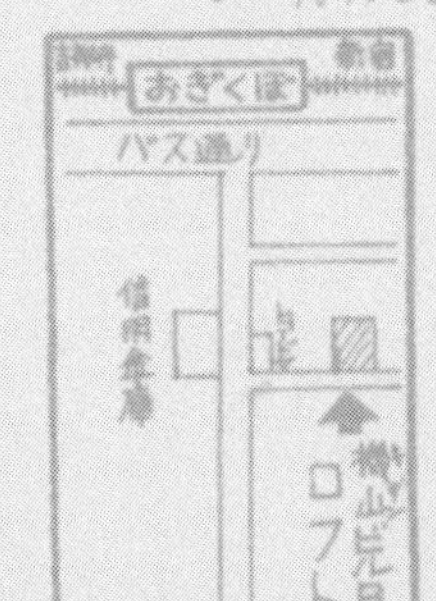

♪コンサートオープン記念

11/11・友部正人・中山ラビ スラッピージョー
12・三上寛・佐渡山豊
13・本田竹曠トリオ
14・山下洋輔トリオ
15・藤竜也を囲んで…?
16・はちみつぱい、細野晴臣
17・あらいゆみ、パパレモン

11/22〜24・ティンパンアレーセッション3日間
細野晴臣 林立夫 伊藤銀次 矢野誠 はちみつぱい 上原裕 シュガーベーブetc

11/29・
30・山下洋輔トリオ

12/1・本田竹曠トリオ
2・浅川マキコンサート

各オーダー+400円〜700円です

荻窪ロフト

1974.11 →77.11

1974.11 「荻窪ロフト」オープニング・セレモニー10日間スケジュール

	チャージ(400円~700円)+オーダー
11日㊊	友部正人/中山ラビ/スラッピー・ジョー
12日㊋	三上寛/佐渡山豊
13日㊌	本田竹曠トリオ
14日㊍	山下洋輔トリオ
15日㊎	藤竜也を囲んで…?
16日㊏	はちみつぱい/細野晴臣
17日㊐	荒井由実/パパレモン
22日㊎~24日㊐	〈ティン・パン・アレー・セッション3日間コンサート〉(元キャラメル・ママ、はっぴいえんど)細野晴臣/林立夫/松任谷正隆/伊藤銀次/矢野誠/小原礼/はちみつぱい/上原裕/シュガー・ベイブ他[総勢30名のジャム・セッション]

●このティン・パン・アレー系の集結は、それ以降のロフトのブッキングに大きく影響を与えた。

1974.12 「荻窪ロフト」スケジュール

	チャージ(400~700円)+オーダー
1日㊐	本田竹曠トリオ
2日㊊	浅川マキ

●何と……、手元にあるスケジュールはこれだけだ。どこかにチラシくらいはあるはずなのだが、どうしても見つからない。『ぴあ』がライブハウスのスケジュールを誌面に載せるのは75年1月からのことである。

1975.1 「荻窪ロフト」スケジュール

	チャージ（500〜1000円）＋オーダー
10日㊎	鈴木慶一（元はちみつぱい）と仲間たち／南佳孝
11日㊏・12日㊐	吉川忠英とホームメイド／麻田浩と99バンド
17日㊎	〈新人バンド・コンサート〉
18日㊏・19日㊐	葡萄畑／久保田麻琴と夕焼け楽団
24日㊎〜26日㊐	〈HOBO'Sコンサート・イン・ロフト〉 24日㊎・25㊏＝めんたんぴん／他 26日㊐＝センチメンタル・シティ・ロマンス／いとうたかお
31日㊎	ココナツ・バンク（伊藤銀次・上原裕・矢野誠・藤本雄志）／布谷文夫／他、ゲスト有

●はちみつぱいを解散した鈴木慶一はムーンライダーズを結成し、歌謡曲の老舗、クラウン・レコードと契約する。ファースト・アルバム『火の玉ボーイ』は圧倒的な評価を受けた。

●南佳孝はその後ソニーと契約。

●75年、『ハワイ・チャンプルー』のアルバム（ハワイで録音）をひっさげて、細野晴臣をプロデューサーに迎え登場した久保田麻琴は勢いがあった。「夕焼け楽団がまだできるかできないかの頃、確か73年には西荻ロフトに生ギター＋1の弾き語りで出たのが最初でしょうか。その時のライブ・レビューが当時のローリング・ストーン・ジャパン誌に1頁載ったのを覚えています」（久保田麻琴／『ROCK is LOFT』に寄せられたコメントより）

●キング＝ベルウッド・レコードが主催する〈HOBO'Sコンサート〉は1974年1月から1年にわたり、毎月1週間ずつ池袋シアターグリーンで開催された。そのイベントがロフトに引っ越してきた。ロック系では細野晴臣、小坂忠、南佳孝、布谷文夫＆ココナツ・バンク、センチメンタル・シティ・ロマンスらが出演。

1975.5 「荻窪ロフト」スケジュール

	チャージ（500〜800円）＋オーダー
1日㊍	オレンジ・カウンティ・ブラザーズ
2日㊎	国吉良一／イルカ
3日㊏・4日㊐	めんたんぴん
8日㊍	愛奴／国吉良一
9日㊎	ブレッド＆バター
10日㊏	友部正人＋坂本龍一
11日㊐	葡萄畑／吉田美奈子／新着フィルム・コンサート（リトル・フィート、ライ・クーダー）
12日㊊・13日㊋	ファッツボトル B.B／山岸潤史
15日㊍	遠藤賢司
16日㊎	頭脳警察
17日㊏	エルザ＋スーパーかおる BAND＋龍
18日㊐	ハイ・ファイ・セット／ダディー・オー

22日(木)　〈新人デー〉
24日(土)　金子マリ&バックスバニー／ジュリエット
25日(日)　イエロー
29日(木)〜31日(土)　四人囃子／愛奴

●現在でも頭脳警察（パンタ）、金子マリ、四人囃子、ブレッド&バター、めんたんぴんは現役で演奏し続けているミュージシャンだ。山岸潤史はニューオーリンズへ移住。遠藤賢司は2017年に死去。

1975.12「荻窪ロフト」スケジュール

チャージ（300〜600円）＋オーダー
6日(土)・7日(日)　カミーノ（大村憲司・是方博邦・小原礼・村上〝ポンタ〟秀一）
14日(日)・15日(月)　金子マリ&バックスバニー
16日(火)　オレンジ・カウンティ・ブラザーズ／ミネソタ・ファッツ
20日(土)　マーブルヘッド・メッセンジャー
21日(日)　愛奴

●カミーノは凄い音を出していた。重厚なサウンドとポンタの太鼓は話題になった。
●「下北沢のジャニス」と言われた金子マリ。ナルチョこと鳴瀬喜博のべんべけべ〜んと唸るベース、NHK『みんなのうた』と同じテンションで弾く難波弘之のピアノが見事だった。よきバック・バンドに恵まれ、将来を期待された。
●広島からやってきた愛奴（浜田省吾がドラムを叩いていた）は吉田拓郎のバック・バンドを経て、熱い演奏のたびに動員を伸ばしていった。

1976.8「荻窪ロフト」スケジュール

チャージ(300~600円)+オーダー

6日(金) ミッドナイト・クルーザー
7日(土) Char(竹中尚人)
8日(日) 洪栄龍&グローリー・バンド
13日(金) サンハウス
14日(土) マーブルヘッド・メッセンジャー
15日(日) ラストショウ
20日(金) クロニクル
21日(土) 愛奴
22日(日) ジュリエット
27日(金)・28日(土) 矢野顕子
29日(日) 桑名正博&ゴーストタウン・ピープル

●ザ・バンドが解散した76年は新宿ロフトがオープンした年でもあり、荻窪ロフトはこの年が最高のスケジュールを構築できた。古いバンドも新人バンドも生き生きしていた。

●ロック御三家と言われたCharが「事務所に内緒でロフトに出たい!」ということで初参加。これは嬉しかった。

●クロニクルは75年結成、79年に「TALIZMAN」(タリスマン)と改名。その後、ゴダイゴのタケカワユキヒデのバック・バンドとして活躍したが、83年に活動を休止した。

●はちみつぱいで活動していた渡辺勝が、村上律、今井忍、松田幸一、高橋至、竹田裕美子とアーリータイムス・ストリングス・バンドを結成したのが72年。翌年、CBS・ソニーからシングル『鐘の鳴る丘待ちぼうけ』をリリース。その後、泉谷しげるのバック・バンドとして活動していたときに知り合った徳武弘文らとラストショウを結成。

●めんたいロックの元祖、サンハウスは九州から東京進出。75年、テイチク・レコード=ブラック・レーベルよりファースト・アルバム『有頂天』にてメジャー・デビュー。

●矢野顕子2デイズはやっと実現した。彼女はベルウッドの三浦光紀の隠し球だ。「高円寺の住民であった矢野顕子にとって、荻窪ロフトは近所の延長でした。『しまったー! 譜面を忘れてきたぁ』と叫ぶやいなや、家へとって返すことができたこともなつかしい。そこではちみつぱいが最後の笑顔を見せていたり、新宿では吉田美奈子とのおしゃべりが尽きなかったのでした」(矢野顕子/『ROCK is LOFT』に寄せられたコメントより)

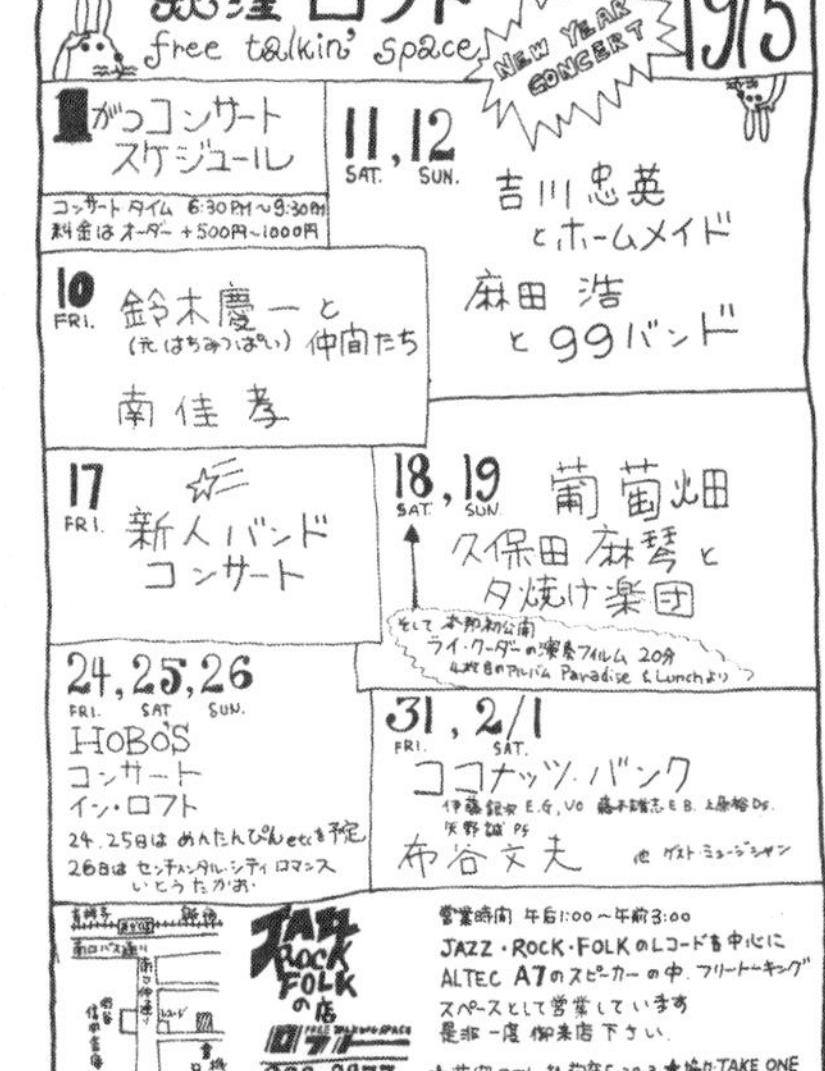

1977.2 「荻窪ロフト」スケジュール

チャージ(400～600円)+オーダー

5日㊏ アソカ
6日㊐ 大沢博美&ミッドナイト・ムーバー/ゲスト=竹田和夫(クリエイション)
11日㊎ まびい
18日㊎ セカンド
19日㊏ 鷹魚剛&シリアスナイト
20日㊐ 大橋純子&美乃家セントラル・ステイション
25日㊎ 斉藤哲夫
26日㊏ アルフィー
27日㊐ 来生たかお

●竹田和夫や大橋純子、キティ・レコードの大物新人・来生たかおが初登場。

●ティン・パン・アレー系は拠点をライブハウスからホールに移し、ライブハウスに出演する機会も減った。

●この時代、イルカや太田裕美、ハイ・ファイ・セット、アルフィー、甲斐バンドらも出演していたが、大手プロダクション所属組はやはり雰囲気的にあまりなじめなかったのかもしれない。ほんのちょっとブレイクするといつの間にかライブハウスから姿を消した。大手事務所にとってはまだライブハウスは「実験空間」だったのだろう。

1978.2 「荻窪ロフト」スケジュール

チャージ(500～700円)+オーダー

3日㊎ あべあきら/アンクル・ムーニー
4日㊏ オレンジ・カウンティ・ブラザーズ
5日㊐ リバーサイド
10日㊎ RCサクセション
11日㊏ 永井(ホトケ)隆&ブルー・ヘブン
12日㊐ サザンオールスターズ
17日㊎ アルフィー
18日㊏ 連続射殺魔
19日㊐ 24アワーズ/アンクル・ジョンズ・バンド
24日㊎・25日㊏ 〈音楽全書デー〉
24日㊎=坂本龍一/25日㊏=集団疎開
26日㊐ まびい

●RC、サザン、アルフィー、坂本龍一が並んでいる。すごいスケジュールだ。

●坂本龍一はこの年の10月に初のソロ・アルバム『千のナイフ』(細野晴臣、高橋ユキヒロも参加)を発表している。坂本が〈音楽全書デー〉に出演したのは、細野晴臣の呼びかけでYMOを結成して間もない頃だ。

●サザンのデビュー・シングル『勝手にシンドバッド』が6月に大ヒット。この月のサザンは客10数人。サザンの荻窪ロフト出演はこれが最後となった。

●この時期、日本語ロックのレコードが若者に浸透し、よく売れ始めてきた。また、関西以外の地方の有名ミュージシャンが東京を拠点にし始めたのもこの時代だ。

●さて、この時代、かのはっぴいえんど

の大御所・大瀧詠一は、ロフト系で何人かのコアなファンを集めてＤＪパーティを開いていた。81年に『A LONG VACATION』が大ヒットした後でも、大瀧のＤＪパーティのメインテーマは、やはりクレイジーキャッツと布谷文夫の『ナイアガラ音頭』だった。

1977.11 「荻窪ロフト」スケジュール

	チャージ（500〜700円）＋オーダー
4日㊎	あべあきら&リトルリーグ
5日㊏	〈ロッキン・オン・レコードコンサート〉解説＝松村雄策
6日㊐	連続射殺魔
11日㊎	ゼウス
12日㊏	サザンオールスターズ／24アワーズ
13日㊐	平本和樹
18日㊎	ボブズ・フィッシュ・マーケット／エド・バンド
19日㊏	アルフィー
20日㊐	大沢博美&ミッドナイト・ムーバーズ
25日㊎	ＲＣサクセション
26日㊏	オレンジ・カウンティ・ブラザーズ
27日㊐	まぴい

●荻窪ロフトが閉店する2年前のスケジュールである。だんだんライブ・チャージが高くなっていく。

●当時はシンガー・ソングライターとしても活躍していた松村雄策が洋楽の名盤を解説する〈レコードコンサート〉もやった。ＤＪなんて言葉はなかった時代だ。ビートルズばっかりだったと記憶している。まだジョン・レノンが生きていた時代だ。

●何と、サザン、アルフィー、ＲＣが同じ月に出演している。だが、当時はみんな客が入らないバンドだった。今だったら東京ドームで10日間はできるかもしれない。

●平本和樹は長崎から歌うために出てきて、西荻窪ロフトの店員になった。歌を歌うよりもコーヒーのいれ方のほうが上手くなったとボヤいていた。西荻窪ロフトを拠点に歌い続け、ロフト・レーベル（76年設立）の第1号シンガーとなった。明るい軽めのフォーク歌手だった。これぞライブハウスから出現した第1号歌手だったのだが……。

日本のロックの躍進が始まった

74年から75年にかけて、田中角栄が首相を辞任し、使い捨て100円ライター「チルチルミチル」が発売され、ベトナムでは北ベトナムの旗を掲げた戦車がサイゴン中心部の大統領官邸に突入し、南ベトナムという国は消滅した。アメリカとその支援国は完全に敗北した。

東京では中央線を中心に何軒かのライブハウスができた。74年11月に「荻窪ロフト」、同年、吉祥寺に「曼荼羅」、そして高円寺に「JIROKICHI」、その1年後に渋谷「屋根裏」が出現することになる。75年発行の『コンサート・ガイド』（のちの『シティロード』）には、何とこの1年で東京に二十数店ものロックやフォークのライブを見ることができる空間（ホールを含め）が出現したとある。

この時期を始めとして、規模は小さいが流行にめざとい芸能音楽事務所や楽器メーカー、電気事業会社、レコード会社がテスト・ケースとしてライブハウス経営（ライブハウスという定義もない時代であったが）に参入し始めた。新宿には「クレイジー・ホース」「開拓地」ができ、小沢音楽事務所が「新宿ルイード」を発進させる。高田馬場には「PEOPLE」、三ノ輪には「モンド」がそれぞれあった。渡辺プロダクションが興した「銀座メイツ」も日劇ウエスタンカーニバル風にキャンディーズや天地真理、中尾ミエなどを登場させた。

また、渋谷ヤマハエピキュラスはのちに「East West」や「ポプコン」の新人大会を始める。

　2020年までに3回あったと言われる最初のバンド・ブームが来るのは、サザンオールスターズや世良公則&ツイストが出てくる70年代後半から80年代まで待たなければならなかった。80年代は大型ライブ空間と言われる「渋谷ライブ・イン」（テアトル東京）、「日清パワーステーション」（日清食品）、「クラブクアトロ」（西武パルコ）の出現が象徴的だ。通常、ライブハウスとは50～200人の入場者でいっぱいになるのだが、これら大型空間は1000人近くを収容することができ、ライブハウスというよりもホールに近いハコだった。

　もちろん、巷（ちまた）の小さなライブハウスは毎日ライブをやるわけではなく、週末とかスケジュールが入ったときに行うのがほとんどだった。ライブができるバンド数がまだ決定的に不足していた。その他は酒場や喫茶店として営業していて、店主の音楽好きが高じ、月の何日かは普段の客を追い出して有料ライブをやるというものだった。

　このライブハウスの黎明期、ロック関係者の中には多くのフラストレーションが溜まっていた。関西、九州から、北陸、北海道に至るまで伝説のバンドが復活し始めていたし、至るところで優秀な新人バンドが出てきたというのに、それを見たり聴いたりする場所が東京にはまだなかったのである。1年に数回やる日比谷野外音楽堂でのロック系イベントには、新しい意欲のあるバンドはほとんど出演できなかった。みんな新しいロック・シーンに興味を持ったものの、やはり手探りの状態だったのだ。

　そんな頃、遂に第1次ライブハウス・ブームの幕開けが到来する。

西荻窪ロフトの限界は広さ

73年、西荻窪ロフトの誕生が、少しは日本のロック界やフォーク界に刺激を与えたのかもしれない。だが、スーパーの中にある地上1階のブロックの壁で囲んだだけの西荻窪ロフトは、騒音の問題からロックな音量のライブができない状態になっていた。近所に迷惑をかけずにライブができる場所を急いで探す必要があった。なぜなら74年は日本のロックが加速度を増して進化していたからだ。どこから見ても〝夜明け〟だった。とても15坪の西荻窪ロフトでは対処できないくらいに膨張し続けていた。

ロフトに出演しているミュージシャンからも「ステージをもう少し広く、音量制限なしの空間が欲しい」という要求が出てきた。全国各地で新しいバンドが続々と誕生し、新たなライブハウスが中央線沿線にもできていた。ロックが一部の不良の音楽と揶揄（やゆ）されながら、そのどマイナーな位置から徐々に支持を集め、圧倒的多数の洋楽ファンも振り向いてくれるようになってきた。

少しずつではあるが、若者が日本のロックに興味を持ち始めた時代でもあるのだ。受験生くらいしか聴いていないと言われた深夜放送で日本のロック特集を組む回数も増えた。遅咲きの、世界から取り残された日本のロック・シーンが、一気に花を開き始めていた。

だが、ロフトはまだ西荻窪に店をつくってから1年しか経っていない。もう1軒の店をつくるなんて資金的にもムリだと誰もが思っていた。だが、私はどうしてもこの戦慄的な音楽シーンに1列目で参加したかった。これからの時代は我がライブハウスがその中核を担うはずだと信じていたのだ。フォーク系中心の西荻窪ロフトだけではこれからの時代に生き残っていけないと焦りを感じていた。

ある音大生に宛てた第3の手紙

1974年9月

お元気ですか？　西荻ロフト開店の前夜祭パーティーに参加してくれてありがとう。烏山ロフトから2軒目の店ができて、もう1年も年月が過ぎてしまいましたね。何かもうすごく昔の話のような気がします。

西荻窪ロフトの開店前夜祭、僕は突然39度近くの熱が出た。緊張と疲労でダウンしてしまったんだ。気合が入りすぎていたようで、それほど2軒目の店に興奮していたんでしょう。医者が止めるのも聞かず、注射を打ってもらって店に行く途中の電車の中でうずくまるような悪寒（おかん）に襲われ、新宿からタクシーで家に帰ってしまうという波乱の幕開けでした。

前夜祭には烏山の常連が参加してくれたようです。僕のオヤジまで参加していたのはビックリしたな。それでも坂本龍一さんのピアノや烏山の常連バンド「家出娘」が演奏してくれたそうで、みんなで楽しくロフト2軒目の開店を祝ってくれて本当に嬉しかった。まぁ、それより次の日のオープン初日には絶対僕がいないとダメなので、注射打って懸命に薬飲んで汗かいて寝ていました。

あれから随分時間が経った。君も大学4年生、僕も29歳になろうとしている。それでね、君もたぶん烏山ロフトで何回か僕の妻と会ったことがあると思うんだけど、3ヵ月前、遂に離婚しました。人生で一番辛いのは人間関係の崩壊だとほとほと感じました。辛さを忘れるには仕事に集中することが一番楽なわけです。ロフトを大きくする、ロフトの旗を高く掲げる、当分はそれ以外考えないって決意したのです。日本の音楽業界で意味ある存在になること。仕事に真っ正面から取り組むことをイメージしたら、もう1軒の店をつくることになってしまったんだ。

またこれで借金生活ですが、それはあまり苦にならない。借金も財産のうちとはよく言ったものだ。烏山と西荻窪ロフトの売り上げがそれなりに好調なこともあって、「どうしても本格的にロックができる空間が欲しい、そうでないと日本のロックの夜明けにロフトは遅刻してしまう」という危機感もあったんですね。2軒の店の売上金を強奪して、銀行から借金をして、中央線の荻窪に店を出すことにしました。今度の店は地下で35坪あります。西荻窪ロフトを出してから1年ちょっと。憧れのグランドピアノを買いました。これで本田竹曠さんや佐藤允彦さんのジャズのライブが心ゆくまでできるようになります。期待してください。

交流ノートの返信

私は相変わらず午後の3時頃には烏山ロフトでコーヒーを飲んでいます。烏山ロフトはもうジャズはほとんど私がリクエストするくらいしかからなくって、ロックやフォークばかりの店になってしまいました。でも、京王線沿線にはジャズ喫茶はあるけどロック喫茶がないので、最近は昼間から若いロック好きの子たちが出入りしているようです。今、レッド・ツェッペリンの『ブラックドッグ』が激しくかかっています。

店長の山さんともあまり会うことがありませんが、やはり私は授業の合間にこの空間で音楽を聴きながらレポートを書くのが好きです。西荻ロフトの開店パーティーのとき、悠さんのお父さんとちょっとお話ししました。あれからもう1年以上経つんですね。「俺の爺さんは純粋なアメリカ人なんだ」と聞いたことがあって、本当に平野さんの父上様は外国人の顔をしているのでビックリしました。そして気さくに私にも話しかけてくれたんですよ。楽しいパーティーでした。

最近の平野さんは荒れているって噂がこの烏山ロフトにも聞こえてきています。山さんは何も話してくれませんが、そうですか、離婚されたのですか。心配です。新しい荻窪ロフトにはグランドピアノがあるんですね。素晴らしい。是非私も弾いてみたい。秋も深まってお客さんのいない午後の烏山ロフトは平和です。これから私は学校に戻ってロフトで書いたレポートを提出しに行きます。お体をいたわって自暴自棄にはなりませんように。

シンガー・ソングライターの誕生

70年代、そこに嵐のように台頭してきた日本のロック。その中でもティン・パン・アレー系を中心にしたロックやフォークの表現者たちは、当時全盛だったナベプロやホリプロといったプロダクションの介入を嫌った。それまでの芸能界的基本スタイル、すなわち事務所がタレントを発掘して曲や詞を与え、マネージャーまでつけて事務所の思惑通りに売り出すといった形態を拒否したのだ。それはまさしく新しく日本に起こった革命的音楽シーンで、「シンガー・ソングライター」という新しい形をつくり出した。

これは当時としては大変なことだった。音楽家はすべて自分たちの意思でマネージャーを決め、曲をつくり詞を書き、表現する会場やレコード会社を決めた。大手芸能事務所に身売りすることを拒否した彼らの多くは、その才能でスタジオ・ミュージシャンとして生計を立てていた。生活苦で挫折して音楽をやめていく有能なミュージシャンや、解散を余儀なくされるバンドも数多くあった。

大手レコード会社やプロダクションは、この新しく巻き起こってきたロック・シーンに対しどう対応していいか分からなかったに違いない。しかし、そのシーンを理解し、何とかレコード会社の上層部（そのほとんどが歌謡曲畑出身）を説得して応援しようとする若きディレクターや音楽評論家も少なからずいた。まさに彼らの努力があってこそ、こういうシーンが生まれ、若者は演劇や映画や文学を語るようにロックを語り始めた。日本のロックが市民権を得ていったということなのだろう。

手づくりで荻窪ロフトを開店

私の意識は中央線沿線に集中していた。「今、中央線沿線が面白い！」と、私はあらゆる機会に叫び始めた。この時代、東京では高円寺・吉祥寺・国分寺の〝三寺文化〟に勢いがあって、それに触発されるように、中央線各エリアに多くの若者や表現者たちが集まり、あらゆる文化の震源地となっていた。活発で刺激的な文化が中央線沿線から発信されていた時代だった。70～80年代初期にも、数多くの文士やミュージシャン、芸人、漫画家がこの沿線に棲息していた。中央線沿線や狭山（さやま）には細野晴臣、小坂忠、吉田美奈子、和田博巳、駒沢裕城、福生（ふっさ）には大瀧詠一、伊藤銀次らが米軍の払い下げ住宅などに住んでいた。

フリー・ジャズの大御所である山下洋輔は荻窪に住んでいたし、矢野顕子、中川五郎、高田渡、友部正人、シバ、南正人、三上寛など中央線フォークの連中は、吉祥寺の「ぐゎらん堂」にたむろしたり、小さいけれどヒッピー文化の流れを汲んだ自給自足のコミュニティをつくったりしていた。『名前のない新聞』という吉祥寺発のロック系ミニコミ誌もあって、それが若者文化を代表していた。

そんな中、中央線沿線のどこかで自由に音が出せる「ロフト」をつくりたい、と痛切に思った。憧れの吉祥寺に店を出したかったが、家賃が高すぎて手が出なかった。

私は毎日中央線沿線の駅の近くの不動産屋回りをして、店舗物件を探し歩いた。鉄筋コンクリートの建物の地下しか考えられなかった。やっと見つけた物件は荻窪駅南口から徒歩3分の地下にある元倉庫。「ここは店舗用ではない。飲食店は無理だと思うが、それでもいいか？」という家主の忠告を無視して無理矢理借りた。元倉庫の地下は暗くジメジメして不気味だった。だが、家賃も保証金も安く、これなら何とか少額の銀行借金と手持ちの資金で足りそうだった。

新しい店は西荻ロフトの倍近い三十数坪あった。しかし、天井が極端に低い。だからステージなんていうものはつくりようがなかった。それでも東京で初めての本格的な音を出せるロックのライブハウスということで、多くのロッカーや若者たちが期待してくれた。

私は30歳を前にして3軒のお店を持つ身分になった。だが、一歩振り返ると借金だらけ。貧乏生活は全く変わらなかったし、常に「現場主義」で事務所も持たず、簡単な現金出納帳しかなく、いつだってどんぶり勘定の経営だった。荻窪ロフトでは毎日新しいバンドと出会えた。店のカウンターの中に入っていてお酒を出し、焼きそばをつくり、ロックな若いお客さんと接しているのが楽しかった。

ここでもライブは週末と祭日だけにして、昼間はロックやフォークをかける音楽喫茶、夜5時から10時まではライブハウス、その後は午前4時までロック居酒屋、という3つの柱を持って営業していた。ライブ以外の音楽居酒屋のほうが店としては実入りがよかったのだ。言い換えれば居酒屋営業の成績がよかったから、客の入らないロックのライブも続けられたと言える。

店内スピーカーは当時はやりの「アルテックA7」の巨大なやつを入れた。しかしこの優れものスピーカーは飛ぶのが怖くてライブ演奏用には使わず、レコードを流すスピーカーとして使った。ロックを聴くにはアルテックA7、ジャズを聴くにはJBLという定説が当時からあった。まだBOSEのスピーカーが幅をきかす前の話だ。ライブ専用のスピーカーと自作のコンソールは、あの大瀧詠一のスタジオ指導のもとに柏原卓が制作したものだった。フィリップス35センチ・フルレンジ4発だけの木箱だった。これがまた優れもので、誰からも絶賛されるデッドないい音を出した。なぜあの手づくりの安物スピーカーでいい音が出たのか、今も語り継がれるほどのものだったのだ。私はただただジャズをやるために小さなステージに新品のグランドピアノも置いた。アップライトピアノでは、なかなかジャズマンは演奏してくれなかったのだ。これに一番お金がかかった。

プロのブッカーの投入へ

中央線荻窪駅から徒歩3分というロフトの立地も、音も、評判は上々だった。地下なので演奏のたびに来ていた隣近所からの抗議から解放されると思うだけで嬉しかった。

この時代、いわゆるロックを演奏できるライブハウスは東京にロフトだけしかなかったのだ。たった1年あまりのライブハウス経営の経験しかない当時の私は、西荻窪ロフトのブッキングはほとんど一人でやっていた。しかし、本格的ロックのライブハウスとなると、とても私一人の手に負えるものではなかった。西荻窪ロフト、荻窪ロフトと合計30本近くのスケジュールを組まねばならない。

私はロックもフォークも勉強中の身でもあり、日本のロック状況には精通していなかった。さらに、3軒の店のオーナーであり、税理士もつけず一人でやっていた。毎日店に出て仕事をし、フリーペーパー（「ROOFTOP」）まで出していたのだ。私は当時店に出入りをしていたテイク・ワン代表で山下洋輔トリオのマネージャーだった柏原卓に、まだ工事中の荻窪ロフトの現場で相談を持ちかけた。

平野「喜べ！　ロックが存分にできる店を見つけたぞ。どうだ、ここは。地下室なら音は外に漏れない。やっとロックの音が出せる」
柏原「それはよかった。天井がちょっと低いけど、何とかやれる。これで俺たちのロックの演奏ができる拠点ができた」
　彼は巨体を震わせ、自分のことのように喜んだ。
平野「それでね、できたらおたくの事務所でスケジュールのブッキングを手伝ってもらえないか。全部とは言わないけれど、半分くらいは面倒見てほしい。特にはっぴいえんど系がここを拠点としてくれたら嬉しい。ブッキングで動員のノルマはない。たとえ赤字になっても構わない。チャージ（入場料）は全額出演者とおたくの事務所に差し出す。スタッフには酒もただで飲ます。店自体はドリンク収入だけで何とかなる。そもそもチャージとは表現者のものだ」

　過去1年あまりのライブハウスの経営から、私はライブのほとんどは赤字であると学習していた。たとえ新しい店でも、ライブの利益は期待しなかった。ただ有名なミュージシャンのライブをやると評判になり、遠くからお客さんが来てくれる。ライブの様子が深夜放送などに紹介され、それがロック居酒屋の営業に如実に反映されるのだ。だからライブは儲からなくても問題ないと考えていた。これこそが過去1年以上のライブハウス経営で学んだ最たることであり、ライブハウスを長く経営できる秘訣だと信じていた。
「それはいい考えだ。悠さんが一人でロックのブッキングができるはずはないし、我々に任せなさい」。柏原卓はとても嬉しそうだった。音楽関係に携(たずさ)わっていて、自分が自由にミュージシャンをブッキングできる空間ができたのだ。それもノルマはなしでギャラまでくれるという。彼は長いことフリー・ジャズの山下洋輔トリオのマネージャーをやってきたが、まるっきりのジャズ人間ではない。迫りくるロック・ムーブメントの足音を敏感に感じていた。日本の音楽文化は歌謡曲に代わってロックが主流になると思っていたのだろう。

平野「スケジュールの半分をロックに、後はジャズとフォークにしたい」

もちろん私も勉強のためブッキングには関わりたかった。

柏原「条件は了解した。うちの会社もいい営業になるかもしれない。担当は前田祥丈（元風都市音楽事務所）と長門芳郎（シュガー・ベイブ・マネージャー、のちに「パイド・パイパー・ハウス」経営）にしよう」

こうして契約は成立した。荻窪ロフトのロック系のブッカーが決まり、オープニング・セレモニーには何とティン・パン・アレー・セッションとして3日間が組まれた。そこにはティン・パン・アレー（元はっぴいえんどの細野晴臣、鈴木茂らが在籍）の面々に荒井由実、山下達郎、大貫妙子、吉田美奈子などがコーラスとして入った。今から考えるとすごい面子だった。はっぴいえんど解散（72年12月）に始まるニュー・ミュージックのうねりは、ユーミンのブレイクからYMO結成（78年2月）へとつながっていく。

「ロフトとの付き合いが始まったのは西荻なんですよ。僕が『風都市』っていう事務所にいて、ここ、もともとはぽっぴいえんどの事務所だったんです。（略）西荻っていうのは、吉祥寺フォークの流れを汲むって感じがあって。荻窪は、フォークの人たちも出てたけど、ハックルバック（鈴木茂、佐藤博らが在籍）とか、いわゆるティン・パン系の人たちがよく出てたし。（略）坂本龍一なんかも当時のお客さんだったから。たしかそれがきっかけで、友部（正人）さんとかのバックをするようになったりして。（略）ステージが終わると、出演していた人もそこで飲んでいったりとか。そこでいろんな交流が生まれたりというのがすごくあったんですよね。大変だったんですけど、実状はね。絶対にみんな食えない時代だったから」

——前田祥丈／『ROCK is LOFT』に寄せられたコメントより

「なんで荻窪ロフトに関わりを持ったかっていうと、『風都市』っていうはっぴいえんどとか、吉田美奈子とか、はちみつぱいの事務所があって、そこに僕がシュガー・ベイブを連れて入って。『風都市』が潰れちゃって、（略）柏原卓と、僕と、前田祥丈、この3人で『テイク・ワン』って事務所作ったんですよ。（略）坂本龍一に出会ったのも荻窪ロフトなの。（略）僕が山下達郎に紹介したんだ。（略）平野さん、僕のことけっこうかってくれてたからね。期待に応えられるように、いいアーティストを入れてたつもりなんだけど。なんかね、非常にファミリーっていうかね、夜中遅くなったら平野さん家に泊めてもらったりとか」

——長門芳郎／『ROCK is LOFT』に寄せられたコメントより

中央線の荻窪駅の近くにあるジトーッとする元倉庫の地下室。天井はあくまでも低く、トイレは1つ。薄汚い土蔵風な地下室にカウンター。低いステージのバック画面に薄暗いライトが当たっていて、ストーンズの『山羊の頭のスープ』のジャケット絵が描かれている（無断模写）。両脇にはアルテックA7、そして場違いな新品のグランドピアノがで〜んとあって、そのアンバランスが何とも言えない。のちに山下達郎が浜田省吾との対談の中で「荻窪ロフトのテーブルでマンタ（松任谷正隆）とユーミンと3人で焼きそばを食べたのを覚えてる」と語っている。

こんなところに、のちに日本のロックを牽引（けんいん）していく面々が演奏空間を求めて集まったのだ。ティン・パン・アレー系総勢30名が一堂に会した一大セッションは、まさに歴史的にも二度とできないイベントだった。私はその光景を目の当（ま）たりにしながら「こりゃ〜革命ダー！」と天を仰いで叫んでいた。とにかくすごすぎた。

何でこんなことができたのか、私ですら全く覚えていないが、やはりロフトはいつだって予定調和を排して「そういうことが起こり得た場所だった」としか言いようがない。特にのちのユーミンのブレイクは爆発的ですらあった。

74年11月、はちみつぱいは荻窪ロフトで事実上の解散。4日後に山野ホールで解散コンサート。鈴木慶一はやがてムーンライダーズを結成する。このティン・パン・アレー系総出演のオープニング・セレモニーは根強いはっぴいえんどファンを驚愕させた。ものすごい熱気だった。

友部正人はすでにフォーク界のカリスマ的存在で、中央線沿線では高田渡とともに若者の絶対的評価を受けていた。三上寛は相変わらず怨念の歌謡ブルースを歌い迫力があった。

それに比べて荻窪ロフトが主催するジャズ・イベントは悲惨な動員だった。「私の大好きなピアニストの本田竹曠のイベントに客が数人とは！」と絶句した。ジャズの本田竹曠と山下洋輔のピアノは対照的だった。本田竹曠のピアノ・ソロは、山下洋輔が動なら静という感じだった。山下洋輔はピアノを破壊的にヒジで弾き、鍵盤が何本か折れ、ペダルが折れた。この頃の山下洋輔トリオ（山下、坂田明、森山威男）は最強だった。

「ロフトの平野氏は、ミュージシャンのチャージ（料金）をピンハネせず、採算はあくまで飲食営業でまかなうという、画期的な発想の持ち主だった。駆け出しのバンドに最低動員保証をさせる今の多くの似非（えせ）ライブハウスの現状を見る時、私たちは実に幸運だったと言う外はない」

——山下達郎／『ROCK is LOFT』に寄せられたコメントより

ロックファンも魅了する山下洋輔トリオ

確か75年だったたか、山下洋輔トリオからドラムの森山威男が脱ける最後の演奏は荻窪ロフトだったようだ。楽屋から3人の論争する声が聞こえ、私はハラハラドキドキして推移を見守った。それ以降、山下トリオからは森山威男が脱け、ドラムとして新たに小山彰太が加入した。

ある夜、山下洋輔が店にふらりと現れて、「平野さん、ちょっとお願いがある」と言ってきた。山下さんは荻窪に住んでいる。「はい、何でしょう?」「実は自分は毎朝2〜3時間ピアノの指の練習をしているんだけど、最近子供が邪魔しに来て練習ができない。それで、荻窪ロフトのグランドピアノを午前中だけ貸してほしいのだが」と言う。私は店のキーを彼に渡した。一度、店で酔っぱらって寝ているときに山下さんの練習を聴いた。

「平野さん、聴いていても面白くないよ。声楽家がやる朝の発声練習と同じで、指の動きの練習だけだよ」と言われた。確かにピアニストの指の練習など見ても面白くも何ともなかった。

情報誌『ぴあ』と『シティロード』

それまでは映画と演劇とスポーツとテレビの欄くらいしかなかった『ぴあ』と『シティロード』がライブハウスのスケジュールを無償で載せるようになったのは大きい。これによってライブハウスは「市民権」を獲得したのだろう。その頃までコンサートの情報は新聞が主で、レコード・ショップには『コンサート・マガジン』という雑誌が置いてあったが、いつの間にか廃刊になっていた。

『シティロード』は71年、『ぴあ』は72年にそれぞれミニコミ誌として産声(うぶごえ)を上げた(『ぴあ』実売2000部)。不確かな記憶だが、当時はまだ中央大学の学生だった矢内廣(『ぴあ』創業者)が中野の編集室から自転車に乗ってライブハウスにスケジュールの回収に来ていた。その後

『ぴあ』は2週間、『シティロード』は1ヵ月間の情報を載せていた。

両誌の違いは、『シティロード』が批評性を重視していたのに対して、『ぴあ』は「いつ、どこで、何を」といった基本情報にポイントを置いていたことだ。これら情報誌の創刊間もない頃は、誰かが編集部に「○月○日に○○のコンサートがあります」と報告すれば誌面に載せてくれた。その後、『ぴあ』は大ブレイク（最盛期は週50万部発行）し、若者の必需品となった。だが、その後『シティロード』は92年、『ぴあ』は2011年に廃刊となる。

「私たちは見たいものは見たい。聴きたいものは聴きたい。それはジャンルにこだわらない自らの欲求によるものです」「平均年齢23・5歳、若さを誇る我ら編集スタッフ自らの必要性を満足させるガイド誌を」と矢内廣は以前語っていた。時代は変わり、あらゆる情報をインターネットで入手する時代になって情報誌『ぴあ』の役目は終わったのだ。

ロフトから私の愛するジャズのライブは消えた

荻窪ロフトのブッキングは当初、ジャズ・ロック・フォークがそれなりに住み分けられていた。私は日本で初めての雑多な音楽ライブ・スペースの構築を目指していた。「よいものはどんな音楽でもよい。それこそが音楽情報発信基地たり得る」と確信していた。ジャズの名門がたくさん都内にあっても、ジャズのライブをロフトでやることをあきらめていなかったのだ。私の心を打つ日本のジャズメンはたくさんいた。しかし、ジャズ界においては全く無名な荻窪ロフトだった。しかも、ほとんどのジャズ・ライブの客数は10人以下だった。その頃、私はチャージを全額ミュージシャンにバックしていたのだが、それでもギャラは2000～3000円にしかならない。大半のライブ・チャージは400円前後だった。

お客さんが一人もいなくて、開始時間を遅らせることも何度かあった。まさか尊敬やまない先達のジャズメンに1000円以下のギャラを渡すことはできない。持ち出しも多く、ジャズのライブはいつも赤字であった。そのうちジャズメンから「ロフトはお客が入らない」という格好悪い評判さえいただいた。確かに歴史的なジャズの大御所のライブハウスは新宿の「ピットイン」を始め都内にたくさんあった。ジャズ界では新興のロフトが、いくら頑張っても「ピットイン」に勝てるはずもない。ジャズ・ファンはロフトのスケジュールなんか見てくれなかったのだ。

私はジャズからの完全撤退を宣言した。「ジャズを聴きたくなったら、お金を払って他店で見れば済む」と自分を納得させた。一番好きなものを自分の商売の中心に据えると、それは趣味の世界になってしまう。まさに刻々と地殻変動を始めている日本のロック・シーンのトップを走っていけなくなると感じていた。

ニュー・ミュージックの躍進

ロックンロールとは、楽器やボーカルができなくても、音痴であっても、音楽理論も知らず楽譜が読めなくても構わない。「この人はロックしている。これってロックじゃない？」と思わせることができれば、それで十分ロッカーと名乗れた。ロックは音楽好きの素人から始まった。当初ギターアンプ一つ買うことができないほど貧しい彼らは、フォーク・ギターを持って自作自演の歌を歌った。つまりロックの原点はフォークであり、社会性を帯びたメッセージだったのだ。

荻窪ロフトはかくしてロックとフォークとジャズの「雑多な音楽と雑多な表現者」というコピーとともにライブハウスとなった（ジャズはのちに撤退する）。のちにティン・パン・アレー系ロックは「ニュー・ミュージック」と呼ばれるようになり、巨大ビジネスとして成立していくことになる。

当時、この言葉に飛びついたのは大手レコード会社やプロダクションの若手だ。彼らは迫り来る「ロックの季節」を予感していた。ロックやフォークは大衆化し、誰でもが聴きやすい環境になっていきつつあった。吹けば飛ぶようなライブハウスにもその風は吹いてきた。昨日まで「吉野家の牛丼は美味しいか？」なんて論争していた若手音楽家たちが、突然メジャーと契約し、レコードをリリースし始めた。そうやってレコード会社がまだ出たてのミュージシャンの青田買いを始めたのだ。当時の貧乏ミュージシャンにとって、数百万の契約金が手に入るというのは大変なことだった。少数だが、いったんそうなると話す内容も「六本木のどこそこのステーキが美味しいかどうか」に変わっていく。規模の小さなライブハウスには見向きもしない表現者が出てきた。「昔ライブハウスに出演していた」ということを隠すミュージシャンまで現れて、マイナーだったロック業界からもロック成り金がちらほら出始めたのだった。

「日本語ロック」で悪いですか？

この時代、すなわちはっぴいえんどの解散から、YMOが結成され、サザンがデビューした78年までの6年間でニュー・ミュージック期が終わり、その後はパンク期に入る。GS以後の本格派ロックを目指すミュージシャンが多くいた。当初はGSブームの反動か、ロックは英語で歌うものという通説が浸透していた。日本の本格派ロッカーの元祖、内田裕也（ロック絶対派と呼ばれていた）がその流派の筆頭であり、カバー、オリジナルの区別なく、英語の歌詞が当たり前としていた。彼らの言い分は「日本語で歌うロックでは世界に通用しない。ロックは全世界に理解されなければならない。市場は世界だ。それには英語で歌わないとダメだ」という理論だった。

そんな風潮に反抗したロック・グループが台頭し始めた。「日本語でロックをやって何が悪い」という主張だ。怪しげな巻き舌の日本語で歌うはっぴいえんどは相対ロック派であり、一方では反体制的カウンター・カルチャーを歌い上げる日本語フォークの岡林信康らもいた。

はっぴいえんどの登場は、「ロックは英語で歌うもの」と考えていたアーティストにとって衝撃的だった。そしてロックをやるアーティストの中で英語派と日本語派に分かれ、当時の『ニューミュージック・マガジン』（71年5月号、「日本のロック状況はどこまで来たか」座談会）でも「日本語ロック論争」として波紋を広げた。
長い間、ほとんどが外タレのコピーに甘んじていた日本のロック・シーン。確かに右を向いても左を見ても、みんなマイナーだったが、素晴らしいミュージシャンが続々と誕生していた。

ティン・パン・アレーと一夜で解散した伝説のバンブー

2007年に刊行されたサエキけんぞう（ミュージシャン&ロック評論家）の『さよなら！セブンティーズ』（クリタ舎・刊）に当時のロックおたくの高校生の佇（たたず）まいと荻窪ロフトの看板企画「ティン・パン・アレー・セッション」の雰囲気がとてもよく出ているので、ちょっと長いが引用したい。

1974年にできた荻窪ロフトは、ひょっとしたら日本初の本格的ライブハウスかもしれない。オーナーで、団塊世代臭がぷんぷんの平野悠は、烏山にジャズ中心の烏山ロフトを70年代初頭に出店していたが、ロックの生演奏が聴ける店をつくろうとして新宿・渋谷ではなく、荻窪に目を付けた。そこが面白い。（略）荻窪ロフト開店記念として、「ティン・パン・アレー・セッションズ」というアニヴァーサリー企画があるとライブで配られたチラシで知ったので、早速見に行くことにした。（略）今はなき荻窪ロフトの場所は、荻窪駅近くとはいえ住宅街の中にあった。あまりにもロックっぽくない閑静とした通りの店舗からは、リハーサルの小坂忠が歌う「しらけっちまうぜ」が漏れてきている。（略）開場まで一時間ほど静かに並ぶ。初めて入るライブハウスの店内、それは土蔵を改修したかのような、ちょっとムサイ作り。（略）最初はバンブーと呼ばれる知らないバンドがアナウンスされた。メンバーはどうやら知っている人たちだった。ギターの人がまず出てきた。てっきり鈴木茂だろうと思ったので「鈴木さん？」と話していると、その話し声が聞こえてしまい、「俺？　ケンジ」という答えが返ってきた。故・大村憲司だった。ちょっとムっとしていた。間違えて申しわけないと今でも悔やんでいる。

　ドラムには間違いなく林立夫その人が座った。ベースは？　サディスティック・ミカ・バンドの小原礼だ。キーボードにはミカ・バンドの今井裕、エディ藩とオリエント・エクスプレスのジョン山崎が座り、そしてパーカッションには、浜口茂外也というメンバーが揃い、突然、とてつもないサウンドが始まった。（略）高速の「バンブー・ボーン」、我を忘れてベースを刻み続ける小原礼。目に見えない速度でパーカッションを叩く浜口茂外也。なんといっても迫力だったのは手に届く距離では、とてつもなく音が大きい林立夫のドラムだ。

「こんなにもドラムの生の音は大きく、そして気持ちよく響くものなのだ！」（略）コンサートのPAスピーカーから出てくる音ではけっして体験できない、人生を変えてしまうサウンド、それが「PAを通さない直音」である。（略）土蔵のようなつくりの荻窪ロフトは、今までに聴いたことがないほどデッドな音だったということもある。（略）吉田美奈子をゲストにエリック・クラプトンで大ヒット中だった「アイ・ショット・ザ・シェリフ」を決め、阿鼻叫喚のバンブーが終わると、今度は荒井由実が松任谷正隆と登場し、まだ発売されていない次作『ミスリム』から『私のフランソワーズ』を歌った。華やかで品の良い感覚は土蔵のような荻窪ロフトから浮いていた。

そして、小坂忠とティン・パン・アレーの登場だ。林立夫の隣に細野晴臣がベースを構えてアンプにシールドを突き刺した。松任谷正隆、ギターに大村憲司、（略）すべての楽器が、均等の力バランスで、全力疾走していく立体的な全体像が凄かった。（略）アンコールのレコードとアレンジの違う「カラス」を聴く頃には、頭脳はすっかり解体され、再構築されたかのようだった。（略）「すごかったねえ」興奮した鈴木智文君と、巨大ラジカセを重そうにかかえた松木幹夫君と、トボトボと荻窪駅から千葉を目指した。我々は、終電まぎわである。（略）この日のライブは超満員だったが、集客の安定しないライブハウス稼業は楽ではない。ライブだけでは経営が難しいと、ロフトを続けるために、平野悠は一計を案じたという。演奏の終わったミュージシャンには店に残ってもらい、タダ酒を飲んでもらって打ち上げてもらうことにしたのだ。

荻窪ロフト周辺の風景

1969年はアメリカでウッドストック、日本では中津川フォークジャンボリーが開催された年だ。アメリカではベトナム反戦の流れにロック・ムーブメントが直結し、高揚した。日本ではアンダーグラウンド・フォーク（メッセージ・フォーク）が台頭した。高石ともや、ザ・フォーク・クルセダーズ、ジャックス、岡林信康らがその代表格だ。岡林の代表曲『友よ』は社会運動の集会にも使われ、革命歌と言われるようになったが、70年安保闘争が敗北に終わると、ステージと聴衆が反戦フォークで一体となって合唱することはなくなった。こういった個性的なミュージシャンの中に遠藤賢司、あがた森魚、高田渡、三上寛、友部正人がいた。

その後、日本のフォークは歌の主題を政治的なもの以外に求めるコマーシャル的手法の吉田拓郎、井上陽水、南こうせつらを代表とするポピュラー・フォークにその座を明け渡す。ここでカウンター・カルチャー（対抗文化）としての音楽表現は終息し、70年代後半のパンク・ムーブメント勃発まで影を潜めることになる。

74年にオープンした荻窪ロフトは79年まで続く。この時代はニュー・ミュージックの台頭期、本格的な日本のロックの黎明期と重なるのだ。キャラメル・ママ、ティン・パン・アレー、大瀧詠一、ムーンライダーズ、キャロル、山下達郎、サディスティック・ミカ・バンド、荒井（松任谷）由実、サザンオールスターズといった荻窪ロフトにも縁の深かった面々がこのシーンを引っ張った。

75年には日本で初めてミュージシャンによるレコード会社「フォーライフ」が、吉田拓郎、井上陽水、小室等、泉谷しげるによって設立される。これは私たちにとっては画期的なことだった。また、荻窪ロフトにも出演していた宇崎竜童率いるダウン・タウン・ブギウギ・バンドの『港のヨーコ・ヨコハマ・ヨコスカ』が同年大ヒットするなど、着実に日本のロックは市民権を得つつあった。しかし、大手レコード会社に所属し、大成功したミュージシャンはまだほんの一部であった。多くのロック・グループがアグネス・チャンや南沙織、加藤登紀子のバック・バンドで生計を立てていたのだ。

都内唯一のロック専門空間＝荻窪ロフトは、日本のロック史に残る数々の名シーンを生んできた。大瀧詠一の『ナイアガラ音頭』にぶっ飛んだこともあったし、細野晴臣の『トロピカル・ダンディー』の素晴らしさは筆舌に尽くしがたかった。鈴木茂はレコード会社からレコーディング資金をふんだくり、単身ロスに乗り込んでレコーディングを敢行、あの不滅の名盤『BAND WAGON』を生み出した。

荻窪ロフトと下北沢ロフトの常連だった山下達郎率いるシュガー・ベイブが発表したアルバム『SONGS』も日本のロックの夜明けに新たな旋風を巻き起こした名盤だ。

あの四人囃子は茂木由多加を加えた5人編成でロフトに登場した。ずば抜けた演奏力と革新的なプログレッシブなロックは類を見ないもので、私はたちまち彼らのファンになった。

荻窪ロフト恒例「ティン・パン・アレー・セッション」では、荒井由実、吉田美奈子、大貫妙子、矢野顕子がコーラス・グループを即席で結成し、歌う場所がなく、みんなカウンターの中に入って歌った。

私の大好きなイエロー（何といってもお客さんに美女が多かった唯一のロック・バンドだ）や、海外にもその名を馳せたサディスティック・ミカ・バンドの解散がある一方で、世にも不思議な即席バンド、バンブーは荻窪ロフトで深夜酒を飲みながら結成された。メンバーは林立夫、小原礼、ジョン山崎、村上〝ポンタ〟秀一、浜口茂外也、大村憲司という錚々たる面子。彼らの練習風景から立ち会うことができたのもよい思い出だ。

他にも成長著しかった愛奴から浜田省吾が脱退したのもショッキングだったし、はちみつぱい解散後の鈴木慶一が、75年10月に荻窪ロフトでムーンライダーズを結成することになったり、外道の暴走族オートバイ連隊が荻窪の街に繰り出し騒然とさせる事件もあった。そんなことを書き出したらとても指定の原稿枚数では足りそうにない。

坂本龍一、忌野清志郎、柳ジョージ、桑名正博、南佳孝、伊藤銀次、村上〝ポンタ〟秀一、サンハウス、イルカや太田裕美、サザンオールスターズに至るまで、その後にブレイクするすごい顔ぶれがこの荻窪ロフトで演奏していたのだ。ロフト的に状況を語ってしまえば、76年3月31日には、あの山下達郎率いるシュガー・ベイブが荻窪ロフトで「解散式」を行った。同月、やはり荻窪ロフトでかの垂水兄弟（孝道・良道）による永遠不滅のバンドと言われたイエローが解散したことも悲しい出来事だった。

第四章

革命

下北沢ロフト編

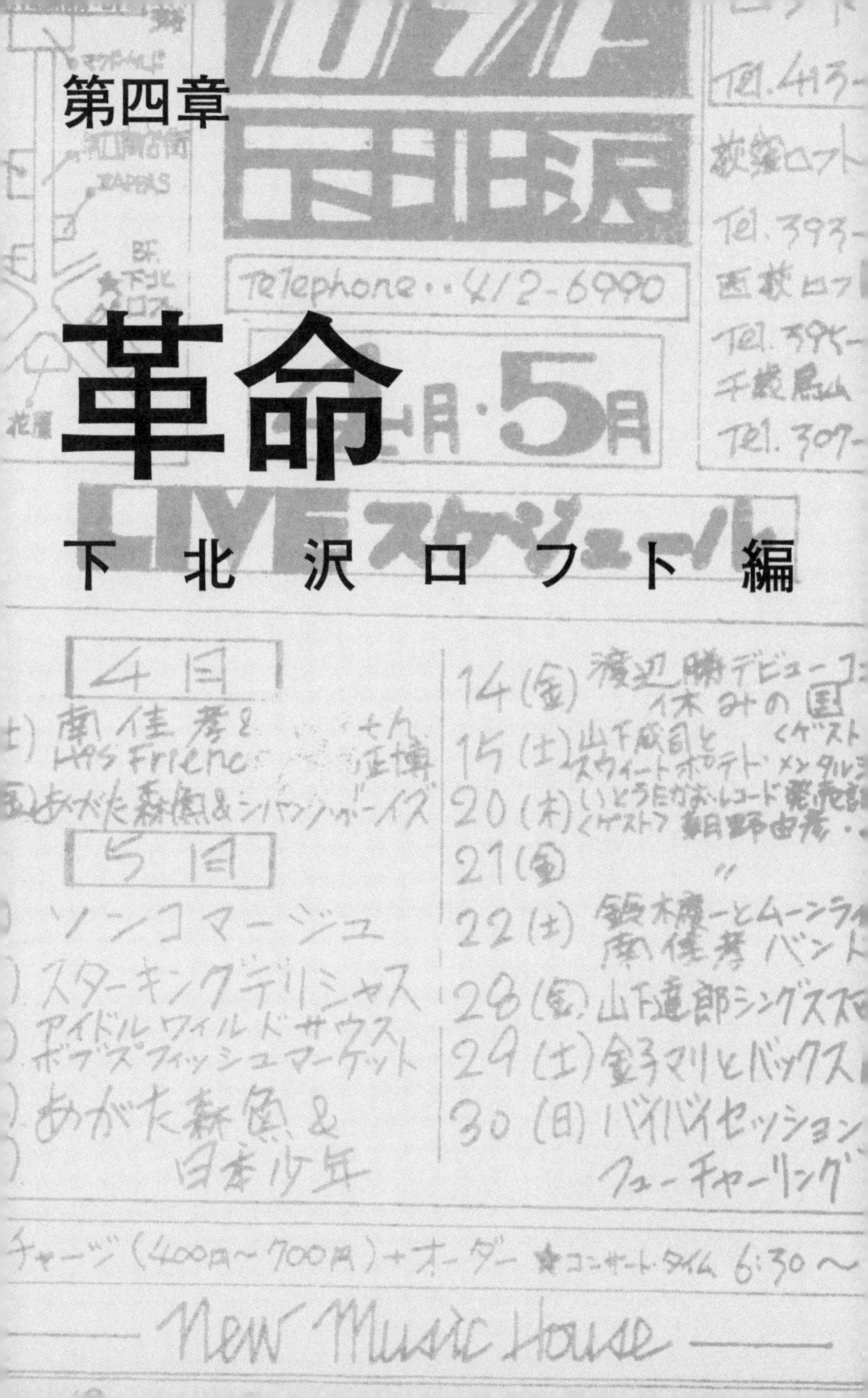

下北沢ロフト

1975.12 → 79.3

1975.12 「下北沢ロフト」オープニング・セレモニー10日間

	チャージ（400〜700円）＋オーダー
4日㊍〜6日㊏	〈ティン・パン・アレー・スペシャル・プレゼンツ〉 鈴木茂&ハックル・バック、 他多数ゲスト（はっぴいえんど系）
7日㊐	あがた森魚
8日㊊	金子マリ&バックスバニー
9日㊋	遠藤賢司
10日㊌	友部正人
11日㊍	長谷川きよし
12日㊎	久保田麻琴&夕焼け楽団
13日㊏	カミーノ（大村憲司・是方博邦・小原礼・ 村上〝ポンタ〟秀一）
14日㊐	チャンプ!!（細野晴臣 with ムーンライダーズ）
20日㊏	中川五郎 レコード・ジョッキー&シング

●下北沢ロフトのオープニング・セレモニーに総勢30人ものティン・パン・アレー系のミュージシャンが出演してくれた。ちょうど1年前にロックのライブハウスが荻窪に開店して、それ以降人気と実力を兼ね備えた出演者が記念に集まってくれた。考えてみれば、この面子のほとんどがはっぴいえんどから影響を強く受けているバンドだから、ちょっとビックリ。ロフトはどこかで内田裕也さん系のロックには腰が引けていた。それは荻窪時代にあるバンド（イーストランド系）をブッキングして、そのバンドのマネージャーと立ち回り寸前の大喧嘩になってしまったことが大きい。下北沢ロフトは何といっても、金子マリやカルメン・マキ、山岸潤史のホームグラウンドだ。

1976.5 「下北沢ロフト」スケジュール

チャージ（400〜700円）＋オーダー

1日㊏ ソンコ・マージュ

3日㊊ スターキング・デリシャス

5日㊌ アイドル・ワイルド・サウス／ボブズ・フィッシュ・マーケット

7日㊎・8日㊏ あがた森魚&日本少年

14日㊎ 渡辺勝デビュー・コンサート／休みの国

15日㊏ 山下成司とスウィートポテト／ゲスト＝センチメンタル・シティ・ロマンス

20日㊍・21日㊎ 〈レコード発売記念コンサート〉いとうたかお／ゲスト＝朝野由彦、よしこ

22日㊏ 鈴木慶一＆ムーンライダーズ／南佳孝バンド

28日㊎ 山下達郎シングス・スマッシュ・ソングス

29日㊏ 金子マリ&バックスバニー

30日㊐ りりぃ with バイ・バイ・セッション・バンド

●ソンコ・マージュは1935年生まれ。本場スペインでフォルクローレ音楽の世界的演奏家兼作曲家であるアタウアルパ・ユパンキに優れた才能を認められ、弟子になる。孤高のギタリスト・フォルクローレ演奏家として名高い演奏家だ。

●スターキング・デリシャスはボーカルの大上留利子らによって結成された関西出身のソウル／ファンク・バンド。77年に解散。

●アイドル・ワイルド・サウスはギターの松浦善博のスライドが抜群。74年に結成され、76年にアルバムを1枚リリースしただけで77年に解散してしまった神戸のバンドだ。

●渡辺勝はURCの音楽的支柱であり、孤高の音楽家だった。「70年代、うたの豊饒を自らの歩みに重ねて今に蘇らせた奇蹟の力業。地下から滾々と湧き出す叛乱の音群がポップス正史を塗りかえる。鬼才が綴る音のクロニクル」（2003年に発表された『アンダーグラウンド・リサイクル』解説文より）。

●朝野由彦はフォーク第2世代とも言える。声質が素敵だった。73年頃から「春一番コンサート」にも出演。75年に発表されたファースト・アルバム『巡礼』は名盤。

●休みの国は、69年から活動している高橋照幸を中心とした音楽バンド。

●山下成司（セイジ）は53年、山口県生まれ。不登校で高校中退後、17歳で上京。美術学校に学びつつ音楽活動を開始し、レコード・デビューも果たす。83年に渡米し、イラストレーションを本格的に学ぶ。

Rock. Folk. Jazz
ロフト
下北沢
Telephone‥412-6990
4月・5月

企画・製作 ロフト企画 Tel.413-7696
荻窪ロフト Tel.393-3877
西荻ロフト Tel.395-5973
千歳烏山ロフト Tel.307-8490

LIVEスケジュール

4月
24(土) 南佳孝とハーブス Friends
30(金) あがた森魚&ジャパンボーイズ

5月
1(土) ソンコマージュ
3(月) スターキングデリシャス
5(水) アイドルワイルドサウス ボブズフィッシュマーケット
7(金) あがた森魚&
8(土) 日本少年
14(金) 渡辺勝デビューコンサート 休みの国
15(土) 山下成司と スウィートポテト ＜ゲスト＞センチメンタルシティロマンス
20(木) いとうたかおレコード発売記念コンサート ＜ゲスト＞朝野由彦・よしこ
21(金) 〃
22(土) 鈴木慶一とムーンライダース 南佳孝バンド
28(金) 山下達郎シングスマッシュソングス
29(土) 金子マリとバックスバニー
30(日) バイバイセッションバンド フューチャーリング りりィ

バンド・チャージ（400円〜700円）＋オーダー ☆コンサートタイム 6:30〜9:30pm

New Music House

平常営業は12:00PM〜2:00AM 4月10日より4:00AM までに延長します。目をとじるとアメリカが。気が遠くなるほどの青空の下ウェストコーストが。見えてきます。始発電車の夜明けまで。ぼくらの夢を。愛を。音楽を育てましょう。

1976.12 「下北沢ロフト」スケジュール

	チャージ(400〜700円)+オーダー
3日㊎	金子マリ&バックスバニー
4日㊏	ラストショウ/よしこ
5日㊐	長谷川きよし/サンデー・サンバ・セッション(ライブ・レコーディング)
10日㊎	愛奴
11日㊏	ウィーピング・ハープ・セノオ・バンド(妹尾隆一郎)
12日㊐	シーチャン・ブラザーズ(井上茂)
17日㊎	りりィ&バイ・バイ・セッション・バンド with 坂本龍一/ネット・ワーク
18日㊏	大橋純子&美乃家セントラル・ステイション
19日㊐	越中屋バンド
24日㊎・25日㊏	大貫妙子
26日㊐	アルバトロス

●長谷川きよしとサンデー・サンバ・セッションは初めての試みだ。このセッションは結構中高年が多く、ライブ中お客さんがよく飲み食いしてくれて有り難かった。

●愛奴は浜田省吾が抜けてこの後に解散した。解散のとき、メンバーが下北沢の路上で真夜中大立ち回りしたのは伝説だ。バンド連中にものすごいフラストレーションが溜まっていたのだろうか?

●妹尾隆一郎はハープ片手にどこにでも行き、曲に合わせて奏でていた。多くのバンドが彼を重宝していた。

●シーチャン・ブラザーズはこの時期の日本のクロスオーバーにおける代表格バンド。ドラムのシーチャンこと井上茂は『SUPER-TAKANAKA LIVE!』のドラマーとしても知られ、ギターは塩次〝シンチャン〟伸二と堤〝クンチョー〟和美のツインで豪華だった。その後、主戦場は新宿ロフトに移る。

●りりィのバックに坂本龍一が登場。これは見応えがあった。坂本は確かアップライトと電子オルガンを演奏していた。

●大橋純子はものすごく歌が上手く、音程を外さない真のプロ・シンガーだった。曲もよかったのでお客さんはどんどん伸びていった。

●越中屋バンドは後のT-BIRD、めんたんぴんや朝野由彦と同じ金沢のバンド。

●大貫妙子はシュガー・ベイブ解散後、ロフトでは初めてワンマン2デイズを敢行。大貫ファンには画期的なライブだった。

1977.7 「下北沢ロフト」スケジュール

	チャージ(600〜800円)+オーダー
1日㊎	金子マリ&バックスバニー+ホーン・スペクトラム
3日㊐	野村徹也/ゲスト=桑名晴子
8日㊎	マーブルヘッド・メッセンジャー/ゲスト=伊藤銀次
9日㊏	Fair Banks/美女丸
10日㊐	〈サンデー・サンバ・セッション!!〉サンバ・カリオカ(中谷望 fl. /佐藤正美 g. /アントニオ石田 per. /吉川祐二 per. /ポンタ ds.)

16日(土)〜18日(月)　3days of 石田長生（元ソー・バッド・レビュー）
ゲスト＝友部正人（16日）、金子マリ（17日）、北京一（18日）

22日(金)　ポニーテール＋ホットランディング

23日(土)　南佳孝

24日(日)　RCサクセション

29日(金)　渡辺香津美

30日(土)　〈中島正雄（ウエスト・ロード・ブルース・バンド）ショーVol.3〉

31日(日)　SPECIAL JAM（緒方泰男 key.／田中章弘 b.／上原ゆかり ds.／山岸潤史 g.／山下達郎 vo.）

●野村徹也は桑名正博のバックをやっていて、セッション・バンドと組むことが多かった。

●桑名晴子は桑名正博の妹で、大型新人として注目をあび、レコード・メーカーの取り合いになった。

●79年に結成したホーン・スペクトラム（後のスペクトラム）は、日本では珍しいブラス・ロック・バンド（トランペット奏者の新田一郎がリーダー）。アミューズが売り出しに懸命だったが、81年に解散した。

●伊藤銀次は「ごまのはえ〜ココナツ・バンク」で活動した天下一品のギタリスト。かの大瀧詠一のレーベル「ナイアガラ」のカリスマ。荻窪ロフトでココナツ・バンクの最後の演奏を聴いた記憶がある。銀次といえば、大瀧プロデュースの『ナイアガラ音頭』で知られる布谷文夫（ブルース・クリエイション、DEW）はココナツ・バンクがバック・バンドを務めていた。布谷は２０１２年1月に脳出血により死去。

●31日の「SPECIAL JAM」は、歴史に残るフリー・ロック・セッションだった。あの山下達郎も参加したセッションなのだからすごい。もちろん演奏は即興で、連中はコードしか合わさない。達郎と山岸潤史のギター競演はとてもスリリングですさまじかった。自由で楽しそうにギターをかき鳴らす、あんなに生き生きとした山下達郎を見ることができた下北沢ロフトのお客さんは幸せだったに違いない。

1978.3 「下北沢ロフト」スケジュール

3日(金)　野村徹也 with 桑名正博

4日(土)　葡萄畑

5日(日)　渡辺香津美

10日(金)・11日(土)　大塚まさじ

12日(日)　ダンシング・イン・ザ・ムーンライト（大村憲司 g.／辻宗一郎 b.／薩摩光二 sax.／難波正司 key.／林敏明 ds.／マーティン・ウェルバー ds.）

17日(金)　西岡恭蔵＆カリブの嵐

18日(土)　Ryo＆ライトオン／クリスタルスカイ

19日(日)　ジョン山崎＆スクール・バンド

24日(金)　カシオペア

25日(土)　サザンオールスターズ／東京おとぼけ CATS

26日(日)　浅倉紀幸（現・朝倉紀行）＆サザンウインド
31日(金)　中島正雄（元ウエスト・ロード・ブルース・バンド）セッション

●この時代、下北沢ロフトは夜中に居合わせた音楽家同士が意気投合しての即興セッションが花盛りだった。多くのミュージシャンが呼ばれてもいないのにギター一つ持って店にきて、簡単なコードを合わせ長々とブルース調の曲をやりだす。今の若いミュージシャンは技術的にもそんな芸当はできないに違いない。そもそもセッションそのものを体験したことがないのかもしれない。

●葡萄畑はサザン・ロック系のバンドで、セカンド・アルバム『スロー・モーション』には、山上たつひこの漫画『がきデカ』をモチーフにした『恐怖のこまわり君』を収録。

●ジョン山崎＆スクール・バンドはキーボーディストでありボーカリストのジョン山崎（元ゴールデン・カップス）を中心に70年代中期に活動していた。初期のスティーリー・ダン的なサウンドに、ジェームス・テイラーのような温かみのあるボーカルが特長だった。

●フュージョンが一世を風靡していたこの当時、テクな渡辺香津美、ハードな山岸潤史、クールな大村憲司、クリーンな森園勝敏は「スペシャル・ジャム」を下北沢ロフトで毎月行っていた。大村憲司亡き今、このシーンも二度と見られぬ。

1978.9 「下北沢ロフト」スケジュール

チャージ（600～1000円）＋オーダー

1日(金)　オークランド・ベアーズ（from 金沢）／子供ばんど
2日(土)　西岡恭蔵
3日(日)　ローラーコースター／中島正雄・山岸潤史
8日(金)　GAS
9日(土)　チャクラ／シャワー・ブレイク
10日(日)　佐藤奈々子／岩渕まこと
15日(金)　サザンオールスターズ
16日(土)　サンダーチーフ
17日(日)　T-BIRD
22日(金)・23日(土)　大塚まさじ
24日(日)　ダディ竹千代＆東京おとぼけ CATS
29日(金)　〈BLST 東京ロッカーズ〉リザード（元・紅蜥蜴）／フリクション／S-KEN
30日(土)　RCサクセション with 春日博文

●ハードロック・バンドの子供ばんどはうじきつよしのバンド。何と2011年復活。「高校生だった70年代半ば、憧れのミュージシャンに会いたさで下北ロフトに通っていた。ある晩、当時カルメン・マキ＆OZに詞を書いていたKさんが一人でいるのを発見。勇気を出して話しかけると、何と俺のことを知っていた。思わず嬉しくて、思いの丈を聞いてもらい、ビールを数十本。Kさんがスーッと帰って行ったその後、お金が全然ないのに気がついた。トイレに行くフリをして、逃走。後日、恐る恐る店に行くと、自動的にツケにしてくれていた。（うじきつよし／『ROCK is LOFT』に寄せられたコメントより）

●GASは八尾が生んだ日本のスーパー・ギタリスト、石田長生のバンド。

●99年に惜しくも亡くなってしまった

西岡恭蔵はピンで土曜日ワンマンだ。大塚まさじは2デイズを決行。

●ハナ肇とクレイジー・キャッツを目指したダディ竹千代＆東京おとぼけCATSはギャグ連発のステージで乗りに乗っていた。大根や豆腐、にんじん、あらゆる素材で奏でるチョッパー演奏で知られるコミック・バンドだが、メンバーのテクニックは確かなものだった。81年に解散。その後、ダディ竹千代こと加治木剛はレコード・プロデューサーを経て新橋にライブハウス「新橋ZZ」を開業。

●リザード、フリクション、S-KEN……時代は遂に正統派パンクの台頭、東京ロッカーズの登場だ。

1979.3 「下北沢ロフト」スケジュール

チャージ（600～1000円）＋オーダー

2日(金)	ロケット
3日(土)	チャボ／チャクラ
4日(日)	佐藤宣彦（元ハリケーン）
9日(金)	〈東京ワッショイ 元祖カラオケ・ロック〉遠藤賢司
10日(土)	鈴木隆夫&コスメティック
11日(日)	紀ノ国屋バンド／TENSAW（from 横浜）
16日(金)	〈東京ロッカーズ〉S-KEN／自殺／P-MODEL／シンクロナイズ
17日(土)	T-BIRD／深水無門バンド
18日(日)	太田裕美／ワウワウブラザーズ
23日(金)	クロスウィンド／兵藤未来
24日(土)	野毛スマイル（元・野毛ハーレムバンド）
25日(日)	ダディ竹千代&東京おとぼけ CATS
30日(金)	三上寛
31日(土)	河島英五

●初期の東京ロッカーズが奏でるパンクは「スピード・パンク」と言われ、1分間くらいで1曲が終わるというハイテンションの連続だった。多分この日、まだ高校生バンドのINU（町田町蔵、現在の町田康）も参加していたはずだ。町田は「東京ロッカーズのクソッタレ！ モモヨ（リザード）はただの女たらしだ！」とラブコールを送った。テクノポップ／ニューウェイブの雄、P-MODELはこれがステージ・デビュー。

●野毛乱が19歳で結成した「野毛ハーレムバンド」は、どの宴会へ行っても裸になるので「野毛が来ると場が乱れる」ということで、野毛「乱」というニックネームをつけられた。

●太田裕美は当時ナベプロ所属のシンガー・ソングライター。75年12月にサード・アルバム『心が風邪をひいた日』からシングル・カットされた『木綿のハンカチーフ』が大ヒット、紅白にも出演した。そんなスターが一般的には無名なワウワウブラザーズと競演とは……この時代、芸能界大手のナベプロにもロック通が入り込んで、平気でライブハウスに出演させていたのだ。

「年間、130本ものコンサート、その間をぬってレコーディング、ラジオ、取材、TVと、とにかく休みなく仕事をしてた頃ですよね、ロフトに出たのは。ロックの殿堂に、私みたいなタイプが出ちゃっていいのかしら、という感じはあったのですが、出ちゃえばこっちのもの。それでなくてもいっぱいのステージにブラス・セクションまで入れちゃって、客席もステージもギューギューづめだったのが印象的でした」（太田裕美／『ROCK is LOFT』に寄せられたコメントより）

不思議なオーラが支配するライブハウス

ライブハウスとは、いつ、何が起こるか分からない空間だ。その小さな空間から肉声も含めて発せられる、何とも不思議なオーラが支配する磁場である。さらに街の風景の中に溶け込み、息づいているのがライブハウスなのだ。ニューヨークのあの何十年も続いたパンクの聖地「CBGB」（1973〜2006）が立ち退きの危機に瀕したとき、世界中のパンク・ファンから熱いメッセージが届けられ反対運動が巻き起こった。どれだけ「CBGB」が客や出演者から愛されていたかが分かるだろう。

そう、お客さんから、表現者から、スタッフから愛されて初めて「ライブハウス」だと威張れるものなのだ。当時のロフトは今のライブハウスにありがちな貸しホール的な存在とは違って、言わば雑食のロック居酒屋であり、経営基盤は居酒屋でまかなっていた。だからライブ・スケジュールもそれぞれの店が好き好きに考えるものだった。あまり集客を気にする必要はなかったのだ。すなわち当時のライブハウスはライブも含めてロック好きが集まるコミュニケーション・スペースだったと言えるのかもしれない。

ライブハウスの時代が始まった

フォークの「西荻窪ロフト」、ロックの「荻窪ロフト」と言われ、その限界点を突破し、もう一つの新しいシーンを構築するには、もう1軒の店が必要と思った。それも中央線沿線ではないどこかを模索していた。75年にはターミナル駅・渋谷の繁華街のど真ん中に小さいながらも「渋谷屋根裏」ができようとしていた。

私たちは迫りくるロックの時代に狂気、興奮していた。「これ、まだ内緒だよ」と言いながら、いち早く新しい音源を聴かせてくれるレコード会社のディレクターもたくさんいた。ライブハウス&ロック居酒屋は音楽誌の編集者たちにも注目されだした。ライブハウスという空間の中でミュージシャン同士が知り合い、意気投合し、新しいバンドがいくつも組まれるようにもなった。

当時の私の意識は「常に日本のロック・シーンの先頭を走り続けたい」ということにあった。この自負は、私を次なるライブハウス第4の道、「下北沢ロフト」誕生に向かわせることになる。それは過去のロフトが「中央線文化」の先頭を走ってきたことからの「決別」を意味する。時代は中央線的な「四畳半ロック、フォークのサブカル的情況」から、より広汎な「シティ・ポップ」の到来を予感させていた。そして私が最終的に決めた3軒目となるロックのライブハウスは、まだ街としては未成熟だった世田谷区の下北沢だった。

下北沢ロフト、オープン

75年12月、下北沢にロフトがオープンした。下北沢駅南口商店街を下ってクレジットの丸井を右手に見て、商店街を抜けたところに約30坪の、当時下北沢では珍しかった地下物件を見つけた。保証金400万円、家賃は15万円。

時代はウエストコースト・サウンドだ。明るくどこまでも澄んだ青い空、ウエストコーストの風に乗ったような軽くさわやかなサウンドが全盛の時代だった。そこでロフトは「ウエストコースト風」な、いわゆるおしゃれな店づくりを目指した。だが、ボロボロのジーパンと長髪の若いロック族の客層では所詮無理な相談だった。OLも来店できる明るい店づくりを目指したが、店は数ヵ月で穴蔵化していった。

当時の下北沢は、ロック文化がありそうでない街。ジャズ系の喫茶店「マサコ」、ロック喫茶「独」、「イーハトーボ」、広島からやってきた下北沢の名士・大木雄高の今や伝説的ジャズ・バー「レディジェーン」（ロフトがやってくるほぼ1年前に開業した）があった程度だった。多くの下北沢の若者は新しく巻き起こっているロック・シーンに圧倒的に飢えていた。それまでの若者文化発信は、中央線沿線に集中していた。しかし、ロックや演劇を中心とする若者文化は渋谷、新宿か下北沢の、いわゆるターミナル駅周辺に移ってきていた。

演劇の街・下北沢にロックが上陸

下北沢ロフトはまさに驚異的なスピードで物件探しから内装工事までが行われ、そして開業と相成った。下北沢は小田急線と京王・井の頭線が交差し、人口60万人（現在は90万人）を擁する世田谷区の表玄関である。街は中央線文化圏とは距離を置きながら、若者の街として自由が丘とともに人気が高い。当時はまだ「本多劇場」ができる前で、小さな芝居小屋が何軒かあり、「一番街」には昔ながらの密集したマーケットがあり、古着屋や布地屋が点在していた。本多一夫が経営する「ザ・スズナリ」横町付近にはピンク・バーが並んでいた。

そんな街にロフトが上陸した。相変わらずライブは週末だけで、後はロック居酒屋として朝4時まで営業。ライブが終わってからの居酒屋時間に多くの業界人やロックな若者が集まっていた。そこで数々のケンカや恋や別れ、友情や連帯があり、ロックな論争があった。1ヵ月も経たないうちに一番安い酒のブラックニッカのボトル（1800円）キープが500本を超え、深夜、電車のなくなった店の前にはタクシーの列ができた。まさしく「下北沢の人の流れを変えた」と言われたほどセンセーショナルな出店であった。ブッキングも順調だったし、経営者の私にとっては、これまでで一番スムーズな営業展開で、開店1ヵ月目から利益が出た。

ライブハウス下北沢ロフトは、関西系ミュージシャンに東京進出への大きな扉を開いたとも言える。それは金子マリとバックスバニーを中心とした面々が、下北ロフトを拠点に活動し始めたのが大きく影響していた（マリとバックスバニーのメンバーは関西系のミュージシャンと仲がよかった）。石田長生、北京一、山岸潤史、有山じゅんじ、金森幸介、上田正樹、憂歌団、ウエスト・ロード・ブルース・バンドなどが下北沢ロフトを東京進出の拠点にしてくれたことも大きかった。

ある音大生に宛てた第4の手紙

1975年12月

この手紙はロサンゼルスのホリデイ・インから書いています。ほら、レターヘッドも僕の憧れのホリデイ・インのものですョ。ロスは今日も見事に晴れ上がっていて、どこまでも蒼く透明なこの大地に立つと、ウエストコーストのボズ・スキャッグスやライ・クーダーのサウンドが聴こえてきそうです。

もう昔のように君と会うことも音楽論を闘わせることもなくなって、僕らを結びつけた店に置いてある例の交流ノートも、だんだん書き手がいなくなって、ミーハーでくだらない、内容のないお絵描きノートになってしまいました。烏山から西荻窪、荻窪ロフトまで続いた交流ノートがNHKの朝ドラのメイン・テーマ（主人公のロック少年とお客の女の子が、ノートがきっかけで出会うあらすじ）になったことは知っていましたか？

貴女ももう4年で、卒論・卒業、就職（？）の年になりましたね。実は私、初めてのアメリカ訪問なのです。外貨持ち出し制限は1000ドル（1ドル＝300円）。ちなみにホリデイ・インの一泊料金が100ドルですよ。これではとても何もできないので（違法な）闇ドルと換えました。

今回の渡米の大義名分は、あのベルウッド・レコードを立ち上げた三浦光紀がプロデュースする矢野顕子のレコーディングをロスでやるというので、その立ち会いです。多くの若い音楽関係者が参加していて、僕もその一人。僕自身はそれほど矢野顕子に興味がなかったのですが、まだ一度も外国に行ったことがなかったし……っていうところで自費参加しました。初めての外国。それも50年代ジャズを含め憧れ続けていたアメリカです。サンフランシスコの小さなジャズ・バーであのミルト・ジャクソン（MJQ）が30人くらいのお客さんを相手に演奏していました。感動ものでした。興奮しています。

一ライブハウスのオヤジがレコーディング・スタジオを覗いても面白くも何ともなかったので、ポルノ映画を見たり、ディズニーランドに行ったりもしていました。アメリカのライブハウスには日本と違って中高年の客が多くてビックリしました。不良中年なんですかね。それから、若い連中がライブ中に平気で大麻やコークをやっているのは、ちょっと怖かったかな。ロスのライブハウスで一番ビックリしたのは「スターウッド」と「ロキシーハウス」で、「スターウッド」は体育館みたいな広い空間の中に、ディスコが2軒、ビリヤード場、バーが2軒、ライブができる大ホールが一つと小さな会場が二つもあるんです。すごいよね。これが本場のショー・ビジネスかと思ったら、東京で30坪くらいの100人も入ればいっぱいになってしまうライブハウスなんて、メジャーなビジネスであるわけがないと痛感したね。もちろんロスと東京の空間の家賃が違いすぎるというのもありますが、こちらでは何もかもが広いです。

「ロキシーハウス」では、ボズ・スキャッグスのチケットをロスの友人が無理して取ってくれました。感謝です。明日はシスコに行って、かの伝説のビル・グラハムの「フィルモア」に行くつもりです。

ところで、僕がまたまたライブハウスをつくったのはご存じでしょうか？　今度は下北沢です。まだ荻窪ロフトをオープンさせてから1年ちょっとしか経っていません。これから発展する街、下北沢に安くて地下のよい物件が見つかったので頑張ることにしました。応援してくださいね。

返信

本当に、本当にお久し振りです。先日やっとあるクラッシック音楽の楽譜の会社に就職が内定しました。本当はピアニストを目指していたんですが、やはりプロのピアニストになるのはとても無理でちょっとあきらめてしまって、高校の音楽の教師になろうかと迷ったんですけど。もうこのところロフトにはほとんど顔を出していませんので、まさか悠さんからお手紙が来るとは思ってもいませんでした。それもロサンゼルスからだなんて！

東京の郊外のあんな小さなジャズ喫茶ロフトが店を増やして今や日本のロックやフォークになくてはならない存在となりましたね。烏山・西荻窪・荻窪、そして次は下北沢ですか？

なぜそんなに急ぐの？　というのが私の感想です。15人も入るといっぱいになってしまう烏山ロフトは、たくさんのドラマがあって、実に充実した空間でした。それが悠さんがいなくなり、文さんが西荻に、山さんが荻窪に。今はチャップという人が店長をやっていますね。言い換えれば、なぜ悠さんはそうやって自分を追い込んでいくのでしょうか？　という気持ちでいっぱいです。離婚なさった影響でしょうか？

とても私にはついていけません。毎年店を出しているんですもの。でも、陰ながらロフトのご発展を願ってやみません。

あがた森魚の記者会見

72年、あがた森魚のデビュー曲『赤色エレジー』は50万枚の大ヒットを記録した。この曲は、71年に立ち上げられたキングレコードの社内レーベル、ベルウッド・レコードの第1弾シングルとして発表。ベルウッドはキングのディレクターだった三浦光紀や小室等らが出資したレーベルで、78年に休止するまで友川かずきの中原中也作品集、はっぴいえんどのライブ・アルバム、高田渡のサード・アルバムなどを発表した。

下北沢ロフトで忘れられないのは、そんなあがた森魚の記者会見だ。それまで、街中にあるライブハウスになんか目もくれなかったマスコミが、取材のため下北沢ロフトに押し寄せた。ロフトでの出演者が演奏前に店で記者会見するなんて初めての経験だった。特に女性誌に追い回されたあがた森魚。よれよれで破けたジーパンとゲタ履きスタイルはそれなりに当時の芸能誌では特異だったのだろう。その後に彼は『日本少年〜ヂパング・ボーイ〜』という素晴らしい2枚組の大作をリリースした。

タモリ東京進出と山下洋輔

確か75年の終わり頃だったと思う。ある日、山下洋輔から相談を受けた。「平野さん、無名だけど、九州に面白い芸人がいる。4ヵ国語を使って麻雀の実況中継をパフォーマンスでやるんだ」

「それ、噂で聞いたことあります。面白そうですね」

「タモリっていうんだけど、一度みんなでそのネタを見ようと思うんだ。筒井康隆さんや赤塚不二夫さんたちも見たがっている。下北沢ロフトの会場を深夜でいいから貸してほしい」

「それは正式なイベントとしてですか？」

「いや、まだヤツはプロじゃない。アマチュアだ。料金は取れない。だから会場料も払えない。東京では無名だから自分たちが呼んだ客しか来ないと思う。何とかみんなでカンパして飛行機代を集めている最中だ」

「最低、飲み食いの料金だけはいただきたいがいいでしょうか？」

「それは当然だ。ただ会場料がないんだ」

「構いません。やりましょう」

そんな経緯があって、タモリの東京初ライブは下北沢ロフトで深夜にシークレットで行われた。突然の要請だったし、資料も手元にないので日時ははっきりしない。何も知らないお客さんを巻き込んだ。ただ、ライブは実に傑作だった。タモリは山下洋輔や赤塚不二夫さんたちの格好の遊び道具だったのだ。タモリが山下洋輔に絶対頭が上がらないのはそういうことだ。さらに山下洋輔は「全日本冷やし中華愛好会」の新聞を発行していて、私はよく広告を強引に付き合わされた。

もうタモリは下北沢のちっぽけなライブハウスに出たことなんて覚えていないかもしれない。ずいぶん前、タモリの事務所に出演交渉をしたら、マネージャーに「ロフトって何するところ?」と訊かれて、がっかりした覚えがある。

「荻窪にいる頃、駅前のスーパーの魚屋の隣に『ロフト』ができた時には驚いた。こちとらには日常の場所で、非日常が行われるという違和感、いや快感の故か。狭い暑い場所で汗を飛ばしてダバドビトバとわめきまくった。時には若いリュウイチやタツロウも徘徊した。思えばあの場所はビッグバン寸前のぎゅう詰め状態だったのだ」

——山下洋輔/『ROCK is LOFT』に寄せられたコメントより

中島みゆきが下北沢ロフトに出演

中島みゆきは、デビューして間もない76年、全国ツアーを行う前、下北沢ロフトに計2回出演している。彼女のマネージャーから電話があり、「出演したい」と言ってきた。といっても、当時は新興ロックの時代。スタッフは誰も中島みゆきのことを知らなかった。ブッキングはしたものの、どうせお客さんが入るわけない、まぁ、10人くらいかとタカをくくっていたが、会場に着くと店内はぎっしり満員だった。当時のライブ・チャージは600円。

ギターを抱えたピンの中島みゆきの生ライブに奇跡的に出会えた幸運な一人に、評論家の呉智英がいた。「そうなんだ。俺は下北沢ロフトで中島みゆきを見た数少ない証人だ」と威張ってトークしていたのを聞いたことがある。すごいアーティストの生演奏を、お酒を楽しみながら見る。70年代のキャパ50〜100人のライブハウスは、今では考えられないミュージシャンが出演していたのだ。ライブ終了後、私は中島みゆきとお酒を飲んだのが今でも自慢だ。

北島三郎の事務所に大橋純子が……

大橋純子&美乃家セントラル・ステイションは下北沢ロフトがライブ活動の拠点だった。確か、のちに一風堂を組む土屋昌巳が連れてきたのだと思う。ある日、大橋純子（私たちは彼女のことを「ジュンペイ」と呼んでいた）のマネージャーから唐突に言われた。「平野さん、ウチの北島が大橋純子のことをえらく気に入って、彼女は北島事務所のタレントになりました。それで北島がぜひ平野さんにご挨拶したいというので、できましたら事務所に来ていただけませんか」と。何と、私ごときが天下の北島三郎から招待を受けたのだ。

後日、北島事務所に行くと、応接間でサブちゃんが殊勝な顔をして丁寧に私に挨拶をしてくれた。「私は根っから演歌の人間です。でもね、私も分かっているんです。これからの時代は新しい音楽、つまりロックが若者の心を捉えていくと思うんですよ。歌謡曲がダメだとは思わないけれど、ウチの事務所も時代に遅れないように運営していかなければと思っています。それでロック音楽にも参入しようと思っている。くれぐれも大橋純子をよろしくお願いしたい」

あの北島三郎が、音楽ビジネスとしっかり向き合い、これからはロックの時代が来るだろうと、ちゃんと日本の音楽の行く末を読んでいたのにはビックリした。まだレコード業界は歌謡曲全盛時代だったのに。しかし、その後2年足らずで大橋純子は事務所の怒りを買って放逐されることになったのは残念であった。大手の芸能プロにはロックに対する理解がまだ足りなかったのかもしれない。これもまたロック黎明期ならではのエピソードと言えるだろう。

「下北ロフトで初のライヴハウスを経験しその後、新宿ロフトに何度か出演しました。〝ニュー・ミュージック〟というジャンルが定着し出し、活動は主にライブハウスと学園祭でした。デビューして3年、やっと世の中に私たちの存在が知れ出した頃。ペーパームーンやシンプルラブの頃でした」

——大橋純子／『ROCK is LOFT』に寄せられたコメントより

第1回下北沢音楽祭開催（下北沢が震えた2日間・電車が止まった）

79年9月1〜2日、第1回下北沢音楽祭が開催された。下北沢で飲食店や音楽バーをやっていた顔ぶれが自発的に集まり、「今、下北沢はジャズ、ロック文化で盛り上がっている。音楽の街としてもう一つ飛躍したい。ひいては野外コンサートをやろう」ということになったのだ。メンバーは、松本容子（ロック・バー「アダムス・アップル」、実行委員長）、大木雄高（ジャズ・バー「レディジェーン」）、石坂独（ロック喫茶「独」）、福本和男（居酒屋「ペーパー・ムーン」）、そして私、「ロフト」の平野悠。この5人によって下北沢音楽祭実行委員会がつくられた。

そこで、下北沢南口にある本多劇場とマンションがつくられる前の空き地（800坪、本多劇場が開場するのは3年後）にステージのイントレを組み、ジャズの日とロックの日に分けて2日間開催することを決めた。土地所有者の本多一夫（本多劇場主）に相談すると、ほとんど無償でオーケーしてくれた。建築屋から工事用イントレを借りて、東大の建築学科の学生に図面を書かせ、各店から派遣された若者の手でステージを組み上げた。入場料は2日通し券で2000円。利益を出すことが目的ではないから、入場料を安くした。赤字覚悟だった。

一升瓶を何本か下げて北沢警察に相談に行くと、「若い警官にも立ち会わせて訓練したい。警備小隊を派遣する。街の催し物だ、できる限り協力する」と言ってくれた。下北沢駅前の会場は騒音や交通の問題で反対も多いと思ったが、区役所も商店街も協力的で、準備はスムーズに進行した。

ライブは1日目が午後2時に始まった。両日とも満員だった。司会は、当時まだ無名で、下北沢の安アパートに住んでいたアルフィーの坂崎幸之助。野外ライブは夜になって照明が灯るのだが、広場の上を通る井の頭線が何と次々に徐行するではないか。乗客が全開の窓から身を乗り出し、ステージを見ている。壮観だった。

出演者は、クロスウィンド（小川銀次）、山岸潤史セッション、ダディ竹千代&東京おとぼけCATS、あがた森魚、RCサクセション、カルメン・マキ&ナイトストーカーなど、全16バンド・60人におよぶ演奏者。ロック・セクション最後のカルメン・マキWith Char

のステージは、いつまでも鳴りやまぬアンコールが12曲になった。

翌日の新聞の見出しは「電車が止まった」だった。解説記事も載っていた。「新宿音楽祭、公園通り音楽祭などが盛んだが、どれもマスコミやレコード会社がバックについている。原宿、吉祥寺と並び、ヤングの街になった下北沢にふさわしくイロのつかない音楽祭を自分たちの手で開こうというのが発端」と書かれていた。

ノンフィクション作家の枝川公一は当日の模様をこう記している。「開け放った窓からロック音楽が飛び込んできたのにはびっくりした。やはりここはシモキタだなぁ、というのが実感だった。この街はロックやニュー・エイジ世代が動かしていることがよく分かった。時代が地すべり現象を起こしている感じだ」

この下北沢音楽祭が成功したことで、下北沢は演劇とロックの街へと変貌を遂げた。その後、我々の手で3年ほど本多劇場を借りて「下北沢音楽祭」を行ったが、その実行委員会もいつの間にか消えた。

サザンオールスターズと下北沢ロフトの物語

無名時代のサザンオールスターズの〝根城〟は、75年に誕生した下北沢ロフトだった。「もし下北沢ロフトがなかったら、サザンはバンド自体、存続したかどうか」と私は今も思っている。ギターのター坊こと大森隆志（2001年に脱退）やパーカッションの毛ガニこと野沢秀行

（奥さんはロフトで知り合った人だ）はロフトの正規アルバイトだったし、時折あの桑田佳祐が客にコーヒーやビールのジョッキを配ったりしていたものだ。

だが一番の問題点は、私たちスタッフの誰もが、これほどまでにサザンがブレイクすると思っていなかったことだ。店の経営方針として、「どんなに客が入らなくとも、ヘタクソでも、店員バンドは必ず月1回は出演できる」ことを保証していた。さらに店員バンドには店を練習場所として使うことを承諾していた。すなわち、賃金の安い不安定なライブハウスで働くのは相当の音楽マニアか、バンドをやっている連中でしかなかった。だからロフトのどこの店に行っても必ず店員バンドがいくつかあり、彼らは店が閉まると朝まで店の機材を使って練習できたわけだ。

サザンの下北沢ロフトでのライブはあまり客が入らなかった。そんな彼らを一度だけどやしつけたことがある。何と、サザンのスケジュールが渋谷屋根裏の昼間のバンドとして毎月アップされていたのだ。私は連中に怒鳴った。「無節操なことはやめろ！　渋谷屋根裏で昼間やってロフトは夜というのは、ロフトのプライドが許さない！」と。

78年8月、サザンはTBS系列の人気音楽番組『ザ・ベストテン』の「今週のスポットライト」に初めて登場した。彼らは新宿ロフトで『勝手にシンドバッド』を歌った。全国放送である。一ライブハウスから生中継で行ったロックの新人ライブは初めてのことだった。この新宿ロフトからの生中継をきっかけとして、彼らは一気にブレイクを果たす。

このときのダイナミックで骨太な桑田佳祐をいったい誰が予見しただろうか？

桑田はこの生中継で「僕らはただの目立ちたがり屋の芸人です！」と自己紹介した。そのインパクトあるテレビ・デビューに、私は新宿ロフトの片隅で驚嘆のあまり絶句していた。それは桑田佳祐が間違いなく天才であると感じた瞬間でもあった。彼らのステージは、店に飾ってあった巨大オブジェの潜水艦の甲板上だった。

サザンが、桑田佳祐がまたたく間に成長していったことに私は彼らの才能を感じ、さらには彼らをプロデュースしメジャー・デビューさせたアミューズの大里洋吉会長とビクターの高垣健ディレクターに脱帽するしかなかった。そしてかのサザンオールスターズは一度も解散することなく、今や日本を代表する国民的バンドにまでなったのだ。

77年、当時毎日のようにロフトに出入りしていたビクターのプロデューサー、高垣健（ARB、PANTA、松田優作などを手がけた後、スピードスターレコードを創設）が、たまたまサザンを見て気に入り、そのテープをアミューズの大里洋吉に「よかったら、ぜひ聴いてみてください」と手渡したところからサザンの日本制覇のドラマは始まった。大里洋吉といえば、キャンディーズのチーフ・マネージャーだった敏腕だ。彼は私の事務所にやってきて、「平野さん、今度、TBSの『ザ・ベストテン』でサザンを生中継する。ひいてはロフトを使わせてほしい」と唐突に言う。「エッ、あの『ベストテン』に無名のサザンを出すんですか？」私はビックリして訊き直した。

「そうだ！　新人のサザンを『ベストテン』に出演させる」

「もしそれが実現すれば、ロフトとしても名誉な限りです」と私。

「そうですか？　ではいいのですね」と言って大里は、やおら電話をかけた。「ロフトからオーケーが出たぞ。では来週の『スポットライト』を空けておいてよ」と。

私は心の底で「こんなのあり？」と思った。箸にも棒にも引っかからない新人のロック・バンドが『ザ・ベストテン』にこんなにも簡単に出演できるなんて、とても考えられなかった。当時は私も弱小レコードのレーベルをやっていたが、テレビ局はロックなんか相手にもしてくれない。深夜放送にプロモーションに行くのが精いっぱいだったのだから。

かくして高垣健と大里洋吉、大里の懐刀（ふところがたな）だった池田潤というサザンを大きくする「トライアングル」ができ上がった。桑田佳祐のスター性を見抜いた大里はモンスターだった。サザンのブレイクはロックを、キャンディーズと同じレベルでまったく差別なくポップス感覚で捉えたことにある。大里は変なロックの意識汚染（ロックはこうあるべきといったような先入観）とは無縁だった。何度も言うが、あれだけ近い距離にいながら、サザンの才能を見抜けず、桑田のパフォーマンスも見抜けなかったことは、私たちスタッフの一生の悔いとなった。

「荻窪ロフトには、マーブルヘッド・Mで月1回くらい出てた。演奏中お客さんの人数をかぞえた（お客×チャージ代＝ギャラ）。サザンで出た時は、だいたい雨だった。下北ロフトの開店をなぜか手伝ったし、年中店に居た。その当時のプロのライブを、店を手伝うふりをしながら、リハからライブそしてライブ後の朝までのドンチャン騒ぎ&セッションとずーっと見続けた。本当に楽しかったし、勉強にもなったし、自分自身の人脈のルーツでもある。これからもロフトらしさを忘れずにローリング・ライブ‼」

——野沢〝毛ガニ〟秀行：サザンオールスターズ／『ROCK is LOFT』に寄せられたコメントより

「下北沢ロフトでアルバイトをしていた時、平野社長に駆り出され、ブロックやセメントを運んで造ったのが（無料で）新宿ロフトでした」

——大森隆志：サザンオールスターズ［当時］／『ROCK is LOFT』に寄せられたコメントより

下北沢ロフト周辺の風景（元店長・佐藤弘の回想）

そもそも俺は西荻窪ロフトの常連で、「店員になれ」と言われて下北沢ロフトに来たんだけど、店長がすぐ辞めてしまって俺が急遽(きゅうきょ)店長になった。思い出すのは坂本龍一さんがまだ芸大の大学院の学生だった頃で、みんなから〝教授〟って呼ばれていたな。山下達郎さんは一番坂本さんを尊敬していたんじゃないか？　浪人時代の坂本さんは友部正人さんやりりィさんのバックをやったり、ロフトのいろいろなセッションに出てくれた。

西荻窪ロフトではいつも客なんか誰もいないところでピアノを弾いていたな。あの頃からすごい奴っていう感じだったし、結構語り口は静かで、どこからあのピアノのイメージっていうか、バイタリティが生まれるんだろう？　ってみんなで話していたよ。ライブではいつも〝いい女〟を探していたよ（笑）。ロッカーってそこはみんな同じで、坂本さんだけじゃなかったけど。でも、あれだけモテた奴は他にいなかったな。

そのティン・パン・アレーの次の世代の連中が下北沢ロフトの出演バンドの中心だった。彼らはとにかく無茶苦茶なロフトの使い方をしていたな。ケンカはするし、ツケは払わないし、女の取り合いはするし。でも、ロフトって結構ミュージシャンには優しかったな。やっぱり下北沢ロフトがあの古風な街を変えたんだっていう自負があったよね。酒も呑めたし、店の中でナンパもできた。主力はニッカのブラック50のボトルキープ、値段は１９８０円だったかな？

やっぱり下北沢ロフトっていえばサザンですよ。ギターのター坊（大森隆志）とパーカッションの毛ガニ（野沢秀行）は、俺が時給３５０円で雇ったんだよ。みんな楽器やレコードにつぎ込んで金もなかったし、毛ガニとドラムの松田（弘）を除いてサザンのメンバー全員が青学の学生だったしね。でも、毛ガニから「僕はパーカッションのプロだから手を大事にします。だから洗い物は一切やりません」って宣言されたときは参ったよな。他のバイトは怒るし。奴らアパートじゃ練習できないし、スタジオなんて高くて借りられないから、店が終わってから俺が練習させてやったりもした。

ただ、サザンのライブって、奴ら一生懸命友達を呼んだりして頑張っていたんだけど、お客はあまり入らなかったな。なぜそんなにサザンばっかし優遇させたのかって？　それは、サザンは下北沢ロフトの身内っていう意識が強かったからだね。だって屋根裏の昼間の部にしか出られなかったバンドなんだよ。可哀そうじゃん。店員バンドだったし、悠さんの「店員バンドは大事にしろ」っていうお達しもあったし、意外とサザンの曲って好きだった。本当によかったよな。

第五章

天下御免

新宿ロフト編 vol.1

1㊌

3㊎ CHAR

4㊏ 中山ラビ

5㊐ オフコース

桑名正博ゴーストタウン・ピープル

リゾート FUTURING 山口富士夫、ルイズルイス加部

友部正人

13㊊

14㊋

15㊌

16㊍

17㊎ 深町純スペシャルセッション

18㊏ 内田裕也 Rock' N' LIVE with

19㊐ YAMAHA DAY

20㊊

21㊋

22㊌

23㊍

新宿ロフト 1976.9→80.12

1976.9.30 「新宿ロフト」オープニング・セレモニー

前夜祭　出演：来生たかお・業界関係者

1976.10 「新宿ロフト」オープニング・セレモニー

	チャージ（500〜1000円）
1日㊎	ソー・バッド・レビュー／金子マリ＆バックスバニー
2日㊏	加川良／大塚まさじ／西岡恭蔵／金森幸介／中川イサト
3日㊐	鈴木慶一＆ムーンライダーズ／南佳孝＆ハーバーライツ／桑名正博＆ゴーストタウンピープル
4日㊊	サディスティックス（高中正義／今井裕／後藤次利／高橋幸宏）
5日㊋	吉田美奈子／矢野顕子
6日㊌	斉藤哲夫／遠藤賢司／大貫妙子
7日㊍	りりィwithバイ・バイ・セッション・バンド（坂本龍一／伊藤銀次）
8日㊎	山崎ハコ
9日㊏	センチメンタル・シティ・ロマンス／めんたんぴん
10日㊐	長谷川きよし＆サンデー・サンバ・セッション
15日㊎	大貫妙子プレミアム・ショー（チャージ無料）
16日㊏	りりィwithバイ・バイ・セッション・バンド（坂本龍一）／下田逸郎
17日㊐	中山ラビ
22日㊎	シーチャン・ブラザーズ／小原礼バンド
23日㊏	マザーグース ニュー・シングル発売記念コンサート／尾崎亜美
24日㊐	〈YAMAHAアマチュア・デー〉（チャージ無料）
29日㊎	鈴木慶一＆ムーンライダーズ／ポニーテイル
30日㊏	紫

●ソー・バッド・レビューと金子マリ＆バックスバニーはお友達バンド。下北ロフトを拠点にする下北沢のジャニスこと金子マリの登場は、新宿ロフト1日目としては、しごく自然な流れだ。

●2日目はベルウッド・レーベル、関西フォークが勢揃いした。圧巻は西岡恭蔵がリードして全員で歌う『プカプカ』だった。

●オープン3日目はこれから期待される3バンドがせり出した。ムーンライダーズは『火の玉ボーイ』がヒット、ワーナーから歌謡曲主流のクラウンへの移籍は我々を驚かせた。桑名正博はデビュー・アルバム『Who are you?』、翌年発表したシングル『哀愁トゥナイト』が大ヒット。南佳孝はソニーに移籍、『摩天楼のヒロイン』がヒットし、メジャーへの階段を上り始めた。この新進気鋭の3組を一日でブッキングできたのは今でも伝説的に語られている。

●4日は、加藤和彦とサディスティック・ミカ・バンドの解散に伴い結成されたサディスティックスがライブハウス初登場。彼らは後に矢沢永吉のバック・バンドに起用される。

●5日は何と山下達郎(この年の暮れにソロ・デビュー作『CIRCUS TOWN』発売)が吉田美奈子のバック・メンバーとして参加する。名曲『夢で逢えたら』が収録された吉田美奈子の4thアルバム『FLAPPER』(RVC)は傑作だ。ティン・パン・アレー系が総出でサポートした作品。

●6日には遠藤賢司、斉藤哲夫に大貫妙子。シュガー・ベイブが解散し、ソロになった大貫妙子は9月に『グレイ・スカイズ』でソロ・デビュー。アレンジは山下達郎、細野晴臣、坂本龍一、矢野誠。

●7日、りりィのバック・バンドに坂本龍一と伊藤銀次が参加し、多くのファンをびっくりさせた。

●8日はFM界隈のスター、山崎ハコ。独自の世界観で観客を魅了。

●9日は名古屋のセンチと北陸のめんたんぴんという地方対決で充実していた。センチはウエストコースト風、めんたんぴんはグレイトフル・デッド風。

●10日は長谷川きよしの往年のヒット曲『別れのサンバ』がセッション風に歌われた。お客さんはサンバを楽しみながらよく飲んでくれてありがたい存在。以後、この企画はロフトのレギュラーに。

●とにかくあっという間の10日間だった。チケットは一瞬で売り切れ、毎日、本当に多くのお客さんが詰めかけてくれた。入場できなかった若者が入り口の地下から漏れてくる、かすかな音を聴いてリズムを取っていたのが印象的だった。

1976.11 「新宿ロフト」スケジュール

チャージ(600～1000円)

5日(金) シーチャン・ブラザーズ／ネットワーク

6日(土) Char

7日(日) 桑名正博&ゴーストタウンピープル

12日(金) ウエスト・ロード・ブルース・バンド／ゲスト=山岸潤史

13日(土) 小坂忠&ウルトラ／マーブルヘッド・メッセンジャー

14日(日) 長谷川きよし&サンデー・サンバ・セッション

19日(金)・20日(土) 〈レコード発売記念コンサート〉森田童子

21日(日) スカイドッグ・ブルース・バンド／ゲスト=友部正人

26日(金) 〈YAMAHA・DAY〉チャージ無料

27日(土) 大貫妙子

28日(日) 鈴木慶一&ムーンライダーズ／センチメンタル・シティ・ロマンス

●新宿ロフト、オープン2ヵ月目のスケジュールである。新宿ロフトが毎日のスケジュールを切り出すのはこの1年後になる。11月はほとんどが、かつてのロフト常連の出演者だ。

●関西出身のシーチャン・ブラザーズは息の長いブルース・バンド。大阪で薩摩光二sax.／塩次伸二g.／井上茂

dr.という凄腕の面子で結成された。
●事務所がアイドルとして売り出そうとしていたCharは、事務所に内緒で新宿ロフトに初登場。この年の6月にシングル『NAVY BLUE』でソロ・デビュー、9月にファースト・アルバム『Char』を出している。プロダクションとレコード会社はCharのロフト出演に相当な抵抗があったという。
「私のデビューとロフトのデビューはほとんど同時期で、デビュー直後、下北ロフト、荻窪ロフト、そして新宿ロフトの3ヵ所を含む東京ライブハウスツアーを行ったことが、私のプロとしてのソロ活動の出発点となっています。当時のことは、昨日のことのように鮮明に覚えており、特に下北ロフトでの演奏が印象に残っています。その後も新宿ロフトを中心に何度もライブを重ね、自分のライブ・パフォーマンスを育てました。ロフトの思い出で、本1冊書けるほどありますが、それは100周年あたりで……」(Char/『ROCK is LOFT』に寄せられたコメントより)
●異色のフォーク・シンガー、森田童子は2枚目のアルバム『マザースカイ〜きみは悲しみの青い空をひとりで飛べるか〜』をリリース。この17年後にテレビ・ドラマ『高校教師』の主題歌となる『ぼくたちの失敗』が収録されている。
●72年に京都で結成され、関西のソウル/ブルース・シーンを引っ張ってきたウエスト・ロード・ブルース・バンドはこの年に塩次と薩摩が脱退し、中島正雄が加入するが、77年に解散する。素晴らしいブルース・バンドだったのに残念。
●名古屋出身のセンチメンタル・シティ・ロマンスは73年に結成。この頃はセカンド・アルバム『ホリデイ』を発表した直後で、数々のCMソングも手がけていた。
●75年、友部正人の才能を見抜いた坂本龍一がピアノで参加した『誰もぼくの絵を描けないだろう』は逸品。翌年に出した『どうして旅に出なかったんだ』(スカイドッグ・ブルース・バンドがバッキングを演奏)は収録曲『ぴっこのポーの最後』が差別表現にあたるということで回収になる事件があった。

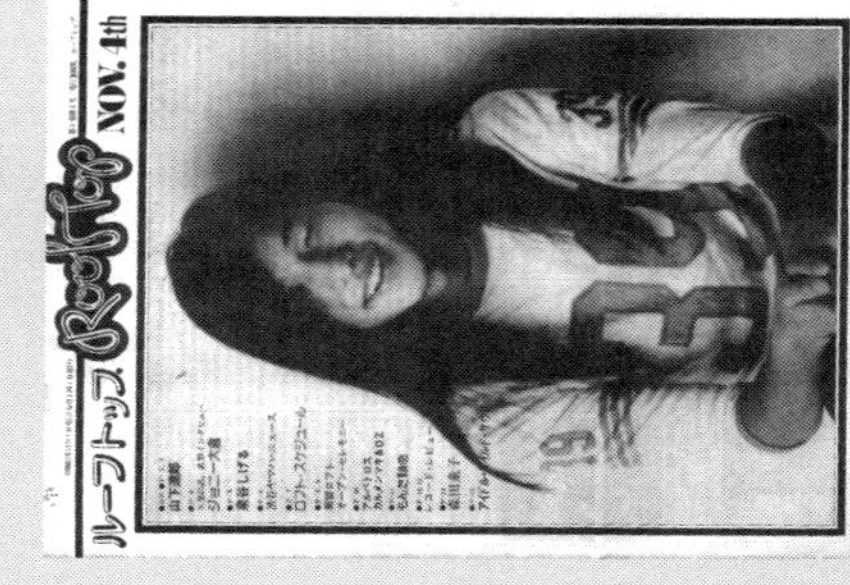

1976.12 「新宿ロフト」スケジュール

	チャージ(600～1000円)
3日㊎	Char
4日㊏	中山ラビ
5日㊐	オフコース
10日㊎	バイ・バイ・セッション・バンド with りりィ
11日㊏	リゾートフューチャリング山口冨士夫・ルイズルイス加部
12日㊐	友部正人
17日㊎	深町純スペシャル・セッション(ドラム=村上ポンタ他)
18日㊏	内田裕也ロックンライブ with ハルヲフォン
19日㊐	〈YAMAHA DAY〉チャージ無料
24日㊎	小室等クリスマスコンサート
25日㊏・26日㊐	〈クリスマスパーティライブ・イン・ロフト〉サディスティックス
31日㊎	★ALL NIGHT★〈オールナイト・サンバ・セッション〉長谷川きよし

●中山ラビは69年のライブ・デビューから長いこと歌い続けていたが、88年に出産のため音楽活動を停止、97年に恩師・中山容(詩人)の死去を受けて復活する。

●山口冨士夫のリゾートの前身バンドは、日本のロック史において伝説と言われた村八分である。攻撃的な楽曲を展開し、しばしばお客さんとのトラブルに発展するライブにこだわり続けた。まさに日本のパンク・ロックのはしりであった。76年当時は屋根裏のレギュラー・バンドで、あまりにもパンク系バンドのトラブルが多いためにロフトは出演交渉に腰が引けていた。冨士夫はルイズルイス加部らと組んだリゾートを経て一時的に村八分を復活。その後、裸のラリーズ、タンブリングス、ティアドロップスなどで活発に活動した。

●ついにあの内田裕也もロフト初登場。この日はちょっと緊張した。挨拶に行くと「そうか、君が平野君か？ロフトも日本のロックのためによくやっている」とお褒めの言葉をいただいた。ハルヲフォンは72年、近田春夫と恒田義見が中心となり結成された。75年にキャロン・ホーガンがボーカルとして加入し、『FUNKY ダッコNo.1』でメジャー・デビュー。

●シンセサイザー奏者の深町純は、渡辺香津美とともに日本のクロスオーバー音楽を牽引した数少ない音楽家。ドラムのポンタもこの頃からフュージョン系ロックにのめり込んでいく。こうした音楽を志向するミュージシャンは、だんだんロフトが住みづらくなっていったようだ。多くのフュージョン系ミュージシャンは六本木にできたピットインに移っていく。なお、渡辺香津美とポンタは79年に坂本龍一、矢野顕子と「KYLYN BAND」を結成。

●小室等のフォーライフ誕生1周年記念コンサートも思い出深い。小室等、吉田拓郎、井上陽水、泉谷しげるの創設者4人でつくったアルバム『クリスマス』を30万枚限定で発表した翌月の12月24日に行われたロフト・クリスマス・コンサートは超満員。

●25、26日のサディスティックスの「クリスマスパーティ・ライブ・イン・ロフト」2DAYSはそのタイトルに相当の不満が関係者からあったが、新宿ロフト新店長チャップが強引に説き伏せた。このメンバーのライブハウス2デイズは初めてだ。

1977.7 「新宿ロフト」スケジュール

チャージ(600～1000円)

1日(金) バスケットシューズ
2日(土) RCサクセション
3日(日) 友部正人／スカイドッグ・ブルース・バンド
9日(土) 金森幸介&レイジーヒップ／中川イサト
10日(日) 〈ソウル・トレイン〉竹田和夫オールスターズ／大沢博美&ミッドナイト・ムーバーズ／リエ42nd ストリート
15日(金) 山岸潤史スーパー・セッション・バンド
16日(土) 田中ノブアキ・バンド／ダイナマイト・タモツ&Rバンド
17日(日) 長谷川きよしサンデー・サンバ・セッション
18日(月) 〈ロフト新人オーディション〉
19日(火) 〈ヤマハ・デー〉
22日(金) 大橋純子&美乃家セントラル・ステイション
23日(土) チェリー・ボーイズ
29日(金) T-BIRD
30日(土) タモリ
31日(日) 森田童子(コンサート活動一時休止)

●RCサクセションとは長いこと付き合ってきたが、とにかくお客が入らない。これもロック業界の不思議の一つで、「あれだけ優れたパフォーマンスをやっていい音を出しているのになぜRCは客が入らないのか？」と言われ、私たちは考え込んでしまった。そしてついに、ロフトのレギュラーの座を終えることにした。我々にとって苦渋の選択だった。RCはその拠点を渋谷屋根裏に移す。

●竹田和夫（元ブルース・クリエイション、この時代はクリエイション）は英詞のロックにこだわり続けてきたバンドマンだ。その後、はっぴいえんどの日本語ロックに影響を受けていく。

●ギターの天才、山岸潤史はウエスト・ロード・ブルース・バンド（77年解散）の後、日本のクロスオーバー／フュージョン黎明期の傑作『ギター・ワークショップ』に参加。95年には日本で積み上げてきたキャリアを捨て、ニューオーリンズに移住し活動する。ニューオーリンズのロック業界で山岸を知らない人はいないという噂。

●石橋楽器と袂を分かったロフトは、渋谷ヤマハと組んで新人発掘イベントを行った。ロフトのブッキングの基本は常に「ストリート」にある。だから新人発掘のイベントは必要な条件なのだ。

●タモリは山下洋輔が東京に連れてきてお披露目をした。客席に上田正樹がいて、私がタモリに「客席に上田正樹さんも来ていますよ」と伝えると、「ステージに呼んでもいいかな？」と訊いてきてほしいと言われた。まだタモリも新人で、ほとんどテレビなどの露出がないときだった。

●新人ロック御三家（世良公則＆ツイスト、Char、原田真二）がロフトに登場し始めた。ロック系ミュージシャンが頻繁にテレビに出演するようになった時代の象徴でもある。

●この年の9月、マリファナ喫煙で、井上陽水、上田正樹、桑名正博、内田裕也、内藤やす子、研ナオコ、美川憲一など音楽関係者多数が逮捕される事件があった。これは芸能界に侵攻する新星・ロック勢に恐れを抱いた芸能界旧守派と警察の共謀とも言われた。

●8月、「East West」（77年ヤマハ・アマチュアバンド・コンテスト）でサザンオールスターズ、シャネルズ、カシオペアが受賞。

●時期はずれるが、9月24日に行われた〈新宿ロフト・スペシャル・セッション〉は日本のロックの歴史に残るイベントであった。出演は村上"ポンタ"秀一、坂本龍一、田中章弘、杉本喜与志、山下達郎、高中正義ほか錚々たる面子。これは坂本を中心とした新しいバンド形態で、格闘技セッションの起源と言われた。

1978.9 「新宿ロフト」スケジュール

	チャージ（700～900円）
1日㊎	カシオペア／本多信介&ダックスフンド／ ゲスト=六川正彦
2日㊏	〈LP発売記念レセプション「熱い胸さわぎ」〉 サザンオールスターズ／ゲスト=斉藤ノブ
3日㊐	長谷川きよしサンデー・サンバ・セッション
4日㊊	〈ニューディスク・コンサート 早聴きシリーズ1～ 大貫妙子ニュー・アルバム『ミニヨン』〉 ゲスト=大貫妙子　チャージ無料
7日㊍	〈ニューディスク・コンサート ダン・ニューディスク9月版〉チャージ無料
8日㊎・9日㊏	プリズムin ロフト
10日㊐	フライング・ミミ・バンド・スペシャル・セッション／ ゲスト=高中正義・マック清水

11日㊊ 〈ニューディスク・コンサート 仕掛人シリーズ〜注目女流作詞家来生えつこ、竜真知子の世界〉チャージ無料

14日㊍ 〈ニューディスク・コンサート 人気雑誌面白座談会 Player スペシャル〜 Player VS ミュージック・ライフ〉チャージ無料

15日㊎ 〈早大音プロ研 新人コンサート〉高橋研

16日㊏ リナタス／浅倉紀幸（現・朝倉紀行）と仲間たち

17日㊐ 竹田和夫&クリエイション

18日㊊ 〈ニューディスク・コンサート 早聴きシリーズ2〜坂本龍一ソロ・アルバム『サウザンド・ナイフ』〉ゲスト=坂本龍一　チャージ無料

21日㊍ 〈ニューディスク・コンサート 森口ますみのニューディスク海外編〜各社10月の新譜を聴く〉チャージ無料

22日㊎ 〈俺たちの出番だぜ〉アレキサンダー・ラグタイム・バンド（ARB）

23日㊏ PANTA & HAL

24日㊐・25日㊊ 桑名正博

28日㊍ 〈ニューディスク・コンサート 新企画！今月の注目盤を社員が語る〜ポリドールの巻〉佐潟順子（宣伝二課）チャージ無料

29日㊎ 大上留利子&スパニッシュ・ハーレム

30日㊏ 上田正樹／ゲスト=チャールズ清水

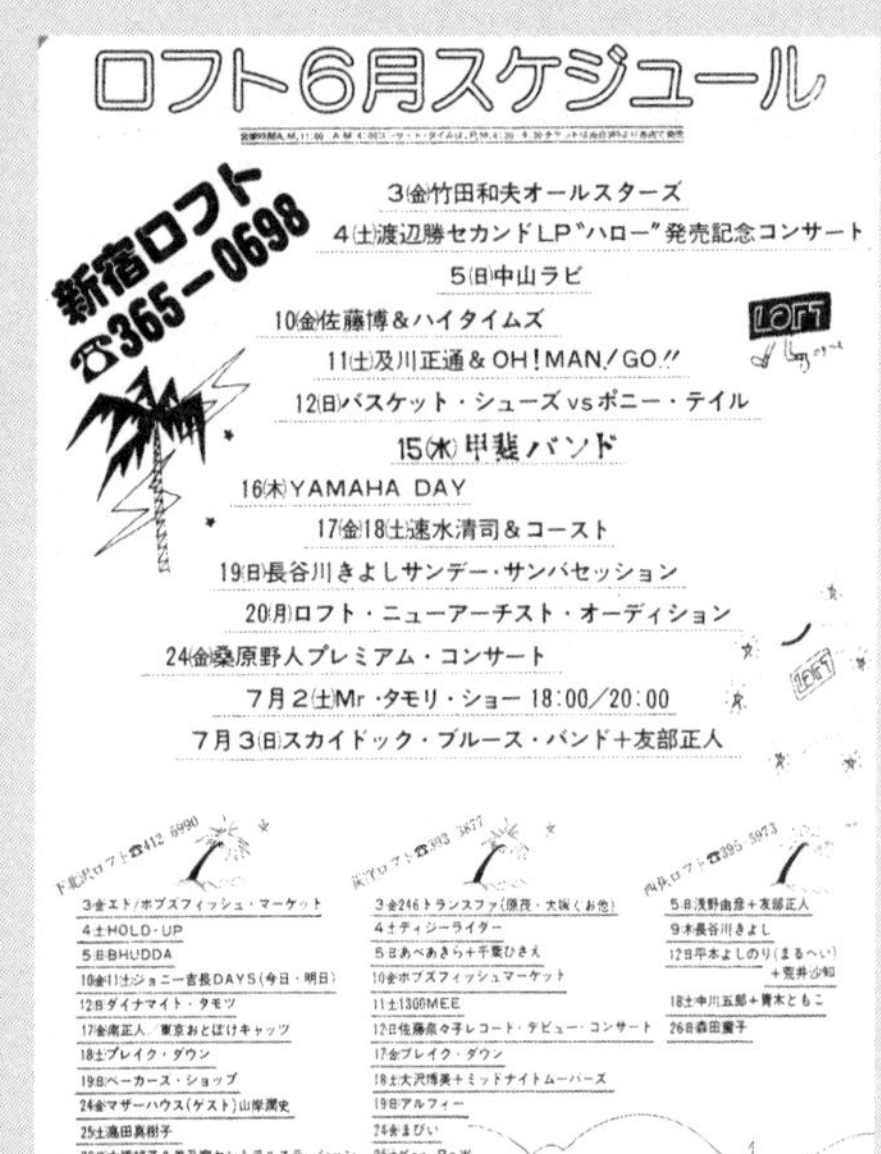

●78年。ボブ・ディラン、ボズ・スキャッグスが来日した年だ。ディスコもブームになっていく。また、パンクが2年遅れて日本に本格的に上陸した年でもある。我々もパンクの過激さがちょっと気にはなっていたが、まだ大胆にブッキングする勇気はなかった。

●カシオペアはお客さんが入らなくていつも悲惨だったが、毎月レギュラーでやっていた。それでもフュージョン・バンドが欲しかったロフトは耐えに耐えた。ところが、82年に『MINT JAMS』がヒットして以降、「僕らはフュージョン・バンドだから、ロックのロフトとは合わない」と言って去っていった。悔しがったのは当時のブックマンだ。そんな事例はどこのライブハウスでも当然だがたくさんある。

●76年、プリズムがエリック・クラプトンの前座を務めて話題になった。当初ギターの和田アキラのセッション・バンドとして始まり、和田自身がマ

ネージャーをやっていた。だからバンドのメンバーの入れ替えが激しかったようだ。76年、四人囃子を脱退した森園勝敏が加入。デビュー・アルバム『PRISM』が大ヒット。このバンドも六本木ピットインに拠点を移した。

●ダックスフンドの本多信介は長いこと、はちみつぱいで活動してきたギタリスト。その後、映画やテレビの音楽にも進出。

●8月にビクターからリリースしたサザンのデビュー・アルバム『熱い胸さわぎ』が大ヒット。この日、小滝橋通りは数千人の入場できない若いファンで埋まった。

●早大音プロ研出身のシンガー・ソングライター、高橋研はこの年の3月に『懐かしの4号線』でキャニオンからデビュー。その後、アルフィーや中村あゆみ、おニャン子クラブなどへの楽曲提供で注目を集めた。

●浅倉紀幸（現・朝倉紀行）は82年にデビュー。このバンドにはBOØWYの高橋まことや山田淳が在籍していた。

●この頃、私たちのスターはやはり桑名正博で、ロフトとは西荻窪時代からの付き合いだった。スタイルもロックのセンスも昔からよかったし、誰もがいつかスターになると信じていた。桑名正博は終電が過ぎるまでライブをやり、ファンに帰れない状況をつくって、よくみんなを引き連れて飲みに行った。

●当時はライブだけではなく〈ニューディスク・コンサート〉という新譜の試聴とトークライブを組み合わせた企画もよくやっていた。「79年の新宿ロフトホット10LP」と題されたロック居酒屋ロフトのレコード・リクエスト順位が手元に残っているので列記してみよう。

1位＝ストリート・リーガル（ボブ・ディラン）、2位＝カムズ・ア・タイム（ニール・ヤング）、3位＝サム・ガールズ（ローリング・ストーンズ）、4位＝夜の彷徨（ラリー・カールトン）、5位＝ミスティ・モーニング・フライト（竹田和夫）、6位＝サウス・オブ・ザ・ボーダー（南佳孝）、7位＝ロスからの蒼い風（ジョー・ウォルシュ）、8位＝熱い胸さわぎ（サザンオールスターズ）、9位＝カヤ（ボブ・マーリー＆ザ・ウェイラーズ）、10位＝ブラジリアン・スカイズ（高中正義）

1979.3 「新宿ロフト」スケジュール

（ついにロフトも毎日ライブをやるようになった）
チャージ（700～1200円）

日	出演
1日(木)	〈ロフト・デー〉チャージ無料
2日(金)	ショットガン／フェアリーズ
3日(土)	クリエイション
4日(日)	長谷川きよしとサンデー・サンバ・セッション
5日(月)	〈ロフト詩と唄の夕べ～路上の詩～〉諏訪優／他 ゲスト＝三上寛
6日(火)	サンバ・カリオカ with フレンズ
7日(水)	Blaze
8日(木)	森園勝敏グループ
9日(金)	喜納昌吉＆チャンプルーズ（from 沖縄）
10日(土)	佐藤宣彦（元ハリケーン）グループ
11日(日)	〈東京ロッカーズ・ライブ・レコーディング〉S-KEN／リザード／フリクション／ミラーズ／Mr.KITE
12日(月)	水越けいこ（レディー）・イン・ロフト
13日(火)	〈1979ファースト・ライブ〈早大音プロ〉〉高橋研

14日㊌　〈世紀の対決〉所ジョージvsなぎらけんいち
15日㊍　GAS／ゲスト＝亀渕友香
16日㊎～18日㊐　〈トムス・ロフト共同プロデュース
〝アメリカを聴く〟〉ジェフ・マルダー＆
エイモス・ギャレット
19日㊊　〈ロフト・クロスオーバー・シリーズvol.2〉
桑江知子「私のハートはストップモーション」
20日㊋　河島英五
22日㊍　山本翔／バイオレンスメッセージ
23日㊎　カシオペア
24日㊏　町田義人
25日㊐　〈スペシャルライブ〈マラッカ〉〉パンタ＆ハル
26日㊊　森田童子
27日㊋　アレキサンダー・ラグタイム・バンド（ARB）
28日㊌　ウシャコダ／フライング・ガス・カンパニー
29日㊍　佐久間正英＆プラスティックス
30日㊎　ムーンライダーズ
31日㊏　村下孝蔵（from 広島）／浜田省吾

●このように1ヵ月間ぶっ通しのスケジュールを組むのはロフト・スタッフにとって初めての経験だった。この時期、ロフトは借金苦にあえぎ、重厚で評判のよかった月刊『ROOF TOP』を縮小した。更にはブッキング事務所、ティク・ワンとの契約も終わっていて、このスケジュールはほとんど私一人で組むことになる。今振り返れば、心に残る良質なバンドが本当に多いスケジュールになったと思うが、一部を除いてお客さんの入りの平均は30～50人。この時代は経営的にも辛かった。それなりにお客さんが入り始めるのはニュー・ウェイブ～パンクが市民権を得てからだ。

●5日「路上の詩」は怨念の歌手・三上寛と、詩の朗読運動をしていた詩人・諏訪優グループのジョイントだ。

●サンバ・カリオカ（後のカリオカ）は75年に結成された長谷川きよしのバック・バンド。中谷望（フルート）、平野融（ベース）、吉川祐二（パーカッション）を中心としたフュージョン（サンバ／ボサノバ）・バンドで、ロフトでは根強い人気があった。

●8日の森園勝敏グループは、アルバムを発表するたびに時代の先を見つめ、常に実験的・前衛的姿勢を崩さず、言葉本来の意味での〝プログレッシブ・ロック〟グループとして変貌を遂げてきたバンドだ。

●11日の東京ロッカーズ・ライブ・レコーディングは、ソニーからオムニバス・ライブ盤として4月に発売。その後、所属レーベル、レコード会社ごとの活動が目立つようになり、東京ロッカーズという言葉は使われなくなった。

●14日、なぎらけんいち（現・なぎら健壱）と所ジョージは初組み合わせ。この時代、対バン形式はまだ少なかった。二人はギター一本を武器に語りも曲も即興で面白かったが、お客さんはまばらだった。

●16～18日の3日間はトムス・キャビン（後のスマッシュ）との共同企画で、全国8ヵ所で行われたツアーの一環。このジェフ＆エイモスの2度目の日本公演の模様を収めたライブ・アルバムも後に発売された。録音はツアー最終日となった新宿ロフトで行われたもの。

●桑江知子は、沖縄県コザ市（現・沖縄市）出身の歌手で、79年にSMSレコードから『私のハートはストップモーション』でデビューし、この曲がポーラ化粧品のCMに起用されブレイク。現在は自身のルーツに立ち返り、三線を携えて島唄を歌っている。

●町田義人はGSバンド、ズー・ニー・ヴーのボーカリストを経て、70年にソロへ転向。78年、角川映画『野性の証明』の主題歌『戦士の休息』がヒットした。

●パンタの最も優れた名盤アルバム『マラッカ』はこの年に発表。この頃ハルのキーボードには作曲家として売れる前の小室哲哉が在籍していた。パンタとロフトは、つかず離れず一定の距離を置いて40年近く付き合ってきた。パンタは酒を飲まないせいか、ロフトの常連ニュー・ウェイブ・バンドとはそれほどの付き合いがなかった。パンタ・ファンもいわゆるロック小僧は少なかったし、大人だった。しかし、私たちスタッフは皆パンタが大好き。ロフトの大きなイベントには必ず彼に来てもらった。

「出来たばかりの渋谷屋根裏で頭脳警察を解散して以来、ロフトでは随分やらせてもらった。当時、オブジェで置いてあった潜水艦の大砲が邪魔だと思いつつも、なくなってから妙に寂しく感じる。あの砲は何処へ？　日本のキャバーンってわけじゃないけど、ロフトがなかったら日本のR&Rミュージック・シーンの継続は絶えていただろうし、現在のミュージック・シーンも根幹から変わっていたに違いない」（パンタ／『ROCK is LOFT』に寄せられたコメントより）

●ウシャコダはソウル／ブルース・バンド。私は大好きだった。渋さでは天下一品。76年、ボーカルの藤井康一を中心に千葉県で結成された6人組。78年にヤマハ主催の「East West」でシャネルズを抑えて最優秀グランプリを受賞し、84年に解散した。

1979.8 「新宿ロフト」スケジュール

チャージ（600～1200円）

1日㊌・2日㊍ ドクター・フィールグッド（トムス・キャビン提供）
3日㊎ ロッキーズ
4日㊏ 坂田修&ブラウンシュガー／網倉一也
6日㊊ ムーンダンサー
7日㊋ WHY
8日㊌ 〈Pop On Stage〉クラウディ・スカイ（大澤誉志幸）
9日㊍ 〈F〉スティッフ・ツアー／メンバーズ／マガジン／XTC／レコーズ／リーナ・ラヴィッチ／ゲスト=森脇美貴夫

10日㊎ レッドショック
11日㊏ DUO
12日㊐ 加川良 with 村上律
13日㊊ 長谷川きよしサンバ・セッション
14日㊋ カシオペア
15日㊌ シーナ&ロケット
16日㊍ クロスウィンド
17日㊎ 新月
18日㊏ 〈WE LOVE THE SEA〉南佳孝
19日㊐ 佐藤公彦（ケメ）
20日㊊ 金森幸介バンド
21日㊋ ボブズ・フイッシュ・マーケット／南正人
23日㊍ 山本翔
24日㊎ RCサクセション
25日㊏ 〈「ラスト・ポルカ」LP発売記念コンサート〉
オレンジ・カウンティ・ブラザーズ
26日㊐ 〈EXCITING NIGHT VOL.2〉バッドシーン／
子供ばんど／三文役者／トッシュ／ロケット
27日㊊ スピードウェイ
28日㊋〜9月2日㊐ 〈Drive to 80's〉（合計22バンド出演）
28日㊋ 〈前夜祭映画『ROCKERS』〉ボーイズ・ボーイズ／
バナナリアンズ
29日㊌ フリクション／アーント・サリー（from 大阪）／
不正療法／HIGH ANXIETY
30日㊍ プラスティックス／SS(from 京都)／自殺／
フレッシュ
31日㊎ S-KEN／ヒカシュー／Mr.kite／
スタークラブ（from 名古屋）
1日㊏ ミラーズ／P-MODEL／8 1/2／サイズ
2日㊐ リザード／突然段ボール／MARIA-023／モルグ

●このスケジュールを見ても分かるように、1年前から毎日のライブを行うようになったものの、私でもどんなバンドか思い出せない無名のうちに消えていくバンドが多数あって、ロフトのライブ集客力は相当低下していた。確か平均50人も入っていなかったのではないか。東京の各地でライブハウスができてくるようになり、ブッキングに一番苦労した時代だった。

●日本初のパンクの祭典〈Drive to 80's〉の成功によって、ロフトはパンク・ムーブメントに大きく門戸を開き、舵を切ることになった。1日に10バンド近くが出演し、1バンド15分くらいで終わる瞬殺ライブ。ハイテンションで雄叫び、矢継ぎ早に異様な表現をし続けるこのシーンに我々はぶっ飛んでいた。まだパンクをよく理解できていなかった私はどこかで小気味よさを感じていた。

●日本のミック・ジャガーと呼ばれた山本翔は一風堂をバックにやってきた。ソロ以前にパフォーマンスというバンドをやっていたが、78年にエピックからソロ・デビュー。95年に45歳の若さで亡くなったのが実に惜しい。

●オレンジ・カウンティ・ブラザーズもロフトとは長い。76年に久保田麻琴プロデュースによるファースト・アルバム『オレンジ・カウンティ・ブラザーズ』を発表した彼らは、アメリカの良質なルーツ・ミュージックを探究していた。

●クロスウィンドは小川銀次やそうる透らが在籍した超技巧派のプログレ・バンド。小川は後にRCサクセションにも参加している。

1980.3 「新宿ロフト」スケジュール

1日㊏ ブレッド&バター
2日㊐ 〈For Boys Concert ～ひなまつりをぶっとばせ～〉子供ばんど／バッドシーン／ベガーズ／ソリッド・スライダー
＊男性ドリンク半額
3日㊊ 〈ハイ！ぶっとびます！〉ウシャコダ＊女の子200円割引
4日㊋ 〈ロフト・デー〉チャージ無料
5日㊌ 〈東京サイキッカーパラダイス〉絶対零度／犬（from 京都）／パラデントフェイス
6日㊍ 〈ナイロン100％デー〉チャイニーズクラブ（from 京都）／だててんりゅう（from 京都）／バナナリアンズ
7日㊎ 〈憧れの街〉わださとる
9日㊐ ARB
10日㊊ スピードウェイ／ZONE
11日㊋ インディアンサマー／SSARB（マイク・ダン b.／鈴木正夫 ds.／宮浦あきひろ key.／石原さとる g.）
12日㊌ カーティス・クリーク・バンド・フューチャリング・井上ケン（平野融 g.／平野肇 ds.／小林大介 b.／平井宏 key.／八木のぶお hrp.／栗冠利郎 sax.）
13日㊍ サンダーチーフ
14日㊎ 一風堂
15日㊏ 〈ファーストLP発売記念ライブ〉富永憲治
16日㊐ センチメンタル・シティ・ロマンス
18日㊋ 〈トウキョー・ネットワーク〉シネマ／ホットランディング／FILE
19日㊌ 〈PASS EXPRESS #1〉フリクション／PHEW／突然段ボール／BOYS BOYS
20日㊍ もんた&ブラザーズ／ゲスト＝大橋純子
21日㊎ ザ・なかぞの／ヤッキンキ
22日㊏ 山本翔 with 一風堂
23日㊐ 河島英五
27日㊍ 〈クリスタル・バードナイト Vol.2〉井田リエ&42nd Street／沢田久美子
28日㊎ 〈オートバイツアー '80〉SHOT GUN
29日㊏ カシオペア
30日㊐ 〈LIVING TRICKS IS TOKYO〉S-KEN／不法療法／スタークラブ（from 名古屋）／ZELDA
31日㊊ 自殺／ゲスト＝神鬼

●この月のブッキングも、フォーク、ロック、パンク、テクノ、インストゥルメンタル、ハード・ロックと多種多様なジャンルが揃った。実はビジュアルがない。この時代、音楽業界は全般的に「化粧バンドはロックじゃない。邪道だ」と揶揄していた。

●もんたよしのりは71年に神戸から上京してソロ・デビューを果たすも、不遇の時代が続いていた。80年に最後のチャンスとの決意でもんた&ブラザーズとして再デビューし、『ダンシング・

オールナイト』をリリース。これが大ヒットとなり、NHK紅白歌合戦にも出場した。

●井田リエは吉田美奈子の再来と言われたソウル・シンガー。バックに42nd Streetを従え、アレサ・フランクリンを彷彿とさせるスケールの大きい歌を歌い上げていた。

●この月は半分以上がパンク・バンドのラッシュである。だんだんロフトも危険な匂いがするようになってきた。新しい音楽シーンの台頭が待たれた。

11 ROOF TOP

月刊 ROOF TOP 通巻43号 発行 ロフトエンタープライズ

トムズキャビン↔ロフト共同プロデュース Vol.1

もう一つのアメリカを聴こう！

ピーター・ゴールウェイ

日程 11月10日 11日 12日 全日2回公演 PM6:00/8:00

場所 新宿ロフト

チケットはロフト全店で発売中

チャージ¥2000（ドリンク別）

新号でお知らせしたリッチー・ヘブンスがレコーディングと重なり、延期になってしまった為、今回のピーター・ゴールウェイが"アメリカを聴く"シリーズの第1弾になってしまった。ピーター・ゴールウェイは、あの「FIFTH AVENUE BAND」「OHIO KNOX」で都会派シンガー、ソングライターとして知られるようになり、日本でもワーナーパイオニアの名盤復活シリーズで「FIFTH AVENUE BAND」、VOLP「PETER GALLWAY」が発売されているように、熱狂的なファンが多い。今回の来日は最新LP「ON THE BANDSTAND」も発売されたばかりであり、ウェスト、イーストの域を超えた本物のアメリカの「うた」を聴くには絶好のチャンスであろう。また海外ミュージシャンをライブハウスで聴くという新しい形式のコンサートであり、このような画期的な企画を継続していくためにも、ぜひ成功させたいものである。

ROOF TOP 3

トムズ・ロフト共同プロデュース"アメリカを聴く"

ジェフ マルダー＆エイモス ギャレット

3月16日(金)・17日(土)・18日(日) 新宿ロフトのみ 各日6:00/8:00 2ステージ チャージ¥2500（ドリンク別） ロフト全店、トムズキャビンでチケット前売中です

アメリカン・ミュージックの一面を代表するミュージシャンを呼んで、好評を博している"アメリカを聴く"シリーズも、今回はいよいよ、ジェフ＆エイモスという二人の大物を迎えることになった。ジェフ＆エイモスは、あの幻の名グループ ポール・バターフィールズ・ベター・デイズを経て、アメリカン・ミュージックのあらゆるエッセンスを盛り込んだ、数々のソロアルバムや、マリア・マルダーとの共演、それでいて心躍るアルバムを発表している。日本では残念なことに一枚しかアルバムが発売されていないが、最新アルバム「ジェフ＆エイモス」も好評で、日本のミュージシャンに多大な影響を与えている。77年5月に来日して素晴しい

1980.12「新宿ロフト」スケジュール

1日(月) Char／TENSAW

2日(火) 子供ばんど

3日(水) 織田哲郎＆9th IMAGE

4日(木) パラシュート（林立夫 ds.／今剛 g.／松原正樹 g.／安藤芳彦 key.／マイク・ダン b.／斉藤ノブ per.）

5日(金) ロッカーズ／ゲスト＝鮎川誠（シーナ＆ロケット）

8日(月) 絶対零度／グランギニョル

9日(火) ロブバード

11日(木) シスターM／吉野大作＆プロスティチュート

12日(金) ザ・スクエア

14日(日) San-Diego

15日(月) バンザイ／ZIG ZAG

16日(火) 〈EYES FIRST LIVE〉SHAMPOO／ZETTER-A-RAID／他

18日(木) アナーキー

19日(金) 〈東京ネットワーク〉PRICE #1／シネマ

22日㊊ ビジネス／ルースターズ
23日㊋ BAD SCENE
24日㊌ ARB
25日㊍ リバーサイド
26日㊎ センチメンタル・シティ・ロマンス
27日㊏・28日㊐ 加川良 with 村上律
29日㊊ オートモッド

●非常にバランスの取れたスケジュールだ。フォーク、ロック、パンクありと雑多で、まだライブハウスでの棲み分けがなかった時代だ。

●80年、「ロフト・ニュー・ウェイブ御三家」である石橋凌のARB、仲野茂のアナーキー、大江慎也のルースターズが登場。そしてこの月はルースターズと並ぶめんたいロックの雄、陣内孝則のロッカーズもライブをやっている。ロッカーズはめんたいロックの礎を築いた鮎川誠をゲストにしている。

●San-Diegoは紫のドラマーだったチビこと宮永英一がボーカルを取る沖縄出身のハードロック・バンドで、名バラード『心優しき獣たちよ』が代表曲。この時期、コンディション・グリーンに継いで本土進出を目指した。

●シネマはシンガー・ソングライターの松尾清憲と鈴木さえ子（ムーンライダーズの鈴木慶一と夫婦だった）を中心としたバンドで、卓越したポップ・センスを持っていた。アルバム1枚、シングル3枚を残して短命で解散してしまったが、2007年、26年ぶりに復活を果たした。

●吉野大作＆プロスティチュートは3月に結成。前衛的なジャズとロックやファンクをミックスさせたアバンギャルドな音楽を志向していた。翌年発表された『死ぬまで踊りつづけて』は、フリーキーなギターとサックス、ノイズが入り混じったジャズ・ファンクの名盤。

●センチメンタル・シティ・ロマンスはムーンライダーズと並んで日本でも屈指の歌唱力と演奏力を兼ね備えたバンドだった。個々人のテクニックが同世代のバンドの中ではずば抜けて素晴らしく、ソロ・シンガーのレコーディングやイベントのバック・バンドとして引っ張りだこになっていて、そのうち副業のほうが忙しくなってしまった。

●のちの新宿ロフトにおけるニュー・ウェイブ・シーンを支えたARB、アナーキー、ルースターズの御三家の中で一番女性にモテたのはルースターズだった。大江慎也（ボーカル・ギター）、花田裕之（ギター）が特にモテた。アナーキーのライブでは痴漢が続出。怖いお姉様に捕まってしごかれている少年を何度か救い出したことがある。満員の客席では若い子が痴漢をやっている。ステージでは他のバンドがライブを潰しに来て乱闘になることもしばしば。ARBのドラマー、キースは怒ったら怖い。しかし、ケンカは土木作業をしていたルースターズの池畑潤二が一番強かったとの噂。

●菊こと柴山俊之が率いたサンハウス、ルースターズ、モッズといっためんたいロック勢が東京に上陸する頃、ロッカーズの陣内は、すでにライブハウスのスターだった。「音楽で食っていけるのなら続けたかったが、俳優でやっていく」と衝撃発言をして82年に解散。陣内とルースターズの大江が主演した石井聰亙［現・石井岳龍］監督の『爆裂都市 BURST CITY』はロック・ファン必見。

●オートモッドはビジュアルの元祖的存在で、一時バンドのメンバーには布袋寅泰、高橋まことが参加していた。BOØWYがブレイクしていなければオートモッドがブレイクしたかもしれない。それほど布袋と高橋の客演はオートモッドを活性化したのだ。「お～い、俺たちオートモッドがビジュアル系バンドの元祖だ！ 少しはこのバンドにリスペクトをくれ！」とはジュネの口癖。

●70年代のギター小僧として竹田和夫、山岸潤史、高中正義、石田長生、渡辺香津美、森國勝敏、井上ケンイチ、山下達郎が代表される。このギター小僧たちは確実にチャンスを掴んでいった。一方、ロッカーが職業として成り立たないのを見越して多くの才能あるギター小僧が去っていった。

「新宿ロフトと言えば、ロック・ファンやロッカーを目指す者にとって、絶対的なステイタスを持つライブハウスであるのは間違いない。常にストリートの発信の場であり続けるロフトの歴史は、そのまま日本のロックの歴史と言って過言ではない」（宝島増刊号『ROCK FILE』、98年刊）

下北沢ロフトの成功から新宿へ

75年にオープンした下北沢ロフトの営業的成功は、私を有頂天にさせた。新しいロックの波はポップスの世界に向かって怒濤のように押し寄せてきた。決して一つの牙城に留まるわけにはいかない。

音楽業界はまだ大手芸能プロダクションや電機産業の子会社のレコード会社が支配する世界であり、レコード会社の重役陣の多くは電機メーカーからの天下りだった。

私たちの支持する音楽はまだ圧倒的に少数派だったが、私たちはその波が着実に広がっていくのを肌で感じていた。まさしくロックは先鋭的で、サブカルの匂いがぷんぷんしてきた。バンド数も以前とは比べものにならないくらい増えていった。4軒のロフト（烏山／西荻窪／荻窪／下北沢）の営業も、でこぼこはあったが何とかこの時代を乗り切っていた。まだ30歳を過ぎたばかりの私は毎晩、ロック・シーンの現場にいて意気軒昂だった。ロフトの取引金融機関に〝ロック好き〟の若い融資担当者がいて、私とライブのチケットや音楽テープの貸し借りをしているうち、すっかりロフト（ロック）ファンになっていた。
「平野社長、これからはロックの時代ですよ。応援します。金利も何とか抑えます。そろそろ次の展開、新宿とか渋谷とかターミナル駅周辺への進出を考えてみてはいかがでしょう？」という甘いささやきがあった。

これにはちょっとびっくりした。ここで銀行との付き合いやお金を借りる技術も学んだ。会社を大きくするには銀行との付き合いが重要だった。会社をキープするにはいろいろなところで経費がかかった。専用の事務所も必要になった。それまでは毎日の売り上げと支出を大学ノートに記録して適当に税金から逃げ回っていたのだが、そうもいかなくなった。長い間のどんぶり勘定は税務署につけ入るスキを与えてしまい、相当いじめられた。家賃更改交渉でも私一人の交渉ではうまくいかなくなり、弁護士が必要になる場面がたくさんあった。

ライブをやると店は荒れた。毎日のように、どこかで店の機能が壊れた。ドアが開かない、電気がつかない、音が出ない、トイレの水が出ない、椅子が壊れた……という具合だ。そのたびに私が車を飛ばし、現場に行ったものだが、もう限界だった。店を保全する専任のスタッフが必要になった。税理士も経理の担当者も、全店の店舗管理者も必要だ。レコード会社をつくり、プロダクションを設立するということは、バンドを抱えることになる。そうするとツアー用のバンも必要になった。

この時期、個人経営の会社から有限会社組織に変えた。確かに「実力もないのに、こんなに次から次へ店舗展開していいのか？　ちょっと無理していないか？」という疑問は多々あったが、日本のロック・シーンの流れはあまりにも速すぎた。新しく湧き起こってきた日本語ロックはジャズを越えようとしていた。時代は第2次ライブハウス・ブームに突入していたようだ。

70年代後半、ニュー・ミュージックの時代

東京のライブハウス事情にも大きな変化が出てきた。まず、75年12月にできたパチンコ屋の上階にある「渋谷屋根裏」のライブ・スケジュールが強力になっていく（シティ・ポップス全盛の時代ですら「屋根裏」はパンクのライブをやっていた）。「新宿ルイード」（小沢音楽事務所）も芸能界絡みのブッキングとはいえ田中俊博というメジャー・ロックのスペシャリストが入り、歌謡曲路線からロック系にシフトしつつあり、シャネルズ、佐野元春、白井貴子、山下久美子などパワフルな布陣を揃えてきた。「曼荼羅」は浦和から吉祥寺に移転してきてギンギンのロックをやり始めた。高円寺「JIROKICHI」もロフトのスケジュールを意識し、素晴らしいスケジュールを組むようになった。また、「渋谷エピキュラス」を始め、新宿厚生年金会館、郵便貯金ホール、日比谷野外音楽堂はロック・イベントの聖地となり、1000人以上の大型ロック・コンサートが開催できるようにもなったのだ。

さらに、ロック・シーンに大きな影響を残した「ツバキハウス」もディスコのさきがけとして新宿に店を構える。ジャズの大御所「ピットイン」はフュージョンを基盤として六本木に新

しいライブハウスをつくろうとしていた。

受験生しか聴かなかった深夜放送（『オールナイトニッポン』が中心）もどんどんロックを流していた。東京の主要都市（渋谷・新宿・六本木など）から発信される新鮮な情報に我々は圧倒されていたのだ。ロック・シーンのフィールドは拡大され、それと同時に出演者のライブハウスに対する要求が増大していった。ミュージシャンのスタッフやレコード会社、プロダクションの連中が、我がもの顔でライブハウスに来るようになった。

彼らは会場の収容人数や貧弱な音響、照明に注文をつけてきた。レコードと同じ音を出すよう要求してくる馬鹿な事務所もあった。

確かに新宿進出には相当の度胸と資金がいる話だった。新しくどんどん誕生してくるライブハウスに負けないためには、１００坪（キャパ２００～３００人）近い広さの店舗が必要だと私は思った。まだ大手資本や不動産会社、テレビ局がライブハウスに触手を伸ばしてくる以前の話であり、あの愚かなバンド・ブームが来る前の時代である。こうして東京の主要都市からの良質な情報発信によって、ロックは多様化時代に入っていく。そこには「ロックの最前線を走っている」と自負するロフトの危機感があり、それが、次の店づくりへ背中を押してくれたのかもしれない。大きな借金を新たに抱えるにもかかわらず……。

歌謡曲と日本型ポップスの衰退

ニュー・ミュージックの台頭とともに、戦後日本の歴史にある程度のカウンターを当ててきた歌謡曲の世界にも異変が起きてくる。多くの歌謡曲歌手がニュー・ミュージックのアーティストから詞や曲をもらい、スタジオでのレコーディングやコンサート会場でもバック・バンドとして彼らを起用しだしたのだ。

日本の歌謡曲、特に演歌は、戦後から高度経済成長期に突入していく中で社会のゆがみに対するカウンター・カルチャーとして、その矛盾を歌い上げてきた。守屋浩の『僕は泣いちっち』や都はるみの『アンコ椿は恋の花』『涙の連絡船』などのストーリーは、東京に憧れて行ってしまった恋人に、燃える思いを託す歌であった。北島三郎の『なみだ船』なんて、底辺で働く労働者を意識した演歌の世界で、故郷を離れざるを得ない出稼ぎ農家の人々の心の歌だった。

それがいつの間にか、高度経済成長に伴い、都市では公害が垂れ流され、一方で農村や漁村が発展の犠牲にされていく。日本の資本主義は都市部に安価な労働力を必要とした。照準は農業や漁業で働く人たちだった。農業だけでは食べていけないから、みんな農閑期には都市に出稼ぎに行く。いわゆる農民層分解が、ひどい形で起こってくる。

作詞家の星野哲郎、阿久悠らは、こうした日本の行く末への抗議を含め、歌謡曲を通じてこういった状況にカウンターを当てていたのではないか。ところが、底辺の矛盾に満ちたエネルギーは高度成長礼讃、公害もやむを得ないと言わんばかりに現状を追認する方向に行ってしまった。

つまり、音楽が秘めているメッセージやダイナミズムがなくなった。若者は四畳半にセンベイ布団、裸電球の暮らしをしているというのに、ニュー・ミュージックは「豊かな中流意識」を歌い上げる。緑の芝生の庭でバーベキュー、赤い屋根の家に住み、可愛い女房に白いスピッツがいる生活が歌われた。「こんな生活しているヤツはほんの1パーセントしかいない」と思うことしきりだった。成城や田園調布の緑の庭から見える豊かな家庭を見るにつけ腹が立った。若者たちは「ありもしないジャパニーズ・ドリーム」に憧れ、彼らの特権である「反逆＝行動力」という精神まで奪われてしまった、と思うのだ。

もちろん、ロック黎明期の60年代後半から巨大なロック・フェス、ウッドストックを成功させたロック・カルチャーは、当時の第三世界の独立運動やベトナム戦争の影響を大きく受けていた。日本でも「ロック・イン・バリケード」「ロックはバリケードを目指す」（日本ロック共闘会議）といったコンサートが日比谷野音を中心に開かれたりしたのだが、高度成長に酔いしれた日本はもう〝政治の季節〟とは無縁になっていく。

ある音大生に宛てた第5の手紙

1976年10月

お元気ですか？　さて、今回の手紙もまた店づくりの報告です。「またつくるの？　どこまで増やしたら気が済むの？」って、みんなに言われながら、この5年間で烏山、西荻、荻窪、下北沢と4軒になりました。僕は東京の変化に富んだ街が大好きで、そこに拠点（店）を構えてみると、それぞれの違った風景や、そこに住み着いている土地の人々や、いろいろな文化を発見することができます。だから同じ街に何軒も店をつくるっていう発想は今のところ僕にはないんだ。一つの街に系列店をつくることは、その街では信用されて商売がやりやすいんだろうけど、やはり新しい街の息吹というか新鮮さには勝てなくて、「ああ、この街に住んでみたいな。ここにロック文化を持ち込んでみたいな」という感覚をとても大切にしているのです。何か「ロック文化請負人」みたいになってきたね。

僕の仕事はそれなりに順調で、この数年、頭の中で「新宿に行け！」という声がいつも聞こえてきている。もう日本のロック文化に関しては巨大ターミナルからの情報発信、言い換えれば今まで僕らがやってきた沿線からのシーンがサブカルとなり、新宿や渋谷のライブハウスに搦め捕られていく時代が来たと実感しています。どうしても新宿にロフトの拠点をつくることにこだわっています。本音は、綺麗事ではなく、弱肉強食のこの資本主義の中にあって勝ち抜きたい、といったところかもしれない。

東京にライブハウスが1軒もなかった時代に西荻ロフトと荻窪ロフトはできた。その後どんどん東京の各地、いや全国のちょっとした街にロックのライブハウスができて、それまでの日本のロックの震源地はロフトから、という自負が消え、その座が危うくなってきているという意識が強くなってきた。僕らが波に乗っているうちに、まだ若いうちに、恐れを知らずに猪突猛進（ちょとつもうしん）するのがいいのかと……そんな気持ちでいっぱいなんだ。「もし失敗したら、今までのすべての店を処分する。最低でも収めた保証金は返ってくる。それなら人に迷惑をかけないで終われる」のだ。借金を抱えてず〜っと生きていくなんて冒険はしたくないけど、ロックの時代は必ず来る、新しく巻き起こったロック・ミュージックは確実に古い音楽を凌駕（りょうが）するという確信がだんだん強くなってきているんだ。

先日、西新宿で見つけた店舗物件は65坪で、今までこしらえてきたライブハウスの倍以上もある。僕はここで最後の勝負をしようと思っているんだ。また、どこかでお会いする機会がありますか？　それともこの5年間続いた年に1回の手紙はこれで終わるのかな？　では、では。

返信

お手紙拝見しました。私はもう社会人です。大学のあった仙川の街に行くこともなく、その隣町にあった小さなジャズ喫茶「烏山ロフト」の、私がこよなく愛した午後のほんの小さな時間……コーヒーとジャズを聴いて悠さんとのちょっとしたおしゃべりがあって、本を読むひとときなんて、遠い昔の夢のような出来事に思えます。

大学生活は楽しかった。それも悠さんとロフトがあったからだと思っています。今は毎日通勤ラッシュに揉まれながら会社の仕事に追われていま す。でも、決してロフトのことを忘れたわけではありませんよ。だってロフトって私の青春そのものですもの。

ロフト・グループの躍進は時折耳にします。よいことだかどうかは分かりませんが、かつてロフトに通い詰めた私としては、昔のままの、それも悠さんがカウンターの中にいるロフトであってほしいと思うのですが、それはとても無理な注文ですね。次々に増殖していくロフト。1軒のジャズ喫茶を守り通して、そこに集うお客さんをこよなく愛して一生を終えるという選択肢もあったでしょうけど、悠さんのバイタリティと性格上、仕方がないと思っています。

そうです、報告するのを忘れていましたが、私、来年結婚するんです。

でも、1年に1回の不思議な手紙、続けていければと思っています。それではまた、いつの日か。

ついに念願の新宿に進出

新宿西口から京王・小田急デパートを背に坂を下ると青梅街道と靖国通りの起点にぶち当たる。右手に大ガードを見ながら歩くと、その先は歌舞伎町である。混雑激しい小滝橋（おたきばし）通りを進めば、そこは閑散としたビル街。西新宿7丁目は別名「不動産屋通り」と言われ、不動産屋のビルが建ち並んでいた。駅から徒歩7分。夜は女の子が一人で歩けないくらいの寂しい夜道だった。通り沿いに十数階建てのビルがあり、その地下に65坪の元レストランがあった。新宿ロフトはその後の空間に入ることになった。

地下物件で家賃や保証金が比較的安いということもあり、何といっても65坪の中に大きな柱が1本もないし、天井もそこそこ高い。1500万円の保証金と月60万円の家賃は当時でも安かった。

契約という儀式が終わり、8月のクソ暑い埃（ほこり）だらけの小滝橋通りを複雑な思いで歩いていた。これほどまでに入居契約がうまくいったのは初めてだった。多分、ビルのオーナーがなかなかテナントが入らず焦っていたのと、「ライブハウス」がどういうものかを知らなかったからだろう。物件の上階は信用金庫だった。業務は3時で終わるから騒音問題でトラブルはないとタカをくくっていた。

私たちが一番参ったのは、やはり80年代初頭のハードコア・パンクだったが、この時期はまだニュー・ミュージックの時代で、演奏者もお客もそれなりにおとなしかった（モヒカンや鎖族はいなかった）。だからロフトの大家を含め近隣住民からの立ち退き運動はほとんどなかった。上階には『プレイヤー』の編集部があり、そこがロフトの総合事務所となった。店の近くにマンションの一室を借り、何とも心強かった。

店のど真ん中に潜水艦が浮上した

76年夏、店舗の仮契約が済んで1週間後、内装チームとの会議が事務所で持たれた。ロフトの内装工事は、烏山ロフトからずっと3人のアート集団主導によって行われていた。総合コーディネーターでありスタイリストのミトさん（現・ロフト全店舗管理主任）は私が注文するすべてのものをどこからともなく集めてきてくれた。実物が手に入らないときには自分の工場でつくり上げる能力を持っていた。画家であり色使いの専門家である熊坂さん（故人。2008年、阿佐ヶ谷ロフトA制作中に癌で倒れた）の色使いは、当時どこでも画一化された真っ黒なライブハウスの内装を根本から変えてくれた。鉄骨細工をさせたら日本で右に出る者はいないと言われる加藤さんの存在も大きかった。

私は新しく契約した店舗の図面を広げながら、彼らに私の意図を説明する。

「今回は、ちょっと外れだが新宿に店をつくることにした。65坪、これは我々が今まで経験したことのない広さだ。今のところ、日本で一番大きなライブハウスだ。新ロフトの基本戦略は、ライブもできるコミュニケーション主体のロック居酒屋である。ライブの前後の営業（昼間はロック喫茶、ライブが終わってからはロック居酒屋が基本）をちゃんとやろうと思う。だからやはりライブ以外で来るお客さんを楽しませるため、内装の充実が必要なのだ。ロック情報発信基地の場として今回の新宿ロフトを位置づけたい」

私はそれまでずっと考え続けてきたテーマを説明する。

「幸い、店のある西新宿のすぐ先は住宅街だ。近くに住んでいる若者も多い。だから、ライブが終わってからのロック居酒屋営業には十分勝算はある」

そして、「何かとてつもない、みんながビックリして評判になるような面白いオブジェが欲しい」と要求する私。そこで出された熊坂さんからの提案に、一同度肝（どぎも）を抜かれた。内容はこうだった。

「店の中央に鉄でできた本物そっくりの〝潜水艦〟を浮かべてはどうか？　潜水艦のハッチの上はPAと照明ブース、下はレコード室、その巨大な潜水艦の周りを客席にして、ライブや酒を楽しむ。3人のスタッフは溶接作業ができるし、機械も持っているから実現できる。大変だけど、やる価値はある」。熊坂さんはか細い声で言った。

「面白いアイデアだけど、ちゃっちい潜水艦だとバカにされるよ」と私は彼の提案を半信半疑でありながらも驚嘆して言った。「イヤ、加工はすべて本当の鉄材を使うから大丈夫だ」と自信満々の熊坂さん。よく考えてみれば〝ライブハウスと巨大な潜水艦のオブジェ〟、そんなものが調和できるはずがない。それでも私はその突拍子もないアイデアに乗っていた。それはライブ演奏よりも雑多な若者が集まるロック居酒屋の営業的成功に重点を置くものだった。「潜水艦のキャビンからステージに向かって巨大な大砲を突きつけろ！　それがロックだ！」と興奮して叫んだ。

それから何日か経った。大量の鉄材が店の中に運び込まれ、2ヵ月後、熊坂図面の通り店の中央に潜水艦が出現したのだった。多額な費用と時間と労力が必要だったが、完成したときの充実感はひとしおだった。

さて、それだけ苦労して制作された潜水艦だが、悲しいかな、多くの混乱を招いた。「あの大砲が我々に砲口を向けている間は、二度とロフトでライブはやらない」と言い出すロッカーもいたし、ちょっとお客さんがたくさん入ると、ステージが見にくく潜水艦は邪魔そのものだったのだ。いや、それほど初期の新宿ロフトのスケジュールは充実していて、圧倒的な動員力があり、開店直後だけだったがライブはほとんどが満員だった。当時、日本のホール以外のライブハウスは40坪100人の客を入れるのが精一杯だった。「ロフトが300人を集客できる本格的なロックのライブハウスをつくった」という評判は日本中を駆けめぐり、業界から注目された。

そしてライブが椅子席からオール・スタンディング時代に入ると、潜水艦のハッチは邪魔物と化し、オープン後1年数ヵ月であえなく沈んだ（撤去された）のだった。

日本一巨大なスピーカーを装備した

新宿ロフトの音響、照明、ブッキング・チームはこれまでと同様にテイク・ワンと契約した。そこにはあのシュガー・ベイブを発掘した長門芳郎や日本最初のインディーズ音楽事務所「風都市」グループの前田祥丈もいた。彼らが提案してきたスピーカー・システムは当時最大であったJBL4550、3ウェイという夢のような巨大スピーカーだ。

「スピーカーのことだけど、65坪、200人収容（当時はまだオール・スタンディングというライブの聴き方はなかったので、椅子を店内にぎっしりと並べ、後方はスタンディングだった）という規模でミュージシャンや客を音で満足させるには新しいシステムが必要です」とテイク・ワンの柏原は言う。

「おっとー、やばいな。その前に音響、照明の費用はどれくらいなんだ？　1000万円以内で何とかならないか？」

「まだちゃんとした値引き交渉もしていないし、見積もりも取っていないけど、ちょっと多めに見ると、シュアーのマイク1本の値段が4万円、20本用意したら80万円。モニター4発で150万円。コンソールは最低2台、メインとモニター用で1200万円、スピーカーが1台140万円、2台で280万円。照明の卓やアンプ類、マイク・スタンド、グランドピアノ、ライブ用電気工事の費用はまだ見積もっていない。今までの小さなライブハウスのシステムとは違うんです」と、柏原はこともなげに言いきる。

「荻窪ロフトの音はよいという評判だ。あのスピーカーは2台で40万円もしなかった。それもフル・レンジだった。ああいうシンプルな感じではダメかね？」

「荻窪ロフトや下北ロフトは天井が低いし、キャパも狭い。あれだけのいい音が出せたのは、ただただ空間のなせる技。ラッキーだったということです。ボーカル以外はほとんど生音で、ステージと観客の境もなく臨場感が抜群だった。しかし今回、そうはいかない。生音中心のライブはできない。知っての通り、ステージ上にもモニターのＰＡ卓も必要です」

「そんなことは分かっているさ。しかし、参ったな。それでスピーカーの１台１４０万円ってメーカーは何にするつもりなの？」

「悠さん、日本にまだ1台もないスピーカーを買いましょう」

「えっ!?　日本に1台もないって、どういうこと？」

「アメリカから直輸入するんです。それも悠さんがとても欲しがっていた最大級のＪＢＬですよ」

「ＪＢＬって一番ジャズと相性がいいスピーカーだよね。ロックの基本はアルテックっていうのが普通だ。今流行のＢＯＳＥはいい音だけど、すぐ飛んでしまう。ライブには不向きだ。あの吉祥寺のジャズ喫茶『ファンキー』はＪＢＬのパラゴンだな。ジャズ道場『メグ』もＪＢＬだったよな」

「メーカーから直に買って、月賦屋をつける手があります。足りない分はローンで払えば……」と柏原卓は冷静に言ってのけた。

「現在の総予算にさらに2000万円以上の上積みか。きついな。オブジェの潜水艦の費用もまだはっきりしていないし、困った」

私は彼らの提案に思わず頭を抱えてしまったが、その時期ロフト各店の売り上げは好調だった。しかしこの借金は、その後のライブの集客凋落（ちょうらく）によって10年近く返済に苦しむことになった。

フリーペーパー『ルーフトップ』が始動

76年8月、新宿ロフトができる2ヵ月前、それまでほとんどスケジュール掲載だけだった月刊誌『ROOFTOP（ルーフトップ）』は、本格的にデザイナーやカメラマンを入れてリニューアルを果たした。収支はもちろん赤字だったが、ロックのフリーペーパーがライブハウスから発行されたということで大きな反響を呼んだ。

A3判型のタブロイド仕様で、リニューアル号の表紙は矢野顕子。目指すは、ロック専門誌をしのぐ情報量だった。ロック好きなデザイナーの丸山アキラが編集長となり、彼の師匠のイラストレーター・小島武、写真家のガジローが表紙の撮影をし、ライター陣として相倉久人や吉見佑子、北中正和、あの『ロッキング・オン』の渋谷陽一までもが参加していた。

今日まで44年の歴史を持つこのフリーペーパーだが、リニューアル当初の予算捻出は広告だけでは足りず、ライブのチャージ・バック（当時はチャージの80％をバンド側に返していた）の20％を注ぎ込むことにした。

前夜祭の直前まで続いた調整作業

76年、キャンディーズが『春一番』、ピンク・レディーが『ペッパー警部』、イルカが『なごり雪』のヒットを飛ばす頃、新宿ロフトは既存店より一気に大きくなって65坪。オープンまでにアメリカから輸入したスピーカーが届くか心配だったが、何とかセーフ。当時の日本で唯一かつ一番大きかったスピーカー・システムを備え、本格的なライブもできる「ロック居酒屋」としてスタートする。

同年9月30日、新宿ロフトでオープン記念前夜祭が開かれた。キティ・ミュージックの田中副社長が新人の来生たかおを連れてきて、ピアノで弾き語りをしてもらった。新宿ロフトは、それなりだけど多くの業界関係者から祝福された。

実はこのとき、内装工事やシステムの準備が大幅に遅れ、機材チェックが十分ではなく、初めて音を出せたのは開店の半日前だった。ブッキングは完了しており、開店を延期するわけにはいかない。調整作業はオープン前夜祭の深夜まで続いた。新宿ロフトが、まともな「いい音」を出し始めたのは開店後数ヵ月を過ぎてからだった。

かくして新宿ロフトはオープンした

1976年10月にオープンした新宿ロフトはトラブル続きで、期待が大きすぎたこともあり、多くの失望も買った。こけら落としとはそういうもので、特にオープン10日間は混乱の極みになったのを今でも苦々しく覚えている。肉体的にはほとほと疲れ果てていた。

オープニング・セレモニー10日間のスケジュールは、その豪華さ、これからのロック・シーンを的確に捉えているという評価で音楽業界の話題をさらった。一方で、次から次へと押し寄せてくるお客さんへの対応という面では新たな問題も発生した。それまで私たちが経営してきたロフトは最大でも150～200人で、前売り券なんてシステムはなかったのだ。まさか、新宿ロフトに連日1000人近くのお客さんが押し寄せてくるとは想像していなかった。さらにバンド、レコード会社のいわゆる関係者が続々押し寄せてきた。スタッフはどこに入ってもらうか、頭を抱えてしまった。

まずはこの章の冒頭にあるスケジュールを見てほしい。まさに、この新宿ロフトのオープニング・スケジュールは我々がこれまでやってきた音楽シーンの総括となった。もちろんここには矢沢永吉や井上陽水、吉田拓郎といったビッグ・ネームはいない。しかし、新宿ロフトは新しいロックの時代に向かってピカピカに光り輝いて出発したのだと私は思った。

続いて、76年後半の11月、12月の新宿ロフトのスケジュールを見てみると、この時代の雰囲気が感じ取れるかもしれない。

制限付きのストリート・カルチャー

それぞれの街の片隅に息づいてきた小さなライブハウスは、ストリート・カルチャーと並行して独特の文化を構築してきた。ストリート・カルチャーは70年代にニューヨークのブロンクスの若者たちから生まれた。日本でもスケボーフリークと並んで路上や公園などで演奏するストリート・ミュージシャンが増えてきた。しかし、その自由なシーンも近年では権力から認可（ライセンス）を取り（2002年・東京都）、お願いして制約を受けて許可されるという情けない事態となった。その善し悪しは行政が勝手に決めるのだ。

新宿駅西口広場が「反戦」を掲げ、権力の横暴にモノ申す若者の広場になった時期がある。69年2月に始まったフォークゲリラは、ベトナム反戦を主張する若者が反戦歌を歌う集会を開いたことから始まった。学生、サラリーマン、買い物帰りの主婦までを巻き込んで、討論場になっていった。時の権力者は政治性を帯びたこういう雰囲気が歴史的に嫌いだ。同年6月、権力は機動隊を導入し、暴力的に広場を規制した。何人もの若者が傷つき、逮捕者を出し、この直接民主主義的な「広場」は権力者の都合上「通路」となり、立ち止まることも禁止され、この画期的なシーンは終息していった。

ストリート・ミュージシャンは路上でパフォーマンスをすることによって多くの通行人の足

を止め、地域の活性化に貢献したはずだ。ニューヨークではストリート・ミュージシャンとして生活しているアーティストは多いが、日本ではほとんどいない。やれ「交通の邪魔だ」「不良の溜まり場だ」ということで、若者が自由に集い、表現できる広場がなくなっていった。80年代後半、原宿の歩行者天国を始めストリート（シーン）が盛り上がったこともあったが、地元商店のボス連中の要請もあり閉鎖された。もちろん閉ざされた空間、ライブハウスにも多くの制約はあるが、70年代以降、行き場のなくなった表現者たちは同じ匂いに集まるように、ライブハウスにその場を求めるようになってきた。

「ライブハウスから新人を発掘しよう」

76年にできた新宿ロフトのオープン1年間は、話題性も含めブッキングはそれなりに順調だった。ロフトの機関紙であるフリーペーパー『ROOFTOP』のリニューアルを経て、新宿ロフト完成の次の目標はライブハウスから才能ある新人を発掘し、プロダクションを設立し、メジャー・デビューさせることだった。

そこで、若手ながら大物プロデューサー、「アワ・ハウス」（吉田美奈子、大貫妙子、山下達郎などが在籍）の牧村憲一をロフト・レーベルに招請した。今でこそライブハウスが音楽レーベルを持っていても何の不思議もないが、当時一ライブハウスがメジャー・レコード会社と組んで新人を発掘しようというテーマは、実に新鮮で画期的であった。

しかし、音楽業界にライブハウスはまだ認知されていなかったようだ。それまで多くの新人ミュージシャンの供給はレコード会社や音楽企業がやるコンテストか、レコード会社へ直接送られてくるデモテープによるものが基本だった。しかしライブハウスが増えるに従って、レコード会社のプロデューサーがライブハウスに入り込み、気に入った表現者を一本釣りするようになった。新人に門戸を開放するシステム（新人発掘イベント）をロフトではずっと続けていた。才能ある新人の表現者に演奏の場を与えたいというのが私たちライブハウスの信念だった。

「ライブハウスから新人を発掘しよう」というテーマでロフトは複数のレコード会社に企画書を提出した。大手メーカーの４社は乗ってくれてコンペになった。そして一番契約条件のよかったメジャー会社、ビクターと契約することになった。両者は年間にＬＰ４枚、シングル８枚を出す２年契約を結んだ。今考えれば、この契約は大失敗であった。たとえ、契約金が少なくても一緒に新人を探し育ててくれる人材のいるレコード会社と契約すればよかったと思うのだが、後の祭りである。

ライブハウス主導のロフト・レーベルは全国のライブハウスに檄を飛ばした。「ロフトは全国のライブハウスが輩出する才能あるアーティストを掬い上げ、メジャーからレコードを出そうと思っています。あなたの店でライブをやっている若い才能あるバンドを紹介してください」と。しかしそこは客の入る演奏者を奪い合う世界、当然とはいえこの要請にライブハウス業界は無反応だった。悲しいかな、新宿ロフトをつくったばかりで私たちにはお金がほとんどない。あるのは若さと情熱だけだった。

我々が契約を結んだセクションは「ビクター第一制作本部」であった。ここは当時、ピンク・レディー、松崎しげる、岩崎宏美などが所属する、まさに〝ザッツ芸能界〟の部署で、このセクションから出た歌手がオリコン・チャートの上位を独占していた。運が悪いことに「これからはロックの時代がやってくる」と、やっと説得した契約当初のビクターの担当取締役が辞めて、交渉相手は歌謡曲の世界で何十年も生き抜いてきた部長に替わった。

これは悲劇だった。悪いが、この部長にロックが分かるはずもないと思った。たしかにこの時代、ビクター第一制作本部は最高に盛り上がっていた。何といってもピンク・レディーである。実際、その後10年足らずで歌謡曲はすごい速度で衰退していくのだが……。いずれにしろ、私は「これではうまくいくはずがない」と悲しく思った。案の定、わずか1年でビクターとケンカ別れすることになる。向こうの担当者は「ふん、ロックなんかなんぼのもんじゃ」という意識だから、彼らとコラボレーションなんかできるはずもなかった。

レコード事業からの撤退

77年、ロフト・レーベルは石橋楽器と共催で「第1回渋谷公園通り音楽祭」を開催する。優勝バンドにはレコード・デビューを約束するはずだった。ロフトと石橋楽器は1年間にわたってロフトで予選会を続けてきた。参加したバンド数は200を超えたものの、渋谷の公園通り商店街の理解が得られず、最終選考会は渋谷公会堂ではなく中野サンプラザで行われた。

本選決勝ではクラウディ・スカイ（大澤誉志幸がボーカル）が優勝。準優勝はカリブナイト、ベスト・パフォーマンス賞に子供ばんど、特別賞はバイオレットフィズに決定。ところが、ビクター側からは一切ノー・アンサーで、石橋楽器は手を引いた。

この画期的な「渋谷公園通り音楽祭」はたった1回で終わった。時期が早かったのだろうか？ 我々は何とか優勝バンドのクラウディ・スカイや子供ばんどをレーベルでキープし、彼らと契約をしたかったが、悲しいことにロフトには契約金もレコーディング費用すらもなかった。これでは何のために「音楽祭」を開いたのか分からない。これを契機にロフトはメジャー・レコード会社との事業、というよりレコード事業自体から撤退することになる。何から何までレコード会社からの契約金で運営するのは無理があったのだ。当然だが、自己資金のないロフトはレコード会社からどこか無碍にされていたのだろう。

苦肉の策、『衝撃のUFO』のレコード

瀕死のロフト・レーベルのチーフ・プロデューサー、牧村憲一は最後の手段としてロフトを中心に活動していた6人の新人女性をデビューさせた。それが『ロフト・セッションズ』と題された78年発表のオムニバス・アルバムだ。上村かをる、竹内まりや、大高静子（現・おおたか静流）、高崎昌子、吉田佳子（現・よしだよしこ）、堤遥子といった女性ボーカリストがロフトゆ

かりのミュージシャンたちとセッション録音した、とても貴重なアルバムだ。ライブハウスが日本にも定着し、最もホットな時代の作品とも言える。ムーンライダーズやセンチメンタル・シティ・ロマンス、金子マリ&バックスバニーなどバック・バンドには数多くのロフトゆかりのミュージシャンが参加してくれたが、そのスタジオ代だけでも大金がすっ飛んだ。しかし、ビクターはその新人たちに対しても無関心。結局、このロフト・レーベルからデビューした多くの新人は他社に行ってしまった。これはショックだった。ロフトの金欠病と「レコード会社の無理解」にすべては起因する。レコーディング費用はビクターからいただく契約金の何倍もかかってしまい、次のアルバムを出す資金も底をついた。

ロフト・レーベルの出す作品があまりにも売れないので、ビクター社内で我々はだんだん相手にされなくなってきた。そこで何とか起死回生を狙って出したのが、あろうことかUFOのレコードだった。当時、ピンク・レディーの『UFO』が大ヒットしていたし、日本で一大旋風を巻き起こしたユリ・ゲラー・ブームに便乗しようと思ったのだ。もともとはビクター宣伝部の川原伸司のアイデアだった。私も精神世界は大好きだったたし、たまたま私の伯父が「お化けを守る会」世話人であり、UFOを始め超常現象にも関心を持っていたフランス文学者の平野威馬雄だったのだ。

ある日、私は威馬雄伯父のところへ交渉に行った。

「伯父さん、UFOのレコードを出そうと思うんだけど、手伝ってくれる?」と私は恐る恐る尋ねる。

「あのな、悠ちゃんよ。UFOの一番の特徴って何だか知っているかい？　UFOって音がないんだよ。音がないからUFOなんだよ。音のないもののレコードをつくるって前代未聞だよ。そんなことも知らないのか!?」と怒られてしまった。だが、ロフト・レーベルは瀕死の状態だ。何とかこのブームにあやかって実績をつくらねば潰れてしまうという危機感があった。もはや後には引けない。とにかくムリヤリ超能力者やUFO研究家を紹介してもらって『衝撃のUFO』というレコードを私の妄想でつくることにした。

ジャケットはUFO信者の横尾忠則に発注した。このでき上がったレコードを「こんな楽しいレコードはない」と一番喜んでくれたのは横尾氏だった。録音と効果音は、あの勝新太郎・主演のテレビ・ドラマ『警視K』で名を馳せた菊地進平に頼み、電波望遠鏡で宇宙のパルサーの音を収録し、東京・三鷹の国立天文台の森本館長にもいろいろ手伝ってもらった。取材と構成はデンスケ（当時の最新鋭録音機）をかついでほとんど私一人がやった。実に不思議な人たちとたくさん会えて楽しかったが、結果は残念ながら、売れるわけがなかった。

ただ、このレコードが何故か一部の好事家から評価され始めてリミックスCDが出たり、細野晴臣から素材の一部をアルバムに使いたいという連絡をもらったりもした。今となっては「どうぞ笑ってやってくだされ」としか言うほかないシロモノである。

ちなみに、『衝撃のUFO』に収録された内容はこんなものだった。

【A面】マンテル大尉事件、U.F.O歴史のナレーション、宇宙交信器（円盤への呼びかけ）、U.F.Oを呼び出す儀式、U.F.O観測会、宇宙交信器（円盤からの声）、U.F.O目撃体験談、宇宙

の歌・宇宙語、宇宙からのメッセージ
【B面】宇宙周期音、変光星音、円盤の詩、また来て円盤、電波望遠鏡による宇宙音、平和の詩〜祈り

ライブハウスの原点が崩壊していく！

私のロフト経営の基本であり原点は、あくまで「ロック居酒屋」というスタイルにこそあった。ライブで毎日お客さんがたくさん入るなんて、ほんのひと握りのバンドでしかない現実があり、ライブで利益が出るなんてあまり考えていなかった。

居酒屋という空間でみんなでワイワイ酒飲んで音楽の話をして、スピーカーからはがんがんロックが流れてくる。ロック通の客と店員を交えたおしゃべりがあり、いろいろな音楽に出会い、「このバンドっていいね、じゃ、今度ロフトに呼んで、みんなでライブを見てみようよ」というところからすべてが始まったわけなのだ。これがライブハウスの原点だと思っている。

だから1ヵ月間毎日のスケジュールを埋めることを拒否し、ライブは週末と祝祭日しかやらなかった。しかし、70年代末になると、第2次ライブハウス・ブームもあって東京周辺には100店近くのライブハウスができ始め、バンド数も圧倒的に増えていった。ほんの数年前までは演奏する場所があるだけでみんな喜んでくれたのが、バンド側は小屋の大小、機材の善し悪しや待遇のあれこれまで言ってくるようになる。そんな中、渋谷屋根裏と新宿ルイードが

1ヵ月30日間のスケジュールを組み始めた。これにはロフトも焦った。だんだんと平日夜でもライブをやるようになり、79年3月からは毎日ライブを開始した。

「ポスト・パンク＝テクノ」の時代へ

ポスト・パンクという時代にテクノ・ポップがやってきた。ポスト・パンクとは70年代の終わりから勃興した音楽ジャンルである。78年頃、ＹＭＯの成功から盛り上がりを見せた。新宿ロフトは開店以来のニュー・ミュージック路線に見切りをつけ、新しい境地を開拓する必要が出てきた。70年代も末期に差しかかると、ニュー・ミュージックは「オールド・ウェイブ」と言われるようになり、いわゆるテクノの時代に入ろうとしていた。映画や演劇で言えば50年代のゴダールや大島渚、60年代の天井桟敷、黒テント、赤テントなどの〝ヌーベルバーグ現象〟が、10年以上遅れて日本のロック・ムーブメントの中に湧き起こってきたという感じだった。

80年代に「テクノ・ポップ」と称された音楽の中には、ニュー・ウェイブ的な楽曲も多く含まれる。テクノ・ポップは文字通りリズムボックス、シンセサイザーなどを多用する機械的なビートで構成されていた。さらに我々を驚かせたのは、その集団の多くはデザイナー、スタイリスト、イラストレーター、演劇人と、いわゆる素人の「お遊び」的要素を多分に含みながら成立していたことだ。音楽的技巧や主義主張よりも、ファッション感覚まで含んだ「スタイル」が混ざり合ってのサウンド形態だった。それはまさに当時の日本の「平和と繁栄」を象徴していたようだったし、一方で海外にも通用する唯一の音楽だった。

この時代、ロフトでもテクノ御三家として活躍していたヒカシュー、P‐MODEL、プラスティックスが相次いでレコード・デビューを果たした。中でもプラスティックスが一番おしゃれと言われた。ヒカシューは演劇畑からの出現だ。その中でも一番の音楽美追求派はP‐MODELの平沢進と言われている。しかしそのテクノ・シーンは、周回遅れで押し寄せてくるパンク、ハードロック、メタルなどの強烈さと輝きに埋没していく。

「1979年、P‐MODELのデビューは荻窪ロフトでありました。私は今でもP‐MODELです」

——平沢進：P-MODEL／『ROCK is LOFT』に寄せられたコメントより

「ロフトのDrive to 80'sはよく覚えています。あの時のコメントに『衝動のないロックよ、去れ』と書いたのですが、その後、ますますスタイルだけのふぬけたロックが蔓延してしまいました。歌詞は情けないフォーク調の失恋か、人生応援歌のようなものばかり。こんなものはロックとは言えない。ロックという金もうけの幻想ばかりを追う若者にうんざりしています。（略）ヒカシューもまだまだ続けます」

——巻上公一：ヒカシュー／『ROCK is LOFT』に寄せられたコメントより

村下孝蔵、東京（ロフト）初ライブ

もうフォークの時代は終わったと言われていた77年、当時はまだ新人フォーク・ミュージシャンだった村下孝蔵を「渋谷公園通り音楽祭」（石橋楽器&ロフト・レーベル主催、ビクター音産協賛／決勝は中野サンプラザで行われる）のゲストに呼んだ。しかし音楽祭のタイムテーブルが押し、わざわざ広島から出てきた彼の出番が削られる事態となった。慌てた私は何とか主催者団体各社への説得を試みたが、「無名なフォーク・シンガーだから」という理由で却下されてしまった。悲しむ村下さんと居酒屋で一晩過ごした。辛かった。

次の日、私はロフトのステージに村下を強引に突っ込んだ。それから何回か彼のロフトでのイベントを打ったが、当時はロック全盛の時代。ロフトのブックマンの理解も得られず、東京では孤立無援だった。

そして彼が広島に帰った後、83年に『初恋』が大ヒットした（オリコン3位を記録）。私はバンザイをした覚えがある。それから16年後の99年6月20日、駒込のスタジオでコンサートのリハーサル中に突然体調不良を訴え、4日後に逝去。まだ46歳の若さだった。ロフトというか私の力量不足もあって、彼のために何の力にもなれなかったことを今さらながら悔やんでいる。叶うことならもう一度酒を酌み交わしたかった人だ。

「1979年2月28日（プロになる1年前）、新宿ロフトで歌わせてもらうことになった。この日は初めて東京に来た日であり、僕の26歳の誕生日でもあった。その後プロとなり、何度かロフトのステージに立つこととなったが、僕がミュージシャンとして、東京での第一歩を踏み出した、思い出深い場所である」

——村下孝蔵／『ROCK is LOFT』に寄せられたコメントより

もう一つのアメリカを聴こう！

ロフトとトムス・キャビンの麻田浩（自身がシンガー・ソングライターでもある）が組んだ「もう一つのアメリカを聴こう！」は、外国の優れたミュージシャンを呼ぼうという企画のもとに行われた。当時ビッグなミュージシャンはウドーやキョードーといった大手の呼び屋が日本に招聘して、ホールやテレビ、ラジオなどの演奏で採算を合わせていたが、「まだまだ大ホール展開はできないけれど、日本人に聴かせたい渋い音楽はたくさんある」という趣旨から始まったイベントで、当時としては画期的な企画だった。

第1弾は都会派シンガー・ソングライター、ピーター・ゴールウェイ（78年11月10〜12日）。その後、マイケル・マーフィー（78年12月8〜10日）、ハッピー&アーティ・トラウム（79年1月19〜21日）、ジム・クエスキン（79年2月16〜18日）、ジェフ・マルダー&エイモス・ギャレット（79年3月16〜18日）、ブルース・コバーン（79年4月27〜28日）、ドクター・フィールグッド（79年8月1〜2日）と、この試みは7回続いた。私の好みはピーター・ゴールウェイの渋い弾き語りだった。
ジェフ・マルダー&エイモス・ギャレットの79年の2回目のツアーは、日本初の外国ミュージシャンによるライブハウス・ツアーだった。新宿ロフトを始めとして全国のライブハウスを回ったのだ。ライブハウスで初めて外国ミュージシャンの演奏を聴いたファンも多かったと思う。今やフジロックで知られるイベンターのスマッシュは麻田浩と日高正博が立ち上げた会社だが、この「もう一つのアメリカを聴こう!」はまさに今のスマッシュが手がける業務の基礎となったツアーだった。なお、ロフトでのライブはレコーディングしてアルバムとして発売された。

当時、ロフトの平均チャージは1000円前後。しかし外国ミュージシャンは3000円近くのチャージを取らないと交通費や宿泊代など経費がかかりすぎてやっていけなかった。ライブはそれまでライブハウスに来たことのない洋楽ファンで埋まった。これで両者とも何とか採算は合ったが、海外のミュージシャンをライブハウスに招聘するのは大きなリスクを伴った。ただ、この頃は外国のミュージシャンがよくお忍びで新宿ロフトへやってきて、突然誰かのゲストとしてステージに立つこともあった。こうしたハプニング性こそライブハウスの醍醐味(だいごみ)の一つだと私は思う。

〈Drive to 80's〉の衝撃

79年はセックス・ピストルズのシド・ヴィシャスが死に、江戸アケミ率いる暗黒大陸じゃがたら（のちのじゃがたら）が活動を開始した年だ。この年、私は日本のパンクの仕掛け人であり第一人者として名高いカメラマン・地引雄一と建築家の清水寛に「面白い企画を出してくれ」と要請した。夏の暑い土曜日の昼下がり、二人は企画書を持ってロフトの事務所にやってきた。「日本で徐々に広がりつつあるパンク・シーンの集大成をロフトでやりたい」と彼らは言う。むろん私たちスタッフはニューヨークやロンドンで新しく破壊的なロック、今までの常識をぶち破ったパンク・シーンがあることくらいは知識としてあったが、外国バンドの見よう見まねでしかない日本のパンク・バンドを積極的にやる気にはならなかった。

その頃、日本のパンクは小さなライブハウス（渋谷屋根裏、吉祥寺マイナーなど）で演奏して、アンダーグラウンド・シーンの底流を形づくっていた。しかし、機材を故意に壊したとか、ケンカが頻繁にあるとか、メンバーが麻薬でパクられたとか、とにかく悪い噂しか聞かなかった。だから東京のロック系ライブハウスではほとんどこのパンク・シーンを無視していたのだ。

ロフト系ライブハウスでも正統派パンクの先駆者であるS-KEN、フリクション、リザードといった東京ロッカーズ系のバンドのライブは時折やっていたが、そのほとんどのライブはバンド側の貸し切りだった。

地引と清水の企画のテーマは、全国から有名無名の（そのほとんどは無名だったが）パンク・バンドを集めたイベントにしたいということだった。私は一瞬ビックリし、少しだけ躊躇した。「パンク・バンドの暴力沙汰や機材壊しの噂が絶えないが、そんなことが起こったらどうする？」と釘を刺す。「いや、各バンドからメンバーを集めて実行委員会をつくって、その中から会場警備の防衛隊を出してトラブルを回避します」と、彼らは自信ありげだった。

このイベントをやるきっかけは、私やロフトのブッカーがパンクに目覚めたからではなかった。だから「失敗して当然」ということでスタートした。この企画の裏方に無給で参加した若き音楽スタッフは多い。

かくして、〈Drive to 80's〉と題された日本のパンク／ニュー・ウェイブの祭典とも言うべき一大イベントが8月28日から9月2日まで開催されることになった。日本におけるパンク・ロックの発火点となった東京ロッカーズの面々から当時メディアの話題をさらっていたテクノ・ポップの旗手に至るまで、6日間に22組のバンドが登場し、連日大盛況。

とはいえ、この6日間にわたるイベントが、その後の日本のロック史を変える大ごとになるとは当時の私は思いもしなかった。しかし、このイベントはロフトの動員記録を塗り替えただけでなく、日本のパンク／ニュー・ウェイブ・シーンを一挙に浮上させ、結果的にはその後のロフトのライブハウスとしての方向性をも形づくったのだった。このイベントの成功によって、ロフトは渋谷屋根裏とともに大胆にパンク／ニュー・ウェイブ・ムーブメントの先頭を切ることになる。

パンクの仕掛け人・地引雄一との対話――1

69年を日本のロックの夜明けと呼ぶならば、79年はパンク／ニュー・ウェイブの幕開けであり、日本のロックにとって激烈な年になった。同年8月に新宿ロフトで行われた〈Drive to 80's〉には東京ロッカーズを始めとするパンク・バンドが全国から結集した。テレビやラジオ、新聞、主流音楽誌はもちろん、ほとんどメディアに登場することもなく、彼らは小さなライブハウスや自主ライブを続けることによって自前で急速に全国各地へ浸透していった。まだストラングラーズやセックス・ピストルズが日本で本格的に脚光を浴びる前のことだった。

〈Drive to 80's〉の仕掛け人の一人である地引雄一は、若者雑誌『平凡パンチ』のほんの片隅に小さく紹介された、パンク・ヘアで顔中が安全ピンだらけの少女の写真に突き上げるような衝動を感じたと語っている。それは「何かすごいことがロンドンやニューヨークで起きている」という新鮮な感動だった。「当然、同じような動きが東京のライブ・シーンでもあるはずだ」と思った。だがしかし、そんな気配さえ見あたらなかった。地引は『ストリート・キングダム』（『ミュージック・マガジン』86年7月増刊号）という自著の中でこう語っている。

「60〜70年代前半は、カウンター・カルチャーとしての音楽が下火の時代。ハード・ロックが峠を越し、フュージョンやレイドバックの頃で、僕がロックに求めていたラジカル（急進的）

なパワーはすでに過去のものとなり、どうにも物足りない感じが否めなかった。それはロックに限ったことでなく、世の中全体が無気力に支配されたシラケの時代になっていたのだ。あの頃（政治の季節）の空気をちょっとでも知る者にとって、そして何もなし得なかった者にとって、シラケの時代の希薄な空気は実に息苦しく感じられた」

私は彼に、パンク・ムーブメントとの関わりについて訊いた。

「自分たちにとって屈折した挫折感があって、不完全燃焼と、やっぱり自分も何かしなくては！　というせっぱ詰まった時代だったわけ……それでその思いがいつの間にかカメラを携え、ライブに通ううちに、日本のパンク・ムーブメントの真っ只中に入ってしまったというところかな？」

「僕にとってパンク・ロックって、今までにない可能性をものすごく感じさせてくれた。それは音楽がいいか悪いかではなくて、そこに感じるフィーリングのすべてが……ジャケットのイメージやセンスがすごくショックだった。やっぱりしびれたのはセックス・ピストルズのシド・ヴィシャスやジョニー・ロットンのすべてをむき出しにした顔つきなんだよね。世の中から疎外されきってしまったというか、空虚そのものみたいな表情だった。それがパンクのすべてを物語っていると感じたんだ」

私は続けて問いかける。「その頃は地引さんが20代、私がまだ30歳になったばかり。ロックが成立して日が浅い時代で、ロックというものに大きな幻想を持っていた時代だよね？」

「パンクって何を叫んでいたかっていうと、まずお前がいる。逃げないで現実をちゃんと見据えてお前がいることをちゃんと表現しろ！　ということだったと思う。うん、世の中なんだけど、素晴らしい国、素晴らしい人生なんかありっこないんだ」と、地引はきっぱり言葉を結んだ。

あれから40年あまり、〈Drive to 80's〉に出演したミュージシャンで、今なお第一線で活躍する人は多い。

「様々な出来事に彩られながら、ロンドンから帰ったばかりのリザードの一段とスケールを増した演奏を最後にイベントは幕を閉じた。ステージから〝ドライヴ・トゥ80's〟終了のアナウンスを行うと、客席から大きな拍手が巻き起こる。それは出演した全バンドとイベントそのものに対する拍手だ。『ごくろうさん』と声をかける観客、握手を求めるスタッフ、イベントの感想を書いた手紙を手渡してくれるファン、会場の外では高揚した気分に満ちた人々があふれ、酒盛りをするバンドの連中のかたわらを未開人の扮装をしたZEUI軍団が歩き回り、駐車してあった車の上に登って自作の詩を大声で朗読する女の子もいる。これは皆が作った皆が主役のイベントだった」（地引雄一・著『ストリート・キングダム〜東京ロッカーズと80'sインディーズ・シーン〜』K&Bパブリッシャーズ刊）

自由が丘にロック居酒屋誕生

ロフトの40年以上にもわたる歴史の中で、ほとんど話題にも上らない小綺麗なロック・バーをつくった。それが80年6月にオープンさせた「ROCK CAFE&BAR 自由が丘ロフト」だ。広さは30坪と比較的大きかったが、店は瀟洒(しょうしゃ)な佇まいの商業ビルの外階段を上った3階にあり、全面フローリングで、手づくりのテーブルと籐の椅子が並べられた。JBL4325の優れたスピーカー、洗練されたレコードのストック。ウエストコースト風、どこまでも青い空、広大なカリフォルニアの雰囲気というイメージで明るい店内を目指した。「ロフト系の店は暗く、汚く、不潔でうるさく不良少年の溜まり場」というイメージを変えたかったのかもしれない。静かな洋風のこじゃれたバーで一杯飲みながらいい音楽が聴けて、何よりもハイソな自由が丘の女性が集える店をつくりたかった。そこで久しぶりに自らが前かけをして「いらっしゃい、こんばんは」と挨拶をしながら、それぞれのお客さんとおしゃべりをしてみたかった。それこそが私の仕事の原点だったからだ。私はもう不良少年相手のパンクなライブハウス経営にはどこか飽き飽きしていたのだ。

すでに東京の至るところにロック・バーができていた(そのほとんどは洋楽系であったが)。「自由が丘はたくさんの若者がロック酒場の出現を待ち望んでいる」という話も聞いていた。当時東京で一番おしゃれな郊外の街といえば、吉祥寺、下北沢、そして自由が丘と、情報誌などで盛んに言われていた。私の意識としては、「大人が楽しめるロック・バーをつくってみたかった」のである。

ライブハウスの地下の薄暗い空間ではなく、明るい日光が差し込む店で、それまでのロフトにはなかったものが欲しかったのだろう。自由が丘は今でも「住んでみたい街」の上位にランクされ続けている。

私は半年あまりロックのライブの騒音から離れて、店員のシフトにもしっかり入り、前かけをしてお客さん一人ひとりに丁寧に対応し、ドアの開け閉めまでした。店員として働くことは楽しかった。ロフトという知名度もあって、店はオープン時から利益が出ていたのも私の気持ちを楽にさせた。こういう店を1軒だけ持ち、愛情を持って育てたいという願望もあった。

しかし、私は常に飽きっぽい。この頃、1ヵ月あまりヨーロッパへ貧乏旅行したのを皮切りに、インドやタイへ行き、バックパッカーとして世界を回る旅にのめり込み始めていた。東南アジアの不思議な民族音楽にたくさん出会えるのも楽しかった。30歳ちょっとで独身の私は、午後から事務所で社長の仕事をして、週1回は幹部を引き連れて店を視察（これが一番イヤだった）。夜は自由が丘の店で店員をやっていた。だが、いつまでも私はロフト・グループを率いる社長業務と自由が丘ロフトの店員とバックパッカーの旅を同時にしているわけにはいかなかった。本業のライブハウスではパンクの出現で私がいないと不都合なことが起き始めていた。やむなく自由が丘ロフトは下北沢ロフトの店長だった佐藤弘に任せた。

新宿の事務所に戻った私は、何とか時間をつくってインドやネパール、東南アジアへとパッカーの旅をしていた。だんだん日本にいる時間が少なくなっていった。この直後にロフトはハードコア・パンクの悪夢にさらされるのである。

自由が丘ロフトはその後、佐藤弘に暖簾(のれん)分けした。現在も同じく暖簾分けした下北沢ロフトとともに健在だ(2018年に閉店)。自由が丘店をつくった時点で烏山ロフトと西荻窪ロフトも撤退した。どんどん私の意識はロフト離れをしていたのだ。〝ロフト解散宣言〟をする3年前のことである。

危険なダイブを黙認したら……

かつてロフトはダイブに1億円の保険をかけていた。他のライブハウスが怪我人を恐れてダイブを禁止する中、我々はロックにはダイブも表現の一手段として必要だと考えた。空間の演出とはそこに集う人々に喜びを与えることだ。客席とステージのコミュニケーションは拍手や手拍子や口先だけのあおりではないというのが、その理由だ。身体一つでステージと連帯を表現するのだから、ダイブは必要悪だったのである。

保険会社はダイブがどれほど危険なモノか認識がなかったので契約ができた。歌舞伎町に移転した新しい新宿ロフトのときはそのダイブの危険さに保険会社がビックリして、「契約はできません」と言われた。ライブハウス側も定員以上のお客さんを入れているから弱みはある。確かにダイブで怪我をするお客さんがかなり多くなってきた。これではダイブを禁止するしかなくなってきた。しかし、若者はダイブを禁止してもやってしまう。

ある時、若者がダイブをして他の客を怪我させてしまった。すぐに被害者の親と弁護士が出てきた。「いや、店ではダイブ禁止にしているんですが……」と言い訳すると、「そうですか。店側には一切責任がないと？　では裁判で戦いましょう」と言われる始末。店側の建て前は「ダイブ禁止」にして、内実は黙認という形が問題を起こしたのだ。若者に自由を保障するって難しい。それにしても、ロックの現場のトラブルに親が出てくるとは時代も変わった。

ロフト ニュー・ウェイブ御三家 その1　ＡＲＢ

79年2月2日、ＡＲＢ（アレキサンダー・ラグタイム・バンド）はそれまでのホームグラウンドだった新宿ルイードから離脱し、新宿ロフトで本格的にステージを踏むためにやってきた。ルイードからロフトにライブの拠点を移すということは、すなわち小沢音楽事務所的芸能の世界に別れを告げ、再出発することを意味していた。まだメンバー全員が所属事務所のシンコー・ミュージックを辞めていなかったと思う。79年10月にシンコーから契約を解除される8ヵ月前の話である。

藤井隆夫、山村正宏のスタッフに連れられた田中一郎、キース、石橋凌の3人が店主である私に挨拶をしにきた。その時点ではＡＲＢという名すら知らなかったが、スタッフとメンバーまでが私に挨拶をしてくれるなんて珍しかったので記憶に残っている。ピンク・レディーの前座をやらされたり、同じ事務所だったチューリップや甲斐バンドのような芸能路線での会社の売り出しに反発して主戦場にロフトを選んだらしかった。

「すぐにでも独立して自分たちの事務所を持つんだ！」と息巻く熱い青年たちの姿が私の目に映った。リハーサルを見た。照明に映し出されるメンバーのまばゆいパフォーマンスを見て、「こいつらなら本当に日本のロック・シーンを変えることができるかもしれない」と、胸に迫るものがあった。私は翌月からＡＲＢのレギュラー出演を決めた。

79年11月11日、ＡＲＢは独立後初めて、新宿ロフトのステージに立った。メンバーは一郎、凌、キース（まだサンジこと野中良浩はいなかった）。バンドを代表して凌が言い放った。「これからは新宿ロフトを、俺たちのバンドの拠点としたいのでよろしくお願いします。見ていてください、俺たちは必ず天下を獲ります。そのときこそロフトに恩返しします」と。

彼らはそれから9年の歳月をかけてロックの殿堂・日本武道館まで駆け上がっていった。88年10月31日、初の武道館公演後に石橋凌はこうコメントした。「俺たちにとって、ロフトのステージに上がるたった3段の階段と、武道館の長い階段は同じだ」。また、彼らは1万人規模の武道館公演の翌日（90年1月12日）に３００人規模の新宿ロフトへ出演してくれた。「ロフトに恩返しする」という約束をＡＲＢはしっかりと果たしてくれたのである。

「武道館の次の日、新宿ロフトでやったりとかしたのは、ある種ロフトというスペースに恩義的な部分を感じてるのがあるからだろうね。やっぱりあそこがなかったら、ＡＲＢも違っていたかもしれないし。ＡＲＢはライブハウスからホールに移行して、武道館をやるようになった。でも俺たちとしてはいつでも普通にロフトでやれるという感覚があった。ロフト側も〝いいですよ〟って言ってくれたし。よく業界で売れると〝あいつは裏切った〟とか〝あいつはあそこを見捨てた〟とかあるけど。そんなのなかったからね（笑）」

――石橋凌：ＡＲＢ／『ＲＯＣＫ ｉｓ ＬＯＦＴ』のインタビューより

ロフト ニュー・ウェイブ御三家 その2 ルースターズ

ルースターズは79年11月、人間クラブというバンドを母体に結成された。メンバーは大江慎也（ボーカル・ギター）、花田裕之（ギター）、井上富雄（ベース）、池畑潤二（ドラムス）の4人。翌年、シングル『ロージー』でデビュー。Ｒ＆Ｂ、ブルース、パンク・ロックを基調としたハイテンションでスリリングなサウンドを展開した。83年頃から大江が精神疾患となり入院。それに伴い、サウンドも陰影に富んだニュー・ウェイブ色が強くなる。同年6月に下山淳（ギター）、安藤広一（キーボード）が加入、池畑潤二が脱退し、代わりに灘友正幸が加入。4thアルバム『ＤＩＳ』をリリース後、井上富雄が脱退し、柞山一彦が加入。85年、大江の体調はさらに悪化し、再び入院。安藤広一も脱退し、これでバンドは解散かと思われたが、同年7月発売のシングル『ＳＯＳ』から花田裕之がメイン・ボーカルを兼任するようになる。その後、88年7月に解散するまで大江がバンドに戻ることはついに叶わなかった。

花田のボーカルも味わい深くて私は好きだが、思い入れとしてはやはり大江が在籍していた時期のほうが強い。84年8月27日~9月2日、新宿ロフトで行われた7日間連続のギグ「PERSON TO PERSON~連日のスペシャル・ライブ全150曲」。ここで大江時代のルースターズはすべてを吐き出したと言っていいだろう。大江の破天荒なパフォーマンス、それとは対照的なクールな演奏がとても鮮烈であった。4日目に大江がステージで倒れ、急遽花田が歌うハプニングもあったが、次の日元気に大江は復活し、リラックスして歌い上げた。最終日、超満員でロフトの外にはチケットが手に入らない数百人のファンが取り巻いていた。クーラーは不調の上、詰め込みすぎの店内はその熱気に溢れた演奏もあいまって興奮のるつぼに。この日は失神者が続出し、何台もの救急車が出動する始末となった。この7日間連続ギグは、精神を病みながらも危ういボーカルとパフォーマンスで存分に魅せてくれた大江の存在感をまざまざと見せつけた。あの大江の不安定さと危うさ、それゆえに発揮される無垢な輝きこそが私にとってのルースターズだった。

85年1月15~19日に行われた「PERSON TO PERSON2」は、大江慎也がルースターズとしてロフトのステージに立った最後のライブだった。この期間中のある日、またもや新宿ロフトのクーラーが壊れてしまい、客は超満員(ほとんどが女性客だった)。その演奏中に突然、白い泡が天井に向かって噴き上げられた。誰かが消火器の栓を抜いたのだ。まさかルースターズのギグで、ハードコア・パンク並みに消火器が噴き上がるとは想像していなかった。ロフト内の酸素はどんどんなくなっていき、さて場内は大混乱かと思いきや、大江たちは演奏をやめるどころかその混乱を平気であおっていた。慌てる私とマネージャーの石飛智紹（現・スマッシュ）。汗と酸欠で倒れる客が相次ぎ、誰がいじったか火災報知機が鳴り、消防車と救急車が到着、警官が新宿ロフトを取り囲む。それでもなお、ルースターズは演奏をやめなかった。まさにロッカーの鑑だった。そんな超絶のパフォーマンスで私たちを魅了した大江は、その直後にまたシーンから姿を消した……。

原島「（略）ルースターズはよー出とるよね。ロフト10周年も出とるしね」
花田「野音？」
原島「出とるやろ？　BOØWYとかARBとかと一緒に」
花田「出た出た。厚生年金ね」
原島「節目節目にルースターズありだから。で、花田自身はロフト演りやすい？」
花田「うん、なんか演りやすい」（略）
原島「独特の音が。最近思ったんだけど、あそこやっぱ人格があるねぇ」
花田「あるある（略）客で聴いてても違うし、演りよっても違うじゃん、ステージの中の音」
原島「他のライブハウスってもっと機械的な感じがあるけど、あそこはなんか違うもんねぇ。大して機材がいいわけじゃないし、ましてや楽屋は汚いし（笑）（略）あそこは飲んだ記憶のほうが多いよね。いいライブしたとかいうより」
花田「ライブ終わってからのね」

――花田裕之＆スマイリー原島／『ＲＯＣＫ ｉｓ ＬＯＦＴ』のインタビューより

ロフト ニュー・ウェイブ御三家 その3 アナーキー

アナーキー（亜無亜危異）は78年に結成。埼玉県和光市出身。メンバーは、仲野茂（ボーカル）、マリこと逸見泰成（ギター）、藤沼伸一（ギター）、寺岡信芳（ベース）、小林高夫（ドラムス）。国鉄の作業服（ナッパ服）の衣装とセックス・ピストルズを彷彿とさせる反骨精神溢れる音楽性で注目を浴びた。

79年にヤマハ主催のアマチュア音楽コンテスト「Ｅａｓｔ Ｗｅｓｔ」にて優秀バンド賞、最優秀ボーカリスト賞を獲得し、翌年にシングル『ノット・サティスファイド』、アルバム『アナーキー』でビクター・インビテーションよりデビュー。バンドは順調に活動していたが、86年にギターのマリが痴話ゲンカの末に元妻を刺し逮捕されたため、ＴＨＥ ＲＯＣＫ ＢＡＮＤと改名。だが、徐々にメンバーのソロ活動が活発となり、活動休止状態に。その後、97年に新メンバー（名越藤丸）を加えて活動を再開したが、２００１年に再び活動休止している。その後２０１３年に復活したものの、２０１７年にマリが死去した。現在は4人で活動している。

仲野茂はアナーキーのボーカリストとして日本のロック史にその名を刻み、ＡＲＢのキースと並んで往時の新宿ロフト・深夜の総番長として数々の逸話を残した。

また、ロフトがドリンクを紙コップで出すようになったのは、アナーキーの蛮行が一因だったと記憶している。映画『爆裂都市　BURST CITY』の完成打ち上げライブがロフトで行われた際、スターリンの演奏中に彼らがグラスやボトル、折りたたみの椅子をステージに投げつけたので、ライブハウスで割れ物を出すのは危険だと判断したのだ。彼らの振る舞いにほとほと困り果てたものだが、茂はロフトに居心地のよさを感じてくれていたし、何よりもロフトを愛してくれた。彼はいまだに節目節目でロフトに出演してくれる上、85年から現在に至るまで「THE　COVER」という企画ライブを不定期ながらロフトで主催し続けている。

50歳を過ぎてますます凄みを増してきた茂のボーカルはやはり天下一品で、アナーキー時代の批判精神も今なお健在だ。彼らほどあのロフトの市松模様のステージが似合うバンドはいない。

原島「最初に出たのっていつなんだ、アナーキーって？」

仲野「80年。俺なんかあれだよ、東京ロッカーズと一緒だよ。（略）やっぱりロフトはなぁ、一応さぁ俺たちもかわいいとこあんだよ、昔は。どうする、ライブハウスどこでやる、新宿ロフトじゃねぇか？　いやまだちょっと早い（笑）。かわいいだろ？　それでよ、どうやって出ていいんだかわかんなかったんだよ。（略）で、ちとロフトは早いなってことで、江古田にマーキーってのがあって、ピストルズのデビューがさぁ、ロンドンのマーキーなんだよ。（略）出してくれって言ったら出してくれたんだよ」（略）

原島「じゃあ東京ロッカーズが終末迎えたときに生まれてくるタイミングでやってたんだねぇ。（略）そっからもうず～っとロフトでやってって、やっぱいちばんロフトで飲んでた？」

仲野「うん、来てたなぁ。だってロフトはあの当時は溜まり場だったからね。行きゃあ誰かいたもん。キース（ARBドラマー）なんか住んでる人だったたって言われてたもん」

原島「ロフトに縁のあるバンドマンにインタビューしててさぁ、全員印象に残ってるのは全部打ち上げだからな。誰が誰殴ったとかさぁ、誰かが楽屋でやっちゃったとかさぁ、そんな話だけだよ」（略）

仲野「BOØWYで言えば、あの頃、氷室（京介）は打ち上げにほとんどいねぇんだよ。あいつ酒飲まねぇから。布袋（寅泰）はずっといたな。ホントあの頃ギター小僧だったもんな、どこでも弾かしてくれるとこあったら弾くって言っててさ。それが今やなぁ、〇〇〇〇……」

原島「書けねぇっちゅうんだ、そんなこと（笑）。どうやって載せるんだ。お前、もめ事まき散らすためにこの話してるのかよ（笑）」

——仲野茂&スマイリー原島／『ROCK is LOFT』のインタビューより

ロフト事務所に居候したバンド事務所

ロフト事務所は一時期、ロック業界のバンドの駆け込み寺となった。たくさんの地方バンドや無名で貧しいバンドが連絡事務所をロフトに置いた。代表格はあるデザイン事務所に机を借りていた鈴木慶一とムーンライダーズだ。追い出されて行く場所がなかった。マネージャーの上村律夫から相談を受け、ロフト事務所に間借りさせたことがある。上村は毎日事務所にやってきて、コマーシャルの仕事を精力的に取ろうとしていた。加藤登紀子やアグネス・チャンの作詞・作曲、バック・バンドなんかも務めていた。とにかくメンバー全員の技術はすごいものがあり、センチメンタル・シティ・ロマンスと並んでバランス感覚に優れたバンドだった。その努力の結果、半年ほどでどんどんコマーシャルの仕事が入るようになり、1年後には金持ちになってロフト事務所を出ていった。

その次に居候(いそうろう)したのはルースターズのプロデューサー、柏木省三だ。よくも悪くも黒幕的存在で、めんたいロック系のバンドにその才能を遺憾なく発揮した。また、サンハウスからモッズ、ルースターズ、ロッカーズ、アクシデンツ、山善と世代間をつなぐジョイントの役目も果たした。彼は当時ルースターズの5人目のメンバーとも言われ、花田時代のルースターズと袂を分かった後は大江のソロ作品を手がけていくことになる。ルースターズはこの柏木との出会いによって後のバンドの方向性を大きく変えていったと言えるだろう。「柏木さんはサンハウスの初期に関わっていた人。そういう人だから信用できる」と、その頃大江がよく言っていた。めんたいロックの仕掛け人だった柏木は、酒で肝臓がやられても血を吐きながら酒をやめない豪傑だった。ライブで大江が精神不調で演奏できないとなるや、自身がステージに出て何か訳の分からない音楽をやっていた。山師だがどうも憎めない、今思えば不思議な男だった。

第六章

爛熟

新宿ロフト編 vol.2

新宿ロフト

1981.5→85.11

1981.5.「新宿ロフト」スケジュール

日付	出演
1日㊎	白竜
2日㊏・3日㊐	なぞなぞ商会
4日㊊	オレンジ・チューブ／スーパースランプ／The なかぞの
5日㊋	リザード
6日㊌	リューベン&フェニックス／クラウディ・スカイ
7日㊍	〈Go! Go! NIAGARA DJ PARTY〉大瀧詠一
8日㊎	ピンナップス／ノーコメンツ
9日㊏	ウシャコダ
10日㊐	東京 JAP（from Mr. Slim-Company）
11日㊊	暴威（BOØWY）LOFT FIRST LIVE!!
12日㊋	ツネマツマサトシ／ゲスト＝ミスターM
13日㊌	フールズ vs 保坂夏子（シャンソン）
14日㊍	フールズ vs 菅野ケンジ&アイスティック（ブルース）
15日㊎	チャクラ
16日㊏・17日㊐	〈サントミ LIVE Part.1〉富永憲司／柳家三語楼
18日㊊	三文役者
19日㊋	宇崎竜童
20日㊌	TENSAW
21日㊍	〈法定伝染病 G–G フルボリュウム Vol.4〉チフス／スターリン／チャンスオペレーション
22日㊎	外道
23日㊏	憂歌団
24日㊐	大塚まさじ
25日㊊	〈2nd アルバム『DRIFTIN』レコード発売記念コンサート〉カーティス・クリーク・バンド
26日㊋	オートモッド
28日㊍	レッド・バーレ（元スキャンダル）
29日㊎	ルースターズ
30日㊏	森田童子
31日㊐	BAD SCENE

●白竜は79年にシングル『アリランの唄／シンパラム』でデビュー。若き日の小室哲哉がキーボードで参加している『光州City』の収録曲に光州事件をテーマにした作品があり、これを憂慮した当時のレコード制作基準倫理委員会から発禁処分を受けたことでも知られる（後日、自主制作盤で発売された）。若者にはない渋さと重厚さ、アウトロー性を共存させたシンガーだった。俳優としても評価が高い。

●なぞなぞ商会は名古屋が生んだサブカル色の強いパフォーマンス・バンド。演奏中に突然客席に降りてきしめんを撒き散らすなど、そのステージは実にいろいろなアイデアを繰り出して面白かった。

●リューベンことリューベン辻野は実兄のデビー辻野とともにロックンロールサーカスやクリスタルボールといったバンドで活動後、ジャニーズ事務所所属のバンドだったスーパーエイジスに参加。その後Charのバック・ドラムを経て、リューベン＆カンパニーを結成。アイドル的な風貌と親しみやすいポップ・ソングで人気を集めた。

●暴威（のちのBOØWY）のデビュー・ライブはロフトだった。この日の集客は13人（男性9人、女性4人）という惨憺たるもので、その中にはのちにオーディションによりメンバーとなる高橋まこともいた。この10ヵ月後にファースト・アルバム『MORAL』でビクターからデビュー。

●「法定伝染病GIG」はハードコア・パンクの巣窟として定着し始めるが、だんだん過激になっていく。

●遠藤ミチロウ率いるスターリンは前身バンドの自閉体を母体として80年に結成。豚の頭や臓物を客席に投げつけたり、ハンドマイクで叫びステージ上で全裸になるなど、過激なパフォーマンスで話題に。

●チャクラは小川美潮、板倉文が在籍したバンド。80年代初頭に活躍したエスニック調ニュー・ウェイブは類を見ないもので、天に突き抜けるような小川美潮のボーカルが素晴らしかった。

●宇崎竜童はダウン・タウン・ブギウギ・バンドをこの年の大晦日に解体（解散）。次なる展開を模索していた時期にソロとしてロフトに出演。

●憂歌団は木村充揮（ボーカル・ギター）、内田勘太郎（ギター）、花岡献治（ベース）、島田和夫（ドラムス）からなるブルース・バンド。75年、トリオレコードのショーボート・レーベルからアルバム『憂歌団』でデビュー。99年以降は活動を休止しているが、木村は94年からソロで活動を開始。ロック、ポップ、ブルースにとどまらず、演歌、流行歌、ジャズ、民俗音楽に至るまでを歌い尽くしている。

1981.8 「新宿ロフト」スケジュール

1日㊏	スタークラブ／PTA'S／ゲスト=S-KEN
2日㊐	ウシャコダ
3日㊊	葛城ユキ&ソルティドッグ
4日㊋	モーリー・ロバートソン&ストイック
6日㊍	カーティス・クリーク・バンド
7日㊎	南佳孝
8日㊏・9日㊐	カルメン・マキ&5X
10日㊊	San-Diego
11日㊋	暴威
12日㊌	シネマ／茂村泰彦&ミスティブロック
13日㊍	TENSAW
14日㊎	イミテーション
15日㊏	ZELDA／ゲスト=ネオマチス(from 大阪)
16日㊐	〈ロフト・デー〉
18日㊋	KIDS／THE ZETT
19日㊌	友部正人
20日㊍	いとうたかお
21日㊎	ルースターズ
22日㊏・23日㊐	〈チャレンジ・ザ・ギネス24時間〜チャリティ・ロック・マラソン!〜〉BAD SCENE／ロッカーズ／山岸潤史&MYX
24日㊊〜29日㊏	〈FLIGHT 7 days〜インディペンデント・レコードレーベル・フェスティバル〉 ＊「7 days」と記載されているが6日間しかない
24日㊊	NON BAND／NORD／白石民夫 SOLO／スクリーン(from 平塚)／バグダッド・ハネムーン
25日㊋	水玉消防団／チャンス・オペレーション／プレッシャー／杉林サトシ／PTA'S
26日㊌	PUNGO／STIGMA(from 筑波)／ジャングルズ／PABLO PICASSO
27日㊍	スターリン／宮沢正一／ジル・ド・レイ／不失者(灰野+白井+渡辺)
28日㊎	非常階段(from 京都)／ぽぷらきん(from 滋賀)／N・G(from 京都)／アウシュビッツ(from 大阪)
29日㊏	I部=吉野大作&プロスティチュート／コクシネル／栄養ボーイズ／電動マリオネット(from 大阪) II部(オールナイト)=バナナリアンズ／スタークラブ(from 名古屋)／MARIA-023／陰猟腐厭(from 横浜)／ペイル・ココーン(from 富山)／SIGHINGP ORCHESTRA／カトゥラトゥラーナ／わんぱさらむぽろん／他
30日㊐	花之木哲と三文役者
31日㊊	ノーコメンツ／銀粉蝶

●あのBOØWYがまだ漢字の暴威を名乗っている。当時の彼らは5月のデビュー以降月一のペースでロフトでワンマンを開催しており、この月はまだ4回目の〝GIG〟だった。「俺は新宿ロフトで始まった人だからね。プレス・インタビューに、そう答えてきた。何かに迷った時、そのことはいつも俺自身に大切なことを再確認させてくれる。そんな原点を持っていることを誇りに思う。これから先もずっと——。あの地下のステージに立った日たちのことを忘れない」（氷室京介／『ROCK is LOFT』に寄せられたコメントより）

●BAD SCENEは8月22〜23日に行われた24時間チャリティ・ロック・マラソンに参加、9時間の演奏を行う。〈チャレンジ・ザ・ギネス24時間〜チャリティ・ロック・マラソン!〜〉はNTVの『愛は地球を救う』と連動してのライブで、BAD SCENE、ロッカーズ、山岸潤史＆MYXがそれぞれ8時間ずつライブを敢行。途中、司会の萩本欽一が激励に訪れたが、バンドが狙っていたライブの放映はなく、みんながっかり。私も徹夜で付き合ったが、ただただ疲れた。

●翌年はもう若くはないかまやつひろし（当時43歳）が挑戦。ステージに電話を持ち込んで24時間ライブをやった。

●大御所・泉谷しげるもよくシークレットでオールナイト・イベントをやっていた。途中ステージで倒れ、救急車で運ばれる場面もあったが、徹夜で10時間歌いっぱなしという苦行をよくやりきってくれたと思う。

●イミテーションは80年に元サディスティック・ミカ・バンドの今井裕が結成したバンド。その音楽は無国籍サウンドと称され海外でも人気で、当時のニュー・ウェイブ界隈では評価も高かった。確かにいいバンドだったが、ロフトでは客は全く入らず悲しい思いをした。

●カルメン・マキは春日博文らと組んでいたカルメン・マキ＆OZを77年に解散後、80年にカルメン・マキ＆LAFFを結成。しかし思うようにヒットを飛ばせず、この年にヘヴィメタルを志向するカルメン・マキ＆5Xへと発展解消。マキの凄みのあるボーカルはただただ圧巻だった。

●スカ・バンドのパイオニアと呼ばれるノーコメンツは80年にビクターからデビュー。その中心的存在であった佐原一哉は沖縄音楽や河内音頭といった伝統的な大衆音楽をプロデュースするようになり、ノーコメンツは自然消滅する。

●〈FLIGHT 7days〜インディペンデント・レコードレーベル・フェスティバル〉は、東京ロッカーズ以降の正統派ハードコア・バンドが一堂に会した。このイベントは、カメラマンの地引雄一、S-KENのマネージャーだった清水寛、シティロッカー・レコードの森脇美貴夫らが仕組んだ企画だった。この頃のロフトは、その主流をコアなパンクからニュー・ウェイブ・シーンへとシフトし始めていた。今振り返ってみれば、ハードコア・パンクはこの日を頂点として壊滅的・末期的状況に至っていく過程にあったように思う。

1982.4 「新宿ロフト」スケジュール

1日(木) 〈4-1 TOKYO PUNK DAY〉ガーゼ／ギズム／ルート66／アレルギー／ハロウィン

2日(金) 〈センチメンタル・ナイト〉サンバーン

3日(土) P-MODEL

4日(日) 森田童子

5日(月) 〈『蔵六の奇病』ライブ〉早川光と非常階段／スメラノミコト／シナップス&涙のラーメン・カルテット

6日(火) 〈スタークラブ 3R 若き暗殺者〉スタークラブ／オートモッド／コンチネンタルキッズ

7日(水) 加奈崎芳太郎

8日(木) 〈ロフト・デー〉ロフト新人発掘オーディション

9日(金)〜11日(日) 〈SWEET PRESENTATION FOR YOU 〜女の子バンド・フェスティバル〜〉

9日(金) ハネムーンズ／フラストレイトダンス／ジャジュカ／イーラ／コリーナコリーナ

10日(土) BATSU(元プラチナマスク)／サラドレイズ／彩蓮／中医電解カルシウム

11日(日) 水玉消防団／シャンプー／エバー1／サボテン

12日(月) 新生リューセンバーグ／東京ローズ

13日(火) MAD CAP／スピルカ／RISING

14日(水) チャクラ

15日(木) NON BAND／突然段ボール／白石民夫

16日(金) 〈KOOL SOLO LIVE〉鮎川誠

17日(土)・18日(日) アナーキー 2Days ＊オールナイト

19日(月) THE FACE／ルート66

20日(火) コンクリーツ／THE LIES／メトロファルス

21日(水) BOØWY

22日(木) 〈月夜の盗賊達〉友部正人／Uncle moon／西岡恭蔵&ハーフムーン

23日(金) TENSAW

24日(土) ARB

25日(日) 内田裕也 &トルーマン・カポーティ R&R BAND／シルバー・スターズ

26日(月) 〈精神工学変容〉ロスト／ロケーション／カレイドスコープ

27日(火) ETSU & ATOMS

28日(水)・29日(木) ロッカーズ 2Days

30日(金) 外道

●3月、暴威改めBOØWYがファースト・アルバム『MORAL』をビクター・インビテーションからリリースした。

●ロッカーズはこの年の6月2日、ロフトで解散コンサートを開く。76年に福岡で結成した当時はローリング・ストーンズのコピーを中心に活動していたが、ライブハウスで演奏するようになってからはラモーンズやニューヨーク・ドールズの曲を中心に演奏。当時は革ジャン、ジーンズといった服装のバンドが多い中、陣内孝則はデヴィッド・ボウイのようなグラム・ロック的なメイクに、カラフルなスーツを着込み、更にはマイク・スタンドを振り回すなどの派手なアクションによって注目された。

同時期に活動していたルースターズやARB、THE MODSといった硬派なバンドのライブの客層が男性客中心だったのに対し、彼らのライブには多くの女性客が集まり、興奮して、身につけていた下着をステージに投げ込むこともあった。ロッカーズの解散で、陣内のロックがもう見られないという悲しさで、私はちょっと落ち込んだ。

●アナーキーが2デイズのできるバンドにまで成長した。

●この年をもって、基本的にロフトはハードコア・パンクから撤退する。

●〈女の子バンド・フェスティバル〉は中医電解カルシウムをフィーチャーした女性ばかりの十数バンドを集めて敢行された。

●スタークラブは日本を代表するパンク・ロック・バンド。77年結成、87年からは東京に拠点を移す。オリジナル・メンバーのヒカゲを核とし、頻繁にメンバー・チェンジを繰り返しながらも30年以上のキャリアを誇る。これだけ長いこと人気を誇り、ロフトの宝であるスタークラブだが、私は一度もヒカゲ氏と話したことがないのも何かの因縁のように感じる。

●内田裕也＆トルーマン・カポーティR&R BANDのメンバー登場時のBGMは、郷ひろみの『男の子女の子』だった。

●コンクリーツはパンクの仕掛け人でもある清水寛のバンド。専門家には評価が高いバンドだ。メトロファルスは伊藤ヨタロウが81年にホットランディングを母体に結成。82年にKitchenレコードから20cmEP「SAKAMOGI SONG」を発表し、レコード・デビュー。伊藤は演劇・舞台との関わりも深く、大人計画の舞台の音楽を務めたり、グループ魂のプロデュースなども手がけている。

LOFT SHINJUKU 365-0698
SCHEDULE OCTOBER
NIGHTTIME
DAYTIME
アースシェイカー
大学祭 好評前売中！（at SHINJUKU LOFT）
●職業訓練大学 10／30(土) 4:00～7:00pm ㊥カルメン・マキ5X／GIMMI & THE PINKS／BOØWY ￥500
●東京水産大学 11／6(土) 4:00～7:00pm ㊥A・R・B／GIMMI & THE PINKS／BOØWY ￥700
●法政大学工学部 11／23(火) 4:00～6:00pm ㊥パンタ ￥700
LOFT・MEMBERS会員募集中！
LIVEを始めさまざまな特典のあるLOFT・MEMBERSに入会しませんか……
特典
①新宿ロフトLIVEのチケットが電話で予約できます
②音楽その他の情報をお知らせします
③ロフト全店のボトルキープが10%引きとなります
④Tシャツ・トレーナー等ノベルティのプレゼントがあります
⑤その他さまざまな企画を用意しています。
入会金 300円・有効期限一年・くわしくは各ロフトの店員まで

LOFT SHINJUKU 365-0698
SCHEDULE DECEMBER 12
NIGHTTIME
DAYTIME
アナーキー
年末・年始パーティー格安受付中！
人数（10～50人）予算その他相談に応じます。
●下北沢ロフト (412)6990 ●自由ケ丘ロフト (717)9699
☆下北沢ロフトはLIVEパーティーもOKです。(PA機材つき)
LOFT・MEMBERS会員募集中！
LIVEを始めさまざまな特典のあるLOFT・MEMBERSに入会しませんか……
特典
①新宿ロフトLIVEのチケットが電話で予約できます
②音楽その他の情報をお知らせします
③ロフト全店のボトルキープが10%引きとなります
④Tシャツ・トレーナー等ノベルティのプレゼントがあります
⑤その他さまざまな企画を用意しています
入会金 300円・有効期限一年・くわしくは各ロフトの店員まで

1982.9 「新宿ロフト」スケジュール

1日㈬ アースシェイカー
2日㈭ 友部正人
3日㈮ 〈グレードアップ初コンサート〉
葛城ユキ&モビー・ディック
4日㈯ 〈回天編〉天（元ダディ竹千代&東京おとぼけ CATS）
5日㈰ E.D.P.S.（ツネマツマサトシ）
ゲスト=吉野大作&プロスティチュート
6日㈪ 東京ローズ／他
7日㈫ 〈京浜ビート合戦 Vol.2〉ナイジェル／スクリーン
8日㈬ 爆風銃
9日㈭ GIMMI & The PINKS／エド&ジャミング
10日㈮・11日㈯ パンタ
12日㈰ 〈4th アルバム『SHUT UP』発売記念 G—G〉
スタークラブ
13日㈪ 有山淳司+内田勘太郎
14日㈫ 〈革ジャンとリバプール Vol.3〉TROUBLE
15日㈬ ZELDA
16日㈭ BAD SCENE
17日㈮ 無限水路／喝タルイバンド
18日㈯ BOØWY
19日㈰ 森田童子
20日㈪・21日㈫ ルースターズ 2Days
23日㈭・24日㈮ 〈消毒 G—G特別編ハードコアパンクス 2Days〉
＊これよりハードコア・パンク勢をロフトから締め出し
23日㈭ ギズム／カムズ／マスターベーション（from 京都）
24日㈮ ガーゼ／EXECUTE／ラフィン・ノーズ（from 大阪）
24日㈮ ウシャコダ
25日㈯・26日㈰ アナーキー 2Days
27日㈪ 〈STRONG ROCKER SURVIVAL GIG〉
ジャングルズ／コクシネル
28日㈫ PENGUIN
29日㈬ 〈TELEGRAPH GIG Vol.1〉
カトゥラトゥラーナ／オートモッド
30日㈭ TETSU & ATOMS

●葛城ユキは80年にファースト・アルバム『寡黙』をリリース。83年にCHAGE and ASKAの飛鳥涼がポプコン出身の歌手・大友裕子に提供した『ボヘミアン』をカバーして大ヒット。ロフトへの出演はそのブレイク前夜だった。

●爆風銃（バップガン）は爆風スランプの母体となったバンドの一つ。81年、ファンキー末吉（ドラムス）、ホッピー神山（キーボード）、スティーヴ エトウ（パーカッション）を中心に結成されたファンク・バンドだ。ホッピーとスティーヴは後にPINKを結成してメジャー・デビューを果たしている。

●パンタ、ルースターズ、アナーキーが2デイズをやりきれた。「新宿ロフトで2日間ワンマンをやって成功すると、メジャー・レコード会社から契約金つきで所属バンドの誘いが来る」とアマチュア・バンドの間で静かな話題になった。

●パンク・ニューウェイブが主流のスケジュールの中に、友部正人、森田童子といったフォークシンガーが入っているのが異色で面白い。こういう部分に「いい音楽にジャンルは問わない」というロフトのポリシーを見て取ることができる。

1983.5 「新宿ロフト」スケジュール

日付	出演
1日(日)・2日(月)	〈ロンドン 2TIMES〉Roodys／NIGHT-KNIGHT
3日(火)	〈『世紀末キャバレー』レコーディング LIVE〉オートモッド
4日(水)・5日(木)	〈"酔いどれ天使達へ"山口冨士夫 LIVE パーティー Vol.1・Vol.2〉ゲスト多数
6日(金)	〈Girl Girl Girl キャンパス編 Vol.2〉
7日(土)	アナーキー
8日(日)	P-MODEL
9日(月)	アレルギー
10日(火)	MUZEUM
11日(水)	ROGUE
12日(木)	〈ロフト・ソウル・プレゼンツ〉JOY／スタンディング・オベイション
13日(金)	カーティス・クリーク・バンド
14日(土)	ヒカシュー
16日(月)	フロマージュ／ゲスト＝Kenso
17日(火)	〈MODS MAYDAY '83〉
18日(水)	アンセム／MARINO
19日(木)	1984(柏木／安藤／花田／井島／井上)
20日(金)・21日(土)	〈ロフト ハードナイト 44 MAGNUM on Stage 2DAYS〉44MAGNUM
22日(日)	スタークラブ
23日(月)	泉洋次／Ass Kick(元G・SPOT)
24日(火)	BOØWY
25日(水)	BAD SCENE／FACADE
26日(木)	E.D.P.S.
27日(金)	〈ネオサイケデリック TRIP!〉THE PETS
28日(土)・29日(日)	〈夢幻会社設立記念 LIVE 2DAYS〉モモヨ／秋山勝彦(元 P-MODEL)／他
30日(月)	サワキカスミ＋火の宮／ゲスト＝キャバレッタ／スワット
31日(火)	〈CASE OF TELEGRAPH Vol.8〉すきすきスウィッチ／カトゥラトゥラーナ

●アレルギーのロフト登場はセンセーションだった。活動期間は81～85年。メンバーは、宙也（ボーカル）、小野昌之（ギター）、U子（ベース）、荒木康弘（ドラムス）。81年9月、初ライブの新宿ジャムで1万円札のコピーをばらまき一躍話題を集める。宙也の独特のボーカル、スリリングなプレイ、サウンド、圧倒的なパフォーマンスでパンク／ニュー・ウェイブの先鋭的ライブ活動を展開。ロフトでは「副都心～副作用第二幕劇」「スペースシードG－G」というシリーズ・ギグを行い、84年10月27日に行われたロフトでの最後のギグは後に音源化された。その後、宙也はBOØWY解散後の高橋まことらとともにDe＋LAXとして88年8月にメジャー・デビュー。2度の武道館ワンマン・ライブを成功させ、Jロック・シーンの頂点を極めるが、惜しまれつつも99年3月に解散。現在はDe＋LAXを再結成し、これとは別に自ら率いるLOOPUSを並行して活動させている。私はとりわけライブで強い存在感を放ったアレルギーに対して思い入れが強く、モヒカン刈りのU子の踊るようなベースが好きだった。

「気がつくとアンタは、そこにいる。互いに波長が合ってた頃、俺はアンタとよく飲み明かした。それからは、マイペースだな、お互い。落ち込んだ時、壊れそうな時、何か新しいことを始める時、いつの間にか会ってる。しばらく会ってなくてもOK。会う時は、分岐点だったり、ターニング・ポイントだったり、ピークだったり、どん底だったりね。アンタは俺の興奮剤。俺はアンタの刺激剤。いわば、真黒な糸で結ばれた悪友（ソウルメイト？）。気がつくと俺は、そこにいる」（宙也／『ROCK is LOFT』に寄せられたコメントより）

●恒松正敏はフリクション脱退後、82年にE.D.P.S.（エディプス）を結成。サウンド重視の落ち着いたバンドだった。

●火の宮は、のちに太陽レコードの創設者のサワキカスミが率いるパンク・バンド。ブレイクはしなかったが、「行政改革！行政改革！」と日の丸のハチマキを締めて頑張っていた。

●モモヨはリザード解散後、不動産屋になった。

●BOØWYと同じく群馬出身のROGUE（ローグ）は、屋根裏で大きくなったバンド。セールス的に成功したとは言いがたいが、彼らに次いでデビューしたBUCK-TICKを含め、群馬が生んだ3大バンドの一つと言えるだろう。

●カーティス・クリーク・バンドはインストゥルメンタル・バンドで、ロフトには合わないとスタッフからも言われたが、私が聴いていて安心できるし、気持ちがいいので毎月声をかけていた。

1983.12 「新宿ロフト」スケジュール

1日(木) 〈東京ネットワーク〉メトロファルス／BAO-BAB
3日(土) ヒカシュー
5日(月) 火の宮／BOZE
6日(火) アレルギー
7日(水) 武蔵工大バチュラー7
8日(木) ダンガンブラザーズ／Nothing Personal
10日(土)・11日(日) PANTA
12日(月) 十二単衣／三文役者
15日(木) 〈OKジョン、あとはひきうけた〉カステラパーティー
16日(金) MARINO
18日(日) 〈アッパーカットデラックス 〝3日で歴史を見せてやる〟オープニング・デイ〉ARB
20日(火) センチメンタル・シティ・ロマンス
21日(水)〜30日(金) 〈年末2DAYSシリーズ〉
21日(水)・22日(木) 〈シェイカーパニック'83『ブロンディガール』ファイナル〉アースシェイカー
23日(金)・24日(土) 〈'83 SAYONARA 2DAYS〉アナーキー
25日(日)・26日(月) 〈新進座劇場『狼少年』追加公演〉森田童子
27日(火)・28日(水) 〈ビロードの島・大冒険〉ゼルダ
29日(木)・30日(金) 〈BOWWOW LIVE 2DAYS〉BOWWOW
31日(土) 〈恒例LOFT SPECIAL '83〜'84〉【1部】E.D.P.S.／アレルギー／シスターM／コリーナ・コリーナ／くじら／突然段ボール【2部】オートモッド／P-MODEL／BAO-BAB／MUZEUM／メトロファルス

●ARBがロックの最高峰、日本武道館へ向かって躍進していく。〈アッパーカットデラックス〝3日で歴史を見せてやる〟〉は、新宿ロフト、後楽園ホール、渋谷公会堂で行われたエポックなライブ。この年の9月に田中一郎が脱退し、BOWWOWの斉藤光浩が加入した時期だが、すでにライブハウスでは圧倒的人気を誇った。BOØWYが出てくるまで、ロフトでは天下を獲っていたと言っていいだろう。

「『他の売れているバンドのように洋楽のサウンドをパクってラブソングを歌え』と言われたが、書きたい詞やサウンドにこだわりがあり、頑なにそれを拒否した。売れることに抵抗していたわけではなく、自分たちのロックを忘れずにお茶の間に入っていきたいという思いがあったからである」（『表現者石橋凌』石橋凌・著・監修、キネマ旬報社刊）

●「メトロファルスはホントよく出たよね。80年前半は特にね。パンク／ニュー・ウェイブ的な流れの中で、タテノリ・ビート全盛の時代にあちきアマノジャクだからヨコユレ心がけたり…今じゃ当たり前かもしれないけど大晦日に渋谷のライブハウスとかけもちでオールナイトに出たりで」（伊藤ヨタロウ=メトロファルス／『ROCK is LOFT』に寄せられたコメントより）

●「東京ロッカーズを見に行ったこと、その周辺のバンドが大挙して参加した企画『ドライブ・トゥ・80'S』に参加したこと。フレッド・フリスとの共演などが思い出深い」（蔦木栄一=突然段ボール／『ROCK is LOFT』に寄せられたコメントより）

1984.2「新宿ロフト」スケジュール

1日㊌ ジェリコ Shuffle
2日㊍ Street Gang／Narth of Tension
3日㊎ 突然段ボール／PABLO PICASSO
4日㊏ VOICE & CHOICE 解散コンサート
5日㊐ P-MODEL
6日㊊ 〈Black and Easy〉マーキークラブ／Starfuckrs／Scanty
7日㊋ 〈カクテル1〉チャンスオペレーション／チニギスハントレッド／マッサージ
8日㊌ オートモッド
9日㊍ 〈レコード発売記念 Live〉Yellow's Beat／エキセントリックノイズ
10日㊎ 〈CALPIS HOT LIVE FESTIVAL〉アルファベッツ
12日㊐ リザード（モモヨプロジェクト）with サイキックス
13日㊊〜16日㊍ 〈ロフト・メタル・プレゼンツ・ウィーク〉
13日㊊ シーザース（元OIL）VS十二単衣
14日㊋ メデューサVSサブラベルズ
15日㊌ アンセムVSブロディ
16日㊍ スナイパーVSアウトバースト
17日㊎ X-RAY
18日㊏・19日㊐ 〈Battle of Metal レコード発売記念コンサート〉
18日㊏ ハリースキュアリーVSセクシャル
19日㊐ MARINO VS RAJAS
20日㊊ 〈偉大なる兄弟〉１９８４
21日㊋ 〈2:00am・EXIT・ONE GIRL〉KNIGHT-KNIGHT／プラモデル／COX COM
22日㊌ ポイズンポップ
23日㊍ 米米クラブ／サボテン
24日㊎ 〈カッパ音楽会 Vol.2〉くじら／SHABA
25日㊏ E.D.P.S.
26日㊐ ヒカシュー
27日㊊ メトロファルス
28日㊋ ハートビーツVSダンガンブラザーズバンド
29日㊌ MUZEUM

●メタル勢が大挙ロフトに押し寄せてきた月だ。これはロック評論家・大野祥之の「関西ヘヴィメタル東京殴り込みギグ」の企画だった。X-RAYはこれが3度目のロフト・ワンマン。彼らはヘヴィメタル・シーンが活気づいた83年にアルバム『魔天〜HARD SECTION』でデビュー。デビュー当時、まだ17歳だった湯浅晋の技巧的かつメロディアスなギター・プレイが話題を呼んだが、86年に解散。

●米米クラブ（のちに「米米 CLUB」）は82年、文化学院の学生だった石井竜也（カールスモーキー石井）と小野田安秀（ジェームス小野田）、大久保謙作（BON）、得能律郎（ジョプリン得能）らが中心となり結成。85年10月にシングル『I・CAN・BE』でデビューするまで、ロフトのようなライブハウスにも出演していたのだ。当時からシニカルな笑いを誘う石井竜也のMCが冴えていたことはよく覚えている。

●『１９８４年』は全体主義国家によって統治された近未来世界を描

いたジョージ・オーウェルの代表作だが、めんたいロックの育ての親と言うべき柏木省三は「1984」というバンドを82年に結成した。（村上春樹の『1Q84』より27年早い）。中身は大江慎也を除いたルースターズで、映画『爆裂都市"BURST CITY"』のサウンドトラックを担当したことがきっかけで生まれた。

1984.12 「新宿ロフト」スケジュール

1日㊏ 〈DEATH HEAD CLUB Vol.3〉パイディア／あぶらだこ／マリーンコーニア

3日㊊ 〈WINTER MADNESS〉PABLO PICASSO／LOODS／キャー↓

4日㊋ ECHOES

5日㊌ SCANTY／ACE'S TONES

6日㊍ アパルトヘイト／レジスタンス

7日㊎・8日㊏ 〈PUT TO SHAME Vol.2〉

7日㊎ SPERM／THE PRIVATES

8日㊏ KENZI(from 札幌)／Rose Jet's(from 名古屋)／WILLARD

8日㊏ 【ALL NIGHT】ハイディナッシュ／分裂／アイソレーション／JOY OF A TOY／GIG／他

10日㊊ ANGELS(佐藤秀光 ds.＝元 COOLS)

12日㊌ 〈SHAKER PRESENTS・FAVOURITE SONGS〉マーシー／シャラ／カイ／クドー／他

13日㊍ 〈レコード発売記念 LIVE〉ニウバイル

14日㊎ 〈PERSONAL MODEACT 1～T.V. AGE〉PERSONZ

15日㊏ 〈ヴェクセルバルク ナイトパーティ Vol.2〉オートモッド

16日㊐ 〈DRIVE LIVE〉MODERN DOLLZ

17日㊊ 〈心優しき叛逆者たち Part.4〉OUT BURST

18日㊋ 十二単衣

19日㊌ 〈FARWELL TO '84〉THE SHAKES

20日㊍ 〈橋本ミユキ デビュー記念ファーストライブ〉橋本ミユキ

21日㊎・22日㊏ 〈因果律ランダムパーティ・LAST〉

23日㊐・24日㊊ 〈ターゲット・ツアー2〉マリノ 2DAYS

25日㊋・26日㊌ 〈全国ライブハウスツアー '84 in LOFT〉アナーキー 2DAYS

27日㊍・28日㊎ 〈HELLO NEW PUNKS JAPAN TOUR '84〉スタークラブ 2DAYS

29日㊏～31日㊊ 〈'84 LAST TOUR〉スターリン 3DAYS

31日㊊ 【ALL NIGHT】〈ロフト フレンズギグ スペシャル〉シゲル、マリ、伸一、コバン、寺岡(以上、アナーキー)／ミツグ、ジル、ホンダ、ベニ(以上、PERSONZ)／ハートビーツ／ジュネ(オートモッド)／他

●12月はライブハウスの稼ぎ時だ。忘年会シーズンで貸し切りが多くなる。「1年間の総決算をせよ」とバンドに迫る店側のブッカー。人気があるバンドは2デイズ以上を組んでもらう。大晦日は昼、夜、オールナイトの3部構成でバンドを集めた。

●この月は何といってもスターリンの3デイズが圧巻だった。最終日には遠藤ミチロウがMCで「スターリンはこれで終わりだ!」と絶叫。実際、年明け早々に解散を発表した。ラスト・ライブは2月に調布大映撮影所で行われた。メジャー・デビュー後はセールスも好調だっただけに、とても惜しかった。

「新宿ロフトと言ったら、楽屋の入り口の階段だ。あそこでいつも悪いことばかり考えていた。地下のドアの向こうから、先にやってるバンドの音が聴こえる。ドアを誰か開けるたびに、大音響が漏れる。そのたびにイライラして、自分の出番を待っていた。早く来ねぇかなって! 何も待っていない今は、次々とドアを開けるしかないだろう! ああ、何て疲れるんだ」(遠藤ミチロウ/『ROCK is LOFT』に寄せられたコメントより)

●今や作家として名高い辻仁成のECHOES(エコーズ)が出演している。何かのきっかけで「〝ECHOES〟って名前がイマイチだよな」と私が発言したことがあって、それに対して辻はいろいろなところで反論してきた。ロフトは名前が気に入らないと音も聴かず出演させない……そういう噂が飛んだ。だが、名は体を表すと言うではないか。確かに名前だけでバンドの良し悪しを判断するのは私の悪い癖だが、名前が格好悪いと印象まで悪くなるのは私だけだろうか。ロックを名乗る以上、軟弱なバンド名はどうも気に食わないのが私の信念だ。

●PERSONZのジルやZELDAの小嶋さちほは東京ロッカーズの頃からロフトに出入りしていて、いつも裏口からタダで入っていた(有料客よりタダ入り客のほうが多かったりする日がたくさんあったのだ)。PERSONZはほぼロフトに出入りしていた面々で83年に結成された。マネージメントをARBオフィスが手がけ、87年にメジャー・デビュー。2年後に大ヒットした『DEAR FRIENDS』はBOØWY以降のバンド・ブームを象徴するような曲だ。

「良くも悪くも僕らの青春時代の数年間は、ロフトに在った。大抵こういう場合、甘かったり、酸っぱかったり、ほろ苦かったりするものだが、ロフトの場合はやっぱり、紙コップで飲んだ『ブラックニッカ』の味だ。時間が経つと外のロウが染み出してすっかりクタクタになった紙コップの酒は、少しも美味しくはなかったけれど、そうなる頃には大抵みんな酔っぱらっていて、よく憶えていない」(渡辺貢=PERSONZ/『ROCK is LOFT』に寄せられたコメントより)

THE ROOSTERZ
ONE WEEK
PERSON TO PERSON
AUG. 27(MON)-SEP. 2(SUN)

8 ROOF TOP

HAPPY BIRTHDAY
DEAR GUITARIST
AUTO-MOD/THE PETS
FEB. 2(SAT)

2 ROOF TOP

ARB JAM PRESENTS
III-DAYS
MARCH. 15(FRI)-17(SUN)

3 ROOF TOP

1985.11 「新宿ロフト」スケジュール

日付	出演
1日㊎	〈It's a Romantic Revolution for the Modern Age〉 PERSONZ
2日㊏	〈バロックサーカス Vol.3 レコード発売記念ライブ〉 マダム・エドワルダ
3日㊐	BL.WALTZ ／ナーヴカッツェ／ IN-Formation
4日㊊	ティラノザウルス／ LEGS
5日㊋	SCANTY ／ ALIVE
6日㊌	〈DEAD END LOVE Vol.2〉パイディア
7日㊍	SOFT BALLET（ex. VOLAJU）
8日㊎	FOOLS
9日㊏	〈知らない世界〉ACCIDENTS ／ゲスト＝CLAN
10日㊐	〈兆 KIZASHI Vol.2〉リザード／ゲスト＝バルバラ
11日㊊	チーボー（ex. イミテーション）／ D-DAY
12日㊋	〈レコード発売記念ライブ〉GOD ／スーサイド
13日㊌	赤と黒／三文役者
14日㊍	〈レコード発売記念ライブ〉STILL ／ ゲスト＝オルゴール
15日㊎	Jie-SKIPS ／レピッシュ
16日㊏	〈SINGER JUNKO DEBUT LIVE TOUR〉三原じゅん子
17日㊐	ハートビーツ
18日㊊	〈ノイローゼナイト 第1夜〉 マネキン／ノイローゼ／ニウバイル／バルバラ
19日㊋	ACE'S ／レジスタンス
20日㊌・21日㊍	〈インディーズ・ハルマゲドン〉有頂天／ ばちかぶり／ゲスト＝伊藤セイコ
22日㊎	〈1986東京パンク～カムズ復活記念 G－G〉 COMES ／ RAP
23日㊏	ローザ・ルクセンブルグ
25日㊊	〈Make You Feel Like Dancing〉THE SHAKE
26日㊋	〈AMBLIN TIME Act.1〉ゾルゲ／コーマ／ ヒステリックダンス
27日㊌	Sensational Fictions
28日㊍	アンジー（from 博多）
29日㊎・30日㊏	〈DYNAMITE KICKS・池畑潤二 2DAYS〉
29日㊎	山部善次郎＆ミッドナイト・スペシャル
30日㊏	ZERO SPECTRE

●今や参議院議員となった三原じゅん子だが、この頃に何を血迷ったかヘヴィメタル・シンガーとして再デビューしており、楽曲提供をしていたアースシェイカーがロフトの常連だったこともあってブッキングをした次第。

●有頂天は THE WILLARD、ラフィン・ノーズとともにインディーズ御三家と呼ばれたテクノポップ・バンドだ。リーダーの KERA はケラリーノ・サンドロヴィッチとして舞台演出の世界で大家となってしまったが（99年に岸田國士戯曲賞を受賞）、有頂天時代からライブの中にコントや演劇的要素を織り交ぜていた。KERA の興したナゴムレコードからは、筋肉少女帯、人生（電気グルーヴの前身）、カステラ、たまなど錚々たるバンドを輩出し、インディーズ・ブームを巻き起こした。

「有頂天では3daysやら7daysやらをよくやらせて頂いた。僕が主宰していた個人レーベル、ナゴムレコードのシリーズ・ギグ〝ナゴム・ナイト〟では、カステラVSたまとか、何かともかく思い出せないくらいいろいろやらせてもらった。最初の頃の店長の秋村さんとかいう人とはソリが合わずによくケンカした。って言っても口ゲンカだけど。だって絶対売れねぇとか言うんだもん。でももう怒ってません」（KERA／『ROCK is LOFT』に寄せられたコメントより）

●ばちかぶりは、そのナゴムレコードに所属していたパンク／ファンク・バンド。ボーカルは、今や俳優として知られている田口トモロヲ。彼がばちかぶりの前にやっていたガガーリンというパンク・バンドは、ライブ中にご飯の入った炊飯器に脱糞するパフォーマンスが伝説となっている。

●池畑潤二はルースターズ脱退後にZERO SPECTRE、山部善次郎＆ミッドナイト・スペシャルに参加。彼もARBのキース、アナーキーの仲野茂と並んでロフト深夜の常連だった。ルースターズのプロデューサーだった柏木省三がロフトの事務所に間借りしていたこともあり、九州のバンドにライブをやってもらう「LIVE092」（「092」は福岡の市外局番）というイベントをロフトで定期的にやっていた。

WONDERFUL FIEND
WILLARD II-DAYS
JULY.6(SAT)-7(SUN)

7 ROOF TOP

MACHIDA MACHIZO
&
JINMIN OLYMPIC SHOW
VERY CHEAP CONCERT
OCT.6(SUN)

10 ROOF TOP

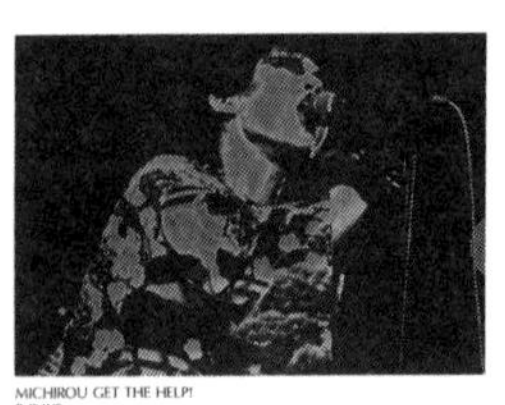

MICHIROU GET THE HELP!
II-DAYS
DEC.28(SAT)-29(SUN)

12 ROOF TOP

ライブハウスの大型化と大手商業資本の参入

80年代に入ると、ヤマハの「渋谷エピキュラス」、テアトル東京の「渋谷ライブ・イン」、80年代後期には日清食品の「パワーステーション」と、いわゆる大手資本による大型ライブハウスが次々にオープンしていく。この大手資本の参入は、98年のパワステの突然の閉鎖に象徴されるように、運営に関わる音楽スタッフのロックへの愛情は別にして、ロックに対する尊敬や造詣(ぞうけい)の深さで成り立つ空間の創造とはちょっと違っていた。もちろん大手資本のライブハウス経営参加には街の小さな手づくりライブハウスが太刀打ちできるはずもなく、それどころかその風潮に飲み込まれるように元来ライブハウスが持っていた雰囲気を失っていったように思えた。

客が入るバンドの争奪戦が激しくなり、それまでの私たちや表現者の「いい音で聴きたいから少しでもいい環境にしたい」というポリシーが、音楽環境をこうしなければ、この機材を使わなければ動員力のあるバンドが出演してくれないといった形に変容していった。

確かにこれら非創造的な空間の出現にはそれなりの理由があった。それまでの大型イベントができる会場のほとんどは、東京では渋谷公会堂、新宿厚生年金会館（2010年閉鎖）などの公共ホール、後は日比谷野音くらいしかなかったのだ。

とはいえ、巨大ライブハウスには公共ホールにはない多くの利点があった。音響や照明機材を持ち込む必要がなく、飲食もできる。さらにはテレビやラジオの放映施設まであったりして、何とも使い勝手がよかったのだ（ただし、ライブ入場料も格段に上がった）。しかし、そんな日本のロック状況でくすぶり続けたフラストレーションが臨界点に達し、間もなくパンク・ロックの怒濤の進撃が始まるのだ。

無謀な状況、ハードコア・パンク

83年末、日本のパンク・シーンが正統派の東京ロッカーズ（フリクション、S-KEN、リザードなど）からハードコア・パンクにその主流を譲って1年以上経った頃、あまりの無謀な状況に、ロフトはハードコア・パンクから総撤退（駆逐）することを決意した。確かにそのパフォーマンスがどれだけ過激であれ、そこから噴出するエネルギーとサウンドのマッチ・バランスが成立していたときのハードコア・パンクは非常に素晴らしいものがあった。しかし、撤退する最後の局面では、演奏者と客はただの混乱を期待する連中の集まりでしかなかった。

その頃の演奏風景とはこんなものだった。演奏が始まるとステージから客に向かってビール瓶やドラムのスティックが投げられ、ぎゅうぎゅうの客席に向かってシンバルまで水平に飛び、客席からビール瓶やコーラ缶が投げられ、最後は傘まで水平に飛んだ。全国のライブハウスで飲料容器がグラスから紙コップに替わったのもこの頃だ。ステージは照明の明かりで物が飛んでくるのを避けることができない。実に危険な状況が何度も繰り返される事態に、私はほとほと嫌気が差していたのだ。ビルのオーナーや付近住民からの抗議もあり、私は腹を決めた。「もうこれは限界だ。彼らパンクスたちは私たちとの事前の約束すら反故にする。大事故を避けるためにもハードコア・パンクのライブをやめるしかない」。何とも憂鬱な決断だったことを今でも鮮明に覚えている。

パンクの仕掛け人・地引雄一との対話——2

「平野さんが『ロフトではハードコア・パンクはやれない』と言いだした頃のことはよく覚えてる。たとえばスターリンのライブでは会場全体が興奮の坩堝と化して、消火器をまくわ、物は飛んでくるわ、イスやテーブルは壊されるわ、『最後はこの客たちに殺されるのか⁉ って思った』と言っていたけど、俺たちはそういうすごい現場にいたんだって思うと背筋がぞくぞくするよね」

地引雄一はそう語り、小屋主であった私はそれらの事件の数々を悪夢のように思い出していた。

「今の時代、パンクの存在意義があるのかね？」という私のきつい問いかけに対して、地引はこう答えた。

「なぜ俺があの時代、パンクというものに惹かれていったのかというと、70年代にいわゆる全共闘運動に象徴されるように〈政治の季節〉があって、その運動が敗北して行き詰まって世間の若者が三無主義、虚無主義（何をやっても変わりはしない、だから何もやらないのが一番）に傾倒していった。そのときにパンクが台頭したんだよね」

「そんなクソみたいな時代の中で俺はありもしない理想の社会を夢見てしまった」と自嘲的に笑う私。

「そう、現実の社会に不満を持つ者は理想の社会というか、別の社会、別の場所、別の世の中を求めるしかない。よりよい社会体制というものを夢見ていたわけ。そういったものに対してのアンチテーゼ（反対意見）の発露がパンクだったと思う」

パンクの仕掛け人・地引雄一との対話――3
～スターリンと町田町蔵の魅力～

地引は言う。「外国ではセックス・ピストルズやストラングラーズがパンクの筆頭だったけれども、日本ではスターリンのミチロウや、町蔵（現・町田康）を最初見たときにパンクだと思ったんだよね。町蔵はケンカに弱いんだけど、不良だったたね。どっから見ても自分をむき出しにしている野性的な奴だった」

「うん、俺も町蔵を最初見たときのインパクトはすごくて、こいつ不良だなって思ったよ。確かまだ高校生だったよね。学生服を着てた。俺たちスタッフはクソ生意気な奴だなって思ったし、そのスタンスといい、サウンドといい、文句のつけようがなくって、すごくショックだったのを覚えているよ。でも、『ケンカは弱いけど不良』って面白い言い方だね。俺はこの男の音楽性は認めるけど、好きにはなれなかった」

「彼とロフトで会ったとき、目の周りが真っ黒で、身体中あざだらけなんだよ。新宿でヤクザとケンカして殴られたって言っていたけど、ガードは一切しないんだ。いつも存在感に迫力があってね。芥川賞を獲って〈文豪〉になってしまってからは知らないけど、社会的立場とか、肩書とか、そういうものを一切捨てて、裸のまま世の中と対峙していくんだという意志が強く感じられたんだよね」

「70年代末期、閉塞感の漂う東京で日本のパンクが反体制行動に向かわなかったのは……？世界のパンクの流れは反体制運動とリンクしていたというのに。だから日本のパンクは所詮ファッションじゃないかって言われるわけなんだ」

「高度経済成長の中であっても、アルバイトで飯は食えるし、仕事はあるし、普通に生活できる奴ばかり。じゃがたらのアケミはインタビューで『俺たちの前には飢餓感とか危機感があって、そこには満たされないもの、満足できないものが多くあるんだよ。だから俺は音楽をやっているんだ』と言っていたけど、よく考えると、時代は絶望、虚無主義が覆っていて、町蔵もアケミもそこを何とか埋めようとして創作活動を始めているように思えたんだ」

「日本のパンクが獲得できたものって、何だと思う？」

「日本の場合、直接的に政治問題や環境問題などに自分のメッセージをぶつける局面はあまりなかったんだけど、70年代的な政治言語とは違うものがパンクから生まれて、オウム事件や酒鬼薔薇事件、いじめ、自殺の多発などを経て9・11の同時多発テロ以降の世の中に入っていったんだと思う」

「ということは、80年代のパンク・シーンは今の世界を予言していた?」

「平野さんが『ロックの命はビートだよ。出す音が格好よければみんな認めてしまう習性が自分にはある』って言っていたじゃない。何かその言葉が昔を思い出す感じになって、面白かったんだけど……」

「それはね、俺ってジャズから70年代フォーク、ロックに入っていったんで、どうしてもボーカル中心に聴く癖がある。いつもウチのPAに文句を言っていたんだ。バカヤロー、ボーカルが何歌ってんのか分からねぇ! って。そうしたら、PAチームから『ボーカルは楽器の一部なんですよ。ボーカルが何を言っているのかではなく、楽器の一部として聴いてください。ギターやドラムと同じなのです。これが今のロックです』って言われたんだ」

「確かにあの時代、よくそう言われたよね。まぁ、今の意見は極論としても、あの時代にいいボーカリストがパンクの中にほとんどいなかったせいもあるんだけど……」

「それは言えてる(笑)」

先鋭化するパンク・シーン

ハードコアとは、「不良」「チンピラ」といった意味が込められたアメリカの俗語がもとになっているらしい。元々は英語で「筋金入りの」「過酷な、厳しい」といった意味の形容詞だ。パンク・ロックから派生した音楽であり、攻撃的な歌詞と性急なビートが特徴だ。

　オリジナル・パンクの社会批判などの主張や、荒々しいサウンドなどをより過激に追求していったバンドを「ハードコア」という言葉で形容したのが始まりだった。つまり、パンクの新たな道を追求する「ニュー・ウェイブ」に対し、オリジナル・パンクのスタイルを頑なに守り、それをより深化させてゆく（筋金入り＝ハードコア）ということだ。見るよりやるほうが面白いというロック解放主義者（アナーキスト）が各世代（10〜40代）に挑戦状を叩きつけたように思える。ハードコアは自分自身をも疑い、解体・破壊という現状を徹底的に叩きのめし、この世の閉塞感に対するフラストレーションを爆発させた。

　日本のパンクが一番荒れていた時代の代名詞的存在として「法定伝染病GIG」「消毒GIG」というシリーズ企画があった。出演：ガーゼ、チフス、奇形児、アスピリンなんていうラインナップを見た人に「病院関係のライブですか？」と訊かれたこともあった。毎日ロフトの前にはとバスが止まった。西口の小滝橋通りの一角は、髪の毛を逆立てて、鎖をジャラジャラさせた黒装束の異様なパンクスで溢れた。このハードコア・パンクの末期的な時代になると、お客さんは音楽を聴くためではなく、乱闘や混乱を楽しみにライブへやってくるようになった。場内乱闘で怪我人が出るし、救急車は毎日呼ぶし、火災報知機が鳴って消防車が来る散々な日が続いた。

　日本のパンクの祖と言うべきじゃがたらの江戸アケミは、ステージから「商業主義ロフトを潰せ！」とアジり、客席に白蛇を放ったあと、その日のロフトの売上金を盗んで去った。その蛇は長年ロフトの地下に住みつき、ロフトの守護神となったと言われた。だが、ライブの内容は手放しで素晴らしい演奏だった。一方のパンクの雄・FOOLSもすごかった。客がロフトに集まってきたのに、「これから銭湯に行ってくる」と言って手ぬぐいをぶら下げてどこかへ行ってしまったのだ。これにはさすがの私も怒った。だが、こういう不良バンドほどいい演奏をする。それが私の悩みの種だった。

伝説となった山崎春美のタコ

ハードコア・バンドで一番恐怖を感じさせ、最も破壊的だったのは、非常階段でもスターリンでもじゃがたらでもなく、タコの山崎春美と香山リカによる「自殺未遂ギグ」だろう。何と、当時の『宝島』には「山崎春美の『自殺未遂ギグ』で血に染まったTシャツ・プレゼント」と書かれた記事まであった。

山崎春美はガセネタというアバンギャルドなロック・バンドを70年代末期にやっていて、バンド活動の一方、サブカル雑誌『HEAVEN』の創刊にも参加。この雑誌で当時まだ医大生だった香山リカをライターとしてデビューさせ、彼女のペンネームもつけた。

81年、山崎以外はメンバーが流動的なタコを結成。83年に発表したファースト・アルバム『タコ』はゲストにスターリン、町田町蔵、坂本龍一らを迎えた即興ファンクの名盤で、自主制作レコードの金字塔と称されている。

名実ともにアンダーグラウンド・シーンの頂点に立つ存在となったタコの時代、ライブ中に自身を包丁で突く「自殺未遂ギグ」はあまりにもショッキングだった。ドクター・ストップをかけるのは香山リカ。これにはさすがのロフトも逃げ腰になった。一度、「ラ・ママ」でやったのを見に行ったが、とても緊張感溢れるギグだった。まさにあの時代ならではのパフォーマンスと言えるだろう。なお、山崎は初期のロフトプラスワンの常連出演者でもあった。サエキけんぞうのトークライブに飛び入りで参加した際、「あなたがたは勝者で、自分たちは敗者だ！」と叫んで客席を凍てつかせた。

全員辞めさせてもらいます

81年8月29日夕刻、私は新宿ロフトの店長以下、スタッフ全員から呼び出しを受けた。日本のパンクの先導（煽動）者・地引雄一らが仕掛けた「FLIGHT 7days インディペンデント・レコードレーベル・フェスティバル」最終日のことである。

ロフト事務所から新宿西口のロフトまでは300メートルほどだった。髪の毛を逆立てたモヒカン、金属の鎖やビョウつき黒装束の若い男女が不気味にいくつもの塊になってたむろしている。私は汗をかきながらロフトの入り口に着いた。日が暮れる前から、ロフト前の駐車場で酒盛りしている連中もいる。「もうお祭りをやっていやがる。こいつらは店の中には入らず、ただ騒ぐのが目的だ。しかし強制排除する理由がない。そんなことをしたらかえって混乱を招くだけだ」と私は舌打ちした。近くにはヤクザの事務所も多い。ときどき酔っぱらって通行人を襲ったり、通る車にビール瓶を投げつけたりする本当に困った連中だった。

　ロフトの向かい側の通りには「はとバス」が止まっていて、東京観光に来たお客にバスガイドがこの得体（えたい）の知れない不気味な連中のことを説明している。「また観光バスかよ。いったいどんな説明を田舎者にしているんだろう。ロフトがいくらはとバスの観光コースになっても、奴らが店に入らない限り一銭の得にもならんよな。お前らが見に来るから、こいつらがつけ上がる」とぼやいて、酒盛りしている連中に「ここで焚き火は厳禁だぞ。そしてケンカもだ！」と厳命して店に入った。そんなことを聞く連中ではないことはよく知っていたが……。

　その頃の私は、パンク・シーンの新鮮さにそれなりにはまっていた。「パンクか……もうどうでもいいよ。でも、こいつらいったいどこへ行くのかな？」なんて、若干の好奇心があったし、自暴自棄にもなっていた。ちょうど、近隣住民による1回目の「ロフト出ていけ！」の署名運動が起こされ、頭を抱えていた時期でもあった。

　いくらこの異様な光景を面白がっていたとはいえ、何でもありの懐の深い新宿だから許されているわけで、私自身でさえこの乱暴狼藉（らんぼうろうぜき）にはいささかうんざりしていた。「もし俺が近隣住民だったら、先頭に立って『ロフト立ち退き運動』をしているに違いないな」なんて苦笑いと複雑な気持ちが交錯する中、私は薄暗いロフトの地下室に入った。ステージでは吉野大作&プロスティチュートのリハーサルが終わったところだった。店長以下、ＰＡ、照明を含むスタッフ全員が揃っていた。当時の店長が口火を切った。

「悠さん、もうノイズ・バンドのライブはやめてください。昨日のようなライブは勘弁してほしい。もし我々の意見が聞き入れられないのだったら、全員辞めさせてもらいます」

「えっ、何があったの？」と私はとぼけてみせた。彼らは怒りが収まらぬ様子でこう話した。

「見てください、この臭いと汚れ。いくら掃除をしても臭いが消えません。これでは1週間以上、ここで食事は出せません」。前日の非常階段のライブで撒き散らされた嘔吐物、小便、ミミズやゴカイの異臭が店全体に立ちこめていたのである。このときは本当に困った。

これが伝説の非常階段のライブだ！

79年に京都で結成された非常階段の音楽性は、ノイズ・ミュージックを主体に置きつつも、どちらかといえばハード・ロックのフィードバックや、フリー・ジャズのインプロヴィゼーションに近い。とにかく、大音量であり即興演奏であることが基本的なコンセプトだ。ライブ・パフォーマンスも常軌を逸しており、ステージ上で女性メンバーが放尿をしたり、汚物を散布したりしていた。スターリン、THE原爆オナニーズ、S.O.B、サバート・ブレイズなど、他のバンドとの合体ライブもやってきており、「原爆階段」や「S.O.B階段」などの名義でアルバムも出ている。非常階段のリーダー、JOJO広重は90年代末、基本的にはエレキ弾き語りの3枚のソロ・アルバムをリリース。T・美川（美川俊治）は、自らのノイズ・ユニット、インキャパシタンツでも活躍する。

非常階段のメンバーがライブ中に嘔吐しているところを初めて見たとき、私はかなりショックを受けた。まさに見てはいけないものを見たような不思議な感覚にさせられた。私にとっては貴重な感覚だったように思う。先述した通り、店の連中から猛烈な抗議があって、もう非常階段やそれに類するバンドをロフトで見ることはなくなった。

この著しく激しいノイズを音楽＝ロックと呼んでよいのかどうか迷うところだが、私は音楽シーンの中にこういうものもありだと思っていた。

さて、私を除いてロフトのスタッフから総スカンを喰らった非常階段のライブとはいったいどんなものだったのか？　説明しよう。ライブの前半戦は、ノイズとはいえそれなりにまともな演奏をしているのだが、中盤に差しかかった頃、突然ステージ端でセーラー服を着た女の子が椅子に座りながら、客席に向かって放尿し始めるのだ。これを合図にノイズ音が巨大になり、メンバーが狂ったようにギターやドラム・セットを壊し始め、さらには客席に納豆の腐ったヤツや臓物、腐ったゴミなどをばらまく。客席から発煙筒や爆竹の音がして、スピーカーはその音を拾って飛んでしまう。折しも非常階段の前日にはあのスターリンの遠藤ミチロウが興奮した女性客に一物をしゃぶらせるライブを新宿ロフトでやっていた。

この現場の状況は、地引雄一の名著『ストリート・キングダム』で以下のように記されている。

「8月の末の1週間プラス・オールナイト・ギグでくりひろげられたこのイベントは連日盛況で大きな成果を収めたが、何より音楽性の多様化に驚かされた。半分以上のバンドはこの時初めて見たもので、そのどれもが新鮮でおもしろかった。（中略）何といってもこのイベントの話題の中心となったのはスターリンや非常階段のスキャンダラスなステージで、それは風俗的な事件として一般誌の取材までが押しかけていた。（中略）非常階段は狂乱の暴力的ステージが早くから噂になっていた。発狂したようなノイズ・サウンドをバックに数人の男が汚物やペンキをまき散らし、手あたり次第に物を壊して暴れまわる。果ては女の子がステージにしゃがんでオシッコをする。ライブハウスは阿鼻叫喚の修羅場と化すが、しかしその暴力は自虐的なパフォーマンスとして、ある種の美しさをも感じさせる解き放たれた瞬間を作りだしているのだ。それにしてもこの時、ステージ中にまき散らした納豆の臭いが翌日になっても会場から消えないのにはまいった。その後1年ほど僕は納豆を食べられなくなってしまった。（中略）新宿ロフトでのスターリンの狂乱のステージを初めて目撃した時には、さすがに呆然としてしまった。（中略）初期のパンク・ロックに類似したシンプルでスピーディなスターリンのサウンドはその中に日本的な情念をも感じさせ、すさまじいばかりの煽情的なエネルギーが渦巻いている。鋭利な言葉の断片が投げつけられ、汚物がまかれる。会場は次第に狂気が波打ち、素っ裸になったミチロウのペニスを客の少女がくわえ込む」

『蔵六の奇病』発売日の翌日、すなわち（82年）4月5日。非常階段は再び新宿ロフトのステージに立った。発売記念として行われたこのライブでは、前年の〈FLIGHT 7DAYS〉よりもさらにエスカレートしたステージングを展開し、非常階段はついに新宿ロフトを出入り禁止になってしまう。ステージは例によってビニールシートが敷き詰められ、牛乳、納豆、生魚、ミミズなどがまき散らされた。メンバーはまるで蔵六のように色とりどりのペンキを頭からかぶり、嘔吐し、放尿し、約30分間にわたってのたうちまわった。会場には、日野日出志も姿を見せた。非常階段がライブをやった後は、会場に臭いが何日間かこもり、スタッフや翌日以降の出演バンドをたいそう不快にさせることは〈FLIGHT 7DAYS〉の経験からすでにわかっていたことだったが、このライブでは大量にまかれた釣り餌のミミズが、店内に住みついてしまった。ライブ終了後何日かたって、店内にミミズが這っているのを発見したスタッフは、同僚全員を集めて当時店長だった平野悠にこう言ったという。『今後もロフトに非常階段を出演させるのなら、私たちは全員辞めます』。平野本人は非常階段のようなバンドをおもしろがっていたが、やむなく出入り禁止にするほかなかったのだった」（『非常階段〜A STORY OF THE KING OF NOISE〜』K&Bパブリッシャーズ刊）

「腐ったロフトを潰してみせる！」（江戸アケミ）

この時代のパンクに言及する上で決して避けて通れないのが、まるで彗星（すいせい）の如く日本のパンク・シーンに登場した江戸アケミ率いるじゃがたらである。80年9月の新宿ロフトでのライブ予告チラシは、まさにロフトに対する挑戦状だった。

「9月20日、ロフト消滅日に結集せよ！　ロフトは再起できない。我々が腐ったロフトを潰してみせる！」といった扇動的な文字が並んでいる。ライブの数週間前から、電話、ファックス、やらせ密告などが続いた。これらはすべてじゃがたら一派の一人芝居だったようだ。しかし、執拗な深夜の電話にロフトのスタッフは不安だったと思う。

対策会議は連日続いた。「どうしましょうか？　ヤツら半端じゃないからやばいですよ。ロフトは潰されますよ。この日は強制的に中止にしましょう」と私に言ってくる。「そうか？ロフトもヤツらの標的になったか？　商業主義ロフトか、参ったな。人の苦労も知らないで勝手なことを言いやがる。でも、ちょうどいい標的なんだろうな、ロフトって。どこかバンド寄りの姿勢を見せながらも、利益に走るから」と、私はちょっと複雑な気持ちになった。「ねっ、やっぱり中止にしましょう。ヤツらが暴れ出したら制止できるもんじゃないですよ」とブッキング担当者は言う。「バカ野郎！　そんなみっともないことできるか。ロフトは腐ってもロックをやり続ける。潰せるものなら潰してもらおう。それもロックだ！」と若き日の私はタンカを切った。

江戸アケミのじゃがたら伝説

9月20日当日。新宿ロフトは「じゃがたらvs.ロフト」の対立を見届けようという客で超満員だった。私は傍観しているわけにもいかず、何人かの屈強な若者を集め〝防衛隊〟を組織し、ロフトに向かう。思えば10年近く前、混沌とした〝政治の季節〟の頃の内ゲバや機動隊との決戦で何度も修羅場は経験してきた。

午後7時、ライブの幕は切って落とされようとしていた。私はアケミと話そうと思ったが、楽屋には内カギがかかっていた。

対バンのタコとFOOLSが終わり、じゃがたらと懇意にしていた山本政志の映画が上映される。その映像をバックにじゃがたらが登場するという趣向だ。そのうち何人かのイカれた若い連中が、店の折りたたみ椅子やテーブルを壊し始めた。バルサンがたかれ、消火器の栓が抜かれる。これはもう、ライブをしようという雰囲気ではなかった。じゃがたらの挑戦予告通りの事態が始まろうとしていた。パンク小僧になんぞ負けられるかとばかり、我々も力で狼藉者の鎮圧にかかる。若干の乱闘の末、連中を店外に追い出すことに成功した。好奇の目で見守る観客を前に私は怒鳴る。「じゃがたら！　早くライブを始めんか！」

この日のじゃがたらのステージは、私たちスタッフが絶句するくらいすごい演奏だった。ボーカルのアケミがテンポの速い力強いドラムの音に乗って登場、絶叫し、マイクを持って「商業主義、日本のロックを食い物にするロフトを潰せ！　解体せよ！」とアジテーションし、自ら自分の額にフォークを当てて血だらけとなり、1メートルの高さもあらんステージからそのまま手も着かず、落ちてくる。立ち上がったその形相（ぎょうそう）は、まさに自らの身体を懸けて「ロックとはこういうものだ！」と主張しているかのように見えた。

演奏はアケミがどうなろうと休まない。興奮するお客は手を差し出してアケミの身体に触り、アケミが自らの身体から噴出させたドロドロの血をぬぐい取って自分の顔に塗りたくる。血だらけのままステージに上がったアケミは、満員の客席に向かって数匹の白蛇を投げつけた。悲鳴を上げて逃げまどう若き女性パンクスたち。誰が押したか鳴り響く火災報知機。店外には消防車と救急車が何台か駆けつける。迷惑顔のビルの管理人が警察を呼ぶ。その混乱があってこそ、じゃがたらの突き刺すようなサウンドが、いつの間にか一体化していた。すごいライブだ。演奏者も、そして私たちも会場全体が興奮し、私の脳天を真っ白にした。お客も、これほどまで予定調和でない、行く先がどうなるかしれない、会場全体が異様に興奮したライブは初めての体験だ。

演奏終了後、私はスタッフ数人を連れて楽屋のドアを蹴破った。緊迫する楽屋。楽屋の隅でふてくされ、斜めに私を見るアケミに言い放った。「アケミ、お前らメチャメチャやったけど、今日の音は最高だったぞ。それだけは俺が保証する。お前らは日本一のパンク・バンドだ」と。しかし私は、じゃがたらを二度とロフトのステージには立たせなかった。

アケミの投げた白蛇はその後も発見されなかった。今も新宿ロフトのどこかで生きているに違いない。

この挑戦的でスキャンダラスなライブでセンセーションを巻き起こしたじゃがたらの江戸アケミは、インディーズの帝王と呼ばれながら既存のロックと戦い、音楽業界と戦い、世間と戦い、その生命を燃焼させていった。90年、江戸アケミの死によって一つの時代が終わり、じゃがたらは伝説となった。

東大五月祭ロック・イベントとロフト

79年に開かれた野外ロックのシンボル「東大五月祭ロック・コンサート」は、その自由さにおいて各方面から大変注目された。そのイベントを東大ノンセクトの学生連中と組んで仕掛けたのはロフトだった。

大学闘争に明け暮れる学園祭でロック・イベントをやることが、どこか反権力という感じで受け取られていた時代だ。大学闘争で崩れゆく全共闘が主催した最後のイベントかもしれない。

このロック・フェスは農学部キャンパスで8年あまり続いた。東大本部のある本郷自治会は民青（日本共産党青年組織）が支配していた。民青と大学当局に追い出されたノンセクト・ラジカルの学生が、続々と民青支配が及ばない東大農学部に拠点を移し始めた。大半の学生がもはや「学生運動」に見向きもしなくなる時代だ。この祭りは80年代ノンセクトの活動家を育てるための戦いの一環だった。ほとんど資料が残っていないので正確ではないが、ロフトが本格的に関わりだしたのは79年からだったような気がする。

79年に東大農学部野外ステージで行われた際は「東大五月祭・帰ってきたコンサート」というタイトルで、大橋純子&美乃家セントラル・ステイション、サザンオールスターズ、カシオペア、ムーンライダーズ、山本翔、ダディ竹千代&東京おとぼけCATSなどが出演。コンサートは午前中、風雨にさらされ開演が大幅に遅れた。ネックとなったのは、すでに『勝手にシンドバッド』の大ヒットで国民的スターとなりつつあったサザンだった。お客さんの多くはサザンをひと目見たさに集まった人だった（サザンとはギャラ15万円で出演契約した。今では考えられない破格の安さだ）。そうなると、多くのバンドはサザンのステージの前に演奏したがった。ただでさえ時間も相当押しているし、サザンの演奏が終わったらお客さんのほとんどが帰ってしまうという恐怖があった。

出演サイドのバンド側から出演予定順序の変更の申し出があった。だが、まだ新人バンドだったサザンは老獪バンドのマネージャーの要求を聞くしかなかった。時間も夜の9時を回る頃、サザンの前に登場した東京おとぼけCATSはステージで麻雀を打ちながらコントを始めた。当然、サザン目当てのお客さんは怒りだす。「やめろ！　帰る電車がなくなる！　早くサザンを出せ！」という怒号が飛んだ。ステージと客席で大ゲンカになった。「お前たちみたいなロック・ファンがいるから、日本のロックがダメになるんだ！」と何だか訳の分からない理論で叫び返すダディ竹千代。それに対して「ステージで麻雀やって何がロックだ!?」とやり返す客席。最後は大橋純子&美乃家セントラル・ステイションが綺麗に締めてくれたが、ステージと客席の間でロック論のやり取りがあって結果的には面白いイベントだった。

その後、「83年ここが非常階段だ！　飛べ！」には子供ばんど、PANTA、ウエスト・ロード・ブルース・バンド、アースシェイカー、鮎川誠らが出演。「86年コンサート怒りの鉄拳」

は最後の東大五月祭ロック・イベントで、ARB、ルースターズ、アナーキーといったロフト黄金期のスターを出してすべてを終えた。私はこのロフト御三家の3バンドを最後にやれれば満足だった。

1982年、関西ヘヴィメタル東京殴り込みギグ

ラウドネス、BOWWOWを筆頭として、カルメン・マキ&5X、子供ばんど、ブリザードといったハードでヘヴィなバンドが活躍した82年。一気にメタル・シーンが脚光を浴びてきた。その気運の高まりは同年10月24日に新宿ロフトで開催された「関西ヘヴィメタル東京殴り込みギグ」で始まる。ロック評論家・大野祥之の企画で、関西出身の44MAGNUMとMARINOが出演した。その前日と前々日にはすでに東京へ上陸していたアースシェイカーがロフトで2デイズを敢行しており、この頃から日本のヘヴィメタル・シーンが着実に新たなムーブメントとなりつつあった。

事実、83年から翌84年にかけてアースシェイカー、44MAGNUM、MARINO、X-RAY、ブリザード、アルージュといったヘヴィメタル・バンドが次々とデビュー。また、ラウドネスの樋口宗孝がプロデュースした浜田麻里、同じくラウドネスの高崎晃がプロデュースした本城未沙子といった女性メタル・シンガーも同時期にデビューを果たしている。さらに、活況を呈してきたこのシーンをフォローすべく、日本初のヘヴィメタル専門誌

『BURRN!』が84年10月に創刊されている。

この時期のロフトはパンク／ニュー・ウェイブのイメージが強かったと思うが、ジャンル的には相反するこうしたヘヴィメタルも手厚く支えていたのだ。

「当時、関西にはいいヘヴィメタル・バンドがたくさんいるんだってことに気が付いて。1バンドだったら辛いけど、2つ3つで組んでやればやらせてくれる所あるかもしれない。そう思って、44MAGNUMとMARINOとRAJAS、そういったバンドを中核にして、関西へヴィメタルを東京に持ってきて紹介したいなって思ったわけですよ。（略）そしたらね、1回目からロフトで200人を超える満員盛況になって。PAはロフトのだったんだけど、照明はすごく安く借りてやってもらってたんですよ。けっこうみんな手作りで、なんか新しいムーブメントを作ろうってニュアンスが強かったんじゃないかな。（略）ロフトがなかったらあんなでかくならなかったし。レコード会社の連中も、ロフトで見るとすごいワケですよ。客はあふれてるし、上から水蒸気は落ちてくるし、音はでかいし。みんなぼーっとしてるうちに、ね、いいでしょ、いいでしょ、契約してよ、契約してよ、って（笑）。ロフトにもいろんな時代があったと思うし、基本的にパンクのイメージになってるけど、でもすごいフレキシブルな小屋だと思う。なんでも受け入れられるし。他のライブハウスと違うよね」

——大野祥之／『ROCK is LOFT』に寄せられたコメントより

「初めてロフトに出た時は、カルメン・マキ&OZのオープニングだったような気がするなぁ。それから殴り込みギグというのを何回か演らせてもらってデビューして、ホールで演るようになってからも女を連れて酒飲みに行ったりしてたよ。（楽屋でションベンするな）」

——Paul：44MAGNUM／『ROCK is LOFT』に寄せられたコメントより

日本のロックを変えたBOØWY2デイズの成功

84年3月30日・31日、BOØWYは初のロフト2デイズ「BEAT EMOTION～すべてはけじめをつけてから…」を成功させ、着々と動員を伸ばし続けた。

ロフトとの馴れ初めは81年3月、ビーイングの長戸大幸が私の事務所にやってきたところからである。

「ごぶさたしております。実は、平野さんにお願いがありまして……」

「長戸さんとは以前、下北界隈でウィーピング・ハープ妹尾さんのマネージメントをやっていたときに何度もお会いしましたね」

「そうでした。下北ロフトではいろいろとお世話になりました」

「ビーイングも日本有数のヒットメーカーになりましたね。それでお願いとは？」

「高崎の暴威という若いバンドの面倒を見ることになったのですが、これがちょっと破天荒な連中でして。元暴走族だったんですよ。この不良バンドを扱えるのはロフトの平野さんしかいないと思いまして。彼らの音楽自体はとても将来性を感じるのですが……何とかよろしくお願いできませんか？」

さすがはビーイングの長戸大幸、バンドを見る目はあるがこの不良バンドをどう扱えばいいのか困惑していたのだろう。マネージメントにはビーイングのヒットメーカーと呼ばれた月光恵亮（氷室京介［当時は狂介］の名づけ親）と孫田朋希がついた。それは豪華なタッグだった。孫田は暴威を売り出すため私の家に泊まり込み、一緒になってアイデアを練る日が続いた。

それからしばらくして暴威の中心メンバーと会った。元暴走族というだけあって、メンバーの目はぎらぎらして何かに飢えている、カミソリみたいな印象を受けた。特に氷室は初期の町田町蔵みたいに飢える一匹オオカミという感じで、ロック＝不良という言葉がまさにピッタリ合った。当初はビーイングの制作らしくホーン・セクションまであったので、バンド・メンバーは6人もいた。ボーカルの氷室京介、ギターの布袋寅泰と諸星アツシ、ベースの松井恒松、ドラムスの木村マモル（まだ高橋まことは加入していない）、サックスの深沢和明という布陣だ。

81年5月11日、暴威はライブ・デビューを果たす。当初はロフトの新人コンサートからブッキングを始めたが、客はほんの数人だった。だが、彼らは生粋のライブ・バンドであり、パンク／ニュー・ウェイブを基調としながらも卓抜なメロディ・センスと強靱（きょうじん）なビート、ダイナミックなパフォーマンスを武器として、徐々に客を増やしていく。ドラムスが高橋まことに交替し、BOØWYと表記を改めた82年に入ったあたりから動員がどんどん伸びていき、同年10

月に深沢と諸星が脱退して4人編成になってからは確たる個性が芽生えたように思う。

しかし、いつしか氷室と布袋の間に不協和音が生じ始めていた。かえってそのことがいい意味で緊張関係のあるステージとして昇華したとも言えるのだが。おそらく、「バンド内でどんなトラブルがあろうとも、BOØWYの存在感をちゃんと見せてから解散しよう」というメンバーそれぞれの共通意識があったのだろう。だからこそあれだけ躍動感に溢れたライブをロフトの狭いステージで繰り広げることができたのではないだろうか。

人気と実力を着々と蓄えながらも、BOØWYの「いつ解散してもおかしくない状態」はかなり長く続き、私たちやスタッフは冷や冷やだった。ファンの中に氷室派と布袋派がいたように、二人の性格や人付き合いの違いも不和の一因だった。氷室は酒を飲まないのでライブの打ち上げには大抵不参加だったし、基本的に酒飲みとは付き合っていなかった。布袋とまことには多くのバンド仲間がいて、いつも高円寺界隈や新宿で飲んでいた。

こうした布袋やまことの社交的なキャラクターは、ロフトを通じて数多くのミュージシャンとの交流を生むことになる。二人はいろいろなバンドから助っ人(すけと)を頼まれていた。ジュネ率いるオートモッドの正式メンバーになったこともあったくらい、その実力を買われていた。

また、氷室は氷室でアナーキーと交流があった。84年に公開された『裸の24時間~The Lozy Blues』という自主映画では、氷室とアナーキーの藤沼伸一が共演している。この映画の公開記念ライブは9月9日に新宿ロフトで行われた。氷室はアナーキーの面々を従え、劇中に出てくる「ロージー」というバンドのボーカルを取ったこともあった。

この時代の新宿ロフト店長・長沢幹夫（現・下北沢ロフト社長）は、偶然にも福島にいた頃から実兄が高橋まことと友達で、長沢自身もまこととは旧知の仲だった。そんな彼もBOØWYのことはいろいろと思い出深いと言う。

「BOØWYで印象に残っているのは打ち上げかな。一番すごかったのは、やっぱり当時のマネージャーだった土屋（浩）さん。BOØWYにやっと客が入り始めた頃、ビーイングに切られて事務所はないし、お金もない。だから、打ち上げに残るお客さんから2000円くらいの会費を取って、店には『おい、一人1000円の会費で頼む。後は事務所の家賃の支払いだ』なんて言ってね。もちろん、ライブのギャラをちゃんともらった上でそれですからね」（長沢）

不良バンド、BOØWYは私の最後の音楽仕事

考えてみれば、BOØWYは暴威と名乗っていた頃から手を焼くバンドだった。当時、いくら天下のビーイングが交渉しても、BOØWYはレコード会社とアルバムをリリースする契約ができなかった。そのため、まずはライブで地盤固めをすることになり、私が責任を持ってこの不良バンドに関わることになったのだが、彼らをロフトの新人デーにブッキングしたときのことは今でも忘れられない。

当日はリハーサル時間が押していて、氷室京介が当時の新宿ロフト店長・長沢幹夫に向かって「ったく、おっせーな！　いったいどうなってるんだ!?」とテーブルを叩きながら怒鳴った。何ともいい度胸をしていたものだ（他の新人バンドはビックリしていたという）。長沢が「もうちょっと待ってください」と返事をしたところ、「何だ、てめぇは！」と長沢に食らいつき、言い争いになってしまった。その間に入ったのが、長沢と旧知の仲だった高橋まことだったのだ。長沢はそのとき初めてまことがBOØWYのメンバーだったことを知ったという。

一介の新人バンドのボーカルが新宿ロフトの店長にケンカを売るなんて前代未聞の事態だった。私はこの不良バンドを、責任を持ってフォローするというビーイングとの約束もあり、本当に困った。

まぁ、このバンドは本当にメチャクチャで、大手レコード会社へのプレゼンテーションにメンバー全員が1時間以上遅刻したりして、結局はどこのレコード会社も彼らの不良性を知ってアルバムのリリースには二の足を踏んでいた。その後、ビーイングのある大物アーティストを契約させる見返りとしてやっとファースト・アルバム『MORAL』を出せることになった。だが、そのアルバムにもレコード会社はまるっきり乗らず（「エアロスミスとアナーキーとサザンを足して3で割ったバンド」という帯のコピーからもセンスのなさを感じる）、誰も彼らの才能を見抜くことができなかったわけだ。

結局、1年あまりでビーイングはBOØWYから手を引くことになる。その理由を私はよく知らない。そして、BOØWY解散の噂が乱れ飛んだ。

私はその頃、氷室の艶のあるボーカルも、松井の実直なベースも、まことのパワフルなドラムも、もちろん好きであったが、布袋のギターのテクニックの華麗さというかエフェクターの飛ばし方にぶっ飛んでいた。プロダクションは手を引き、存続の危機に瀕したこのバンドに、〝布袋のギターを楽しむ〟という点で結構はまっていた時期もあったのだ。

その後、群馬で布袋と一緒にバンドをやっていた土屋浩（その頃、彼は高円寺でスタジオを経営していた）がマネージメントするようになり、毎月着実に動員は伸びていき、ロフトにとっても将来を期待できるバンドの一つになっていった。

私は、ビーイングが手を引いた後でも自分の手でこのバンドの2枚目のレコードを出すため必死になってレコード会社を回ったが、いい返事がもらえる状況ではなかった。そんなときにまた解散の噂が流れたのだ。理由は極めて私的なことだったようだが、私は怒った。氷室と布袋に「今、重要なのはBOØWYの旗をどこまで高く掲げられるかなんだ。解散の噂はどうなんだ!?」と訊いてみたが、解散理由はいろいろと複雑だった。BOØWYを成功させるため、私を含めて多くの人間が動いたのだ。その苦労が今まさに水の泡になろうとしている。

私は何だかアホらしくなってしまい、ビーイングと同じようにBOØWYのマネージメントから手を引いた。しかし、人気も実力も上り調子の真っ只中にあった彼らは解散をしなかった。おそらく、新しくマネージャーになった土屋の努力があったのだろう。私が日本を離れるとき、土屋は「平野さん！　BOØWYから逃げるんですか?」と叫んだ。「もうBOØWYは終わったよ！」と私は少年のように捨て台詞を吐いた。「そんなことありません。平野さん、見ていてください。BOØWYは絶対天下を獲ってみせます。絶対に！」と土屋は私の前で涙を流しながら訴えたが、「俺はもう興味がない。長い旅に出る」と私は冷たく言い放った。私は、もはや日本のロックに対してほとんど興味がなくなっていた。どうやってロフトをやめて外国に移住するかを考えていた時期だった。

その後、BOØWYは日本のロック・シーンを根底から覆す偉大なバンドへと変身した。イベントは常に超満員となり、土屋はその活動拠点を1000人キャパの「ライブ・イン」に移してロフトとの競演ドラマは終わった。このバンドが日本のロック・シーンに革命を起こしたという評判を、私は旅の途中のケニアのナイロビで聞いた。結局のところ、無力な私はBOØWYのためにやれることなど何一つなかったのだ。「あの薄暗い地下のスペースから自分自身の歴史が始まったことを、いつだってとても誇りに思っています」――そんな氷室京介の言葉を聞くたび、私は今もとても複雑な気持ちになる。BOØWYの失敗を契機として、私はロフトの解散を強く意識するようになった。

ロフト周辺が世界に名だたる海賊盤の宝庫に

西新宿にオープンした新宿ロフトは、99年4月に歌舞伎町へ移転するまでの23年間、小滝橋通り沿いの古いビルの地下に、まるで貝殻のフジツボみたいにへばりついていた。

西新宿7丁目は、かつて日本の貴重なロック文化の情報発信地でもあり、大変な賑わいを見せていた。新宿ロフトが店舗を構えた当時、この小滝橋通りには「新宿レコード」(ハードロックやプログレに強かった)が1軒ぽつんとあった。しかし新宿ロフトがオープンし、数年経つ頃には、一帯に四十数軒ものレコード店やロック・ファッション店、ロック・グッズ店がひしめき合うようになっていた。国内外の新譜、中古はもちろんのこと、コレクターが探し求めるレア盤、自主制作盤、そしてブート盤(海賊盤)など、この地に進出した各店舗は豊富で個性的な品揃えを誇っていた。

そして、いつの間にか「ニシシンジュク」という地名は、世界中のロック・ファンに通じるものになっていた。ロックのマニアにはよだれが出そうなアイテムを置く店が並んだ。ロック・ビデオや、よりマニアックな数万円単位のディスクが並ぶコレクター・ショップが出現した。タワーレコードやHMVといった大型店とは違う、特異な個性ある店の乱立だった。さらにロックがメジャーな時代となってレコードの流通量が増えるに従い、輸入盤は値下がりし、カットアウトという廉価盤も入ってくる時代となった。

この街の進化はさらに進んだ。パンク・ムーブメントが東京にも波及してきた80年代前後には、ロンドン、ニューヨークの興奮がそのまま直に伝わる場所になり、トウキョウ(=西新宿)は全世界とつながり、お互いが刺激し合い、それが大きなムーブメントの一つになって爆発していった。

まさしくその中核に新宿ロフトが位置していたと言っていいだろう。「西新宿=ロックの街」を目指して、それこそ世界中から革ジャン、黒装束、モヒカンとパンク・ファッションに身を固めた若者たちが押し寄せ、この一角には世界のロックの情報が何でもあった。

しかし、時代は加速度的に進み、都市再開発計画の名のもとに高層ビルが建ち並び、この中心地的存在であった新宿ロフトは立ち退きを余儀なくされ、それを境に——もちろん時代の流れもあっただろうが——ほとんどのロックな店は西新宿7丁目から姿を消してしまった。

あの時代、この場所に来ればどんな珍しいシングルやアルバムでも探し当てられたという、世界でも類を見ない不思議な地域、それも今はない。多くの個性的な店は大型店に駆逐・吸収されていったということなのだろう。あの頃、ロフトの周りには何十人もの若い子が集まり、自分たちの応援するバンドの手づくりチラシやミニコミ紙を持って、長い列ができていた。真の意味で手づくりの情報交換の場だった。そんな応援団の中でいろいろなジャンルのロックが活性化され、芽を吹き、無名の若き音楽家たちをどれだけ勇気づけたことか。ロックは若き大衆のものだ。本音の歌を歌え！　本当にやりたいことをやれ！　ただ売りたいがための表現者よ、去れ！　——そんなことを私は夢想していた。

盟友・今はなき「渋谷屋根裏」と「ルイード」に栄光あれ！

当たり前のことだが、日本のロックにとって重要なライブハウスは、何もロフトだけではない。今では珍しくも何ともない「ライブハウス」という空間が新しいロックの情報発信基地として機能し始めたのは、70年代後半だ。ライブハウスが、新宿と渋谷というターミナル駅に進出していく流れは、同時にロックが世間に認知されていく過程と密接にリンクしている。

オール・スタンディングで無理矢理詰め込んでも200〜300人しか収容できない狭い空間だが、ライブハウスがこの30年あまりの日本のロックの歴史をつくり出してきたことは誰も否定できない。80年代、日本のロック・シーンは大きく変化した。ロックそのものがメジャーな存在になったし、ライブハウスが多くの都市に点在することにより、ロックがより身近になった。

70年代後半から80年代にかけて、新宿ロフトとともに東京のロックシーンを支えたライブハウスに「渋谷屋根裏」と「新宿ルイード」がある。この3つのライブハウスは、無二の親友のようであり（実際、どれも汚く狭い点は似ていた）、一方でライバルとして刺激し合っていた。この3つの空間は、ストリートに生息しているアマチュア・ミュージシャンに希望を与える存在だった。

渋谷は今や言わずと知れた音楽の聖地。1981年3月、まだ人の流れも少なかった公園通りを上りきった現在地に「エッグマン」が出現。当初はコロムビア・レコードが経営していた。翌82年には「ラ・ママ」が渋谷駅南口の現在地に出現した。更には「ナイロン100％」「ライブ・イン」「テイク・オフ・セブン」が、原宿には元ドラマーの西哲也が手がける「クロコダイル」があった。時代が90年代に入ると、大手資本や不動産業者、放送局が大型ライブハウスを経営し始める。1991年2月に1000人キャパの「ON　AIR」、93年には「ON　AIR　WEST」が、2000年には「SHIBUYA-AX」（1500人キャパ）

が登場する。「ＡＸ」のブッキング・マネージャーは「ロフト」～「パワステ」と数々のロック・シーンを築き上げてきた高橋伸一だった。

「渋谷屋根裏」は、新宿ロフトがオープンする前年の75年、渋谷センター街のすぐそばに誕生した。ライブハウス関係者は口を揃えて、その翌年にオープンした新宿ロフトの影響力の大きさについて言及する。「屋根裏」は新宿ロフトと同様、狭くて汚くて危険だが、それ故に若者を惹きつける「磁場」としての魅力に溢れていた。

この「屋根裏」ではＰＡＮＴＡ率いる頭脳警察が解散ライブを行い、１９７９年にはフリクションやリザードに代表されるパンク／ニュー・ウェイブ・ムーブメント＝「東京ロッカーズ」が活動を開始する。１９８０年1月には、ＲＣサクセションが４日間連続でライブを行い、それまでで最大の観客動員数を記録した。1階がパチンコ屋、2階がキャバレー、3階がライブハウス「屋根裏」で、４階は「屋根裏」の楽屋だった。多くの駆け出しミュージシャンにとって、下階のヤクザみたいな連中の視線にさらされながら、重たい楽器を背にあの狭い階段を上るのはしんどく、いつまでも忘れられないワン・シーンだっただろう。

当時、できたばかりの新宿ロフトが、荻窪ロフト、下北沢ロフト以来のニュー・ミュージック路線を引きずっていたのに比べ、「屋根裏」はまさしく何にもとらわれない自由奔放なブッキングをしていた。「屋根裏」にはこれからの時代を読める優秀なスタッフが大勢いて、次々と強烈な個性を放つ新人バンドを登場させていた。だからそのスケジュールのほとんどを、マイナー・シーンの、名前も動員力もない表現者で埋めていた。

「屋根裏」は、お客が入らなくても平気で面白いバンドに場所を提供し続ける不思議な店だった。1ヵ月間、昼の部と夜の部を合わせて60本もの驚異的なブッキング。何と平日の昼の部のイベントまで行っていたのだ。スピーカーが壊れていても毎回ライブをやりきってしまう豪快さがあった。当時はノルマなどなくて、お客より出演者のほうが多い日も常だった。そんな中、「屋根裏」は日本最大のマイナー音楽の〝実験劇場〟だったのだ。多くの若いバンドが、「屋根裏」のライブで腕を磨いていった。

これはロフトにとって非常に脅威だった。私がブルーハーツや戸川純、じゃがたら、そして「ハードコア不法集会」「消毒GーG」などスキャンダラスな存在を知ったのもこの店だった。RCサクセション、ローグ、サザンオールスターズなども、初期には屋根裏の昼の部に出演していた。「渋谷屋根裏」というセンター街の片隅の薄汚れたライブハウスから、日本のロックには欠かせない多くの貴重なシーンが生まれていったのだ。

しかし、その「渋谷屋根裏」は、80年代後半になると急速にブッキングがちぐはぐになっていき、86年にその10年の歴史を燃焼し尽くし、惜しまれつつも閉店する。優秀なブッキング・スタッフのほとんどが辞めてしまったことと、赤字経営だったこと、当時の「屋根裏」の社長がほとんどロックを知らなかったことに起因していると私は見ていた。もう一つの大きな理由、それはライブハウスの宿命とも言える、近隣とのトラブルだった。騒音問題と近隣商店からの苦情の嵐に、ビルのオーナーがしびれを切らした。その後、「屋根裏」は「アンティノック」系列に入り、拠点を下北沢に移すことになった（2013年に「渋谷屋根裏」は営業休止、2015

年に「下北沢屋根裏」は閉店となった）。

「新宿ルイード」は小沢音楽事務所が元喫茶店だった場所で開店したが、ビルの4階にあったため、振動問題で87年に歴史を閉じた（その後、89年に「原宿ルイード」がオープン。17年後に新宿へ舞い戻り、現在は「新宿ルイードK４」として営業中）。このキャパ４００人のライブハウスも不思議なブッキングをしていた。内山田洋とクール・ファイブ、ちあきなおみといった歌謡曲路線から突然、ハード・ロック系もやり始めたのだ。すべてはルイード店長・田中俊博の意図だったが、佐野元春、山下久美子、シャネルズ、森高千里、ゴスペラーズなどの大型ミュージシャンを輩出した。この時代にはテレビの歌番組を始めとした、いわゆる芸能界もロックの台頭を無視できなかったのだろう。さらに、10代のカリスマと呼ばれた尾崎豊が芸能色の強いルイード出身だというのも面白い（ロフトに出演したこともあったが）。

第2次ライブハウス・ブームが盛り上がった頃、ルイードの田中俊博、ライブ・インの木下茂、エッグマンの山岸達治、クロコダイルの西哲也らと「ライブハウス　コミュニケーション」という飲み会の任意団体をつくったことがあったが、それもいつの間にか終わった。そのあたりの事情をルイードの田中はこう語っている。

「僕が東京に出てきたのが79年で、東芝ＥＭＩの芸能部にいたんですよ。演歌担当でちょっと辛くて。青春でしたからね。飛び出してしまいましてね。たまたま、ふらっとルイードに入ったんです。バイトっていう感じで。82年から84年にかけてライブハウスがいっぱいできてきたんですよね。それで僕が音頭をとって、当時12店舗くらいのライブハウスに声をかけて。『ぴあ』とか『シティロード』みたいな情報誌に勝つ媒体を、我々自身が持てないかというテーマはあったんですけどね。若いしエネルギーがあったんです。まぁ、続かなかったですね」（ルイード、田中俊博）

ロフトのロックに対する歴史的な役目は終わった

1984年、BOØWYがロフトから1000人キャパの渋谷のライブ・インに拠点を移すようになり、かの新宿ロフトの看板だったARBやアナーキーは徐々にホールへの出演が増え、ルースターズは大江慎也の体調が優れず休業状態だった。もちろん新しく素晴らしいバンドは続々出現していたが、私のロック熱はどんどん冷めていった。それは決して会社が不振に陥ったからではなかった。無理矢理店を増やし続けてきたことで背負った膨大な借金も、あと数ヵ月で返済を終わろうとしていた。そのことも私の内なる気力を失わせる要因だったのかもしれない。

私はロックの最前線に長く立ちすぎたように感じていた。もっと偉そうに言えば、ロフトを出発点としてメジャーへと羽ばたいたミュージシャンはとても多かった。坂本龍一や山下達郎、浜田省吾に始まり、今でも第一線で活躍する大物ミュージシャンはたくさんいた。その中でもサザンオールスターズ（下北沢ロフト店員バンド）、竹内まりや（ロフトレコード）、BOØWY

（新宿ロフト）への関わりの挫折（失敗）は私のロックへの興味とライブハウス経営への熱を奪った。ロックとライブハウスに懸ける情熱がどんどん冷めていくのを止めようがなかった。「情報発信基地」ロフトは素敵なバンドを何とかみんなに知ってもらい、そのバンドが大きくなるのがライブハウスのスタッフの夢だったからこそ、チラシやポスターをつくったりして宣伝をしたし、ほとんど客が入らない赤字の場合でも耐えることができた。ライブハウスという現場では、表現者と一緒に音楽をつくってきた自負があったりするのだ。まさしくライブハウスは貸し小屋とも違うし、ましてや渋谷公会堂の管理人のオヤジとは違うのだ。いつだってライブハウスは多くのロック・ファンに問いかけているのだ。「これでどうだ！　参ったか！」と月々のスケジュールを制作し、ロックのオピニオン・リーダーとして自覚しているのだ。

しかし、現実はバンドがブレイクすると大手プロダクションやレコード会社がさらっていく。「100人くらいまではライブハウスの仕事だけど、それから万の単位まで動員を伸ばすのは私たちメジャー・レコード会社の仕事です」とはっきり言われたことがある。これも商業の論理から言えば当然のことだと思えるようになった。私をビックリさせた破壊的なパンク・ムーブメントも終わった。これから起こるだろうロック旋風にも、バンド・ブームにも、イカ天、ホコ天にもあまり興味がなかった。ロックの若き表現者たちが資本の論理の中で翻弄されていく結果は分かっていた。どこか暗澹たる思いとロックへの絶望感が混在していた。それよりもロフトの経営に情熱が持てなくなったと言ったほうがいいのかもしれない。

私は空虚になると、まだ訪れていない世界の国々のことをいつも考えるようになった。音楽事業で会社を大きくしたいという欲望もなくなっていた。

悶々とした日々

84年のクソ暑い夏が終わる頃、私は日々の仕事に忙殺されながら、その意味を立ち止まって考えることもせず、毎日がただただシステマチックに流れていくことに苛立(いらだ)っていて、ロックの現場から逃げ出す以外にないと思った。

それは、新宿ロフト開店時の膨大な借金を返済し終わった瞬間だったと思う。ロックの現場に行っても面白くも何ともなかった。ロフトは長いこと日本のロックの中心であり続けていたのだが、いくら私が頑張ってみても、日本のロック業界は巨大なマネー・ゲームの論理にすっぽりはまり込んだアメーバのようだと、ひしひしと感じていた。

「何のために、これほど働くのか？」といった思いが心を支配し、すべてを放り投げたい破滅的衝動に駆られた。時代はバブル経済期を迎えようとし、世界は新しい時代を模索し始めているというのに、日本だけがつかの間の平和と繁栄を謳歌していた。

40歳でバツイチ、独身であった私は、日本の音楽事情や政治や社会に、さらには市井(しせい)の四畳半劇場的な小さな幸せにさえ絶望していた。私はどこまでも自由なはずだった。その身が会社という組織に拘束されているのが辛くなっていた。60〜70年代の激動の〝政治の季節〟を体験していた私は、もう一度あの時代のような、毎日が緊張と興奮の場面に身を置きたかった。圧政と抑圧に対し戦っている世界の人々のそばにその身を置いてみたかった。「世界は今、激動している」と思うと、いても立ってもいられなかった。その答えが無期限の世界放浪という夢だった。この荒んだ虚無の放心状態には、心ゆくまでの充電が必要だった。いつの間にか私の興味は海外への貧乏旅行（バックパッカー）に移っていった。

けだるい土曜の昼下がりに「ロフト解散」宣言

ロフトという会社を経営していながら、私はいつも孤独だった。何年も経ってから、「あの頃のお前は、ものすごくエラそうで嫌な奴だった」と友人に言われたりもした。毎日が会議の連続、そして部下を引き連れて各店舗の視察。疲れ果てた身体を引きずって誰も待つ人のいない部屋に帰る孤独な日々だった。

84年9月、二百十日の強い風の吹く深夜、私は自室で突然、「こんな日本で死にたくない。世界は激動している。俺は何をしているのだ？」と衝撃的に思った。消耗しきった私は、「日本の音楽シーン、ロック・シーンの中で自分の役割は終わった」と痛切に感じた。

翌日、嵐が去った直後の、快晴のけだるい土曜の昼下がり。私は副社長の佐藤文にこう告げた。

「ロフトは解散する。できたらお前は、何年かかってもいいから月賦でロフトを買え。俺は日本を捨てて無期限の放浪旅に出る。いつ日本に帰るかは分からない。そうでないと俺は生きられない」

佐藤文は一瞬たじろいだ表情を見せたが、努めて冷静にこう答えた。

「ロフトを買う気はないよ。ロフトの解散には賛成だが、悠ちゃんのポリシーは尊重するから、しばらく新宿ロフトだけはやらせてくれ。後の店は暖簾分けでもしたらいいと思う。経理報告もちゃんとする」

結局、「有限会社ロフト」は残すことになり、下北沢、自由が丘の各店舗はその時の店長に暖簾分けした。そして、新宿ロフトだけは後々私が日本に帰ってきたときのために残すことにした。実はこれが問題だった。後ろ髪を引かれるような日本に「何か」を残すことはやめようと思っていたのだが、ロフトが日本のロック・シーンを牽引する立場となった今、そう簡単に店を畳むわけにはいかなくなっていたのだ。

日本を捨て、無期限の世界放浪の旅へ出る

84年10月、私は日本を後にする。友達には「ちょっと出かけてくる」と言い残し、「平野、また旅か？　お前は自由でいいな」なんて言われながら、今にも降りだしそうな曇天のもと、見送りもなく、バックパックを背負って無期限の世界放浪旅へと飛び出した。

まずは飛行機を使わない旅をしたかった。横浜からソビエト船でウラジオストクに渡り、そこから世界一長い9297キロもの鉄路・シベリア横断鉄道でモスクワへ行き、さらに解放

前の東ヨーロッパへ行くところまでは出発前に決めていた。これ以前にもアメリカやインド、ヨーロッパなど、短いながら何度か個人旅行をしたことがあり、バックパッカーとしての心得は少なからずできていた。

早朝、家を出たときには涙が出た。見慣れた風景のすべてが違って見えた。横浜港からバイカル号に乗り込む。出航のドラムの音が響き渡り、ロシア民謡『走れトロイカ』が流れる。色とりどりのテープが切れ、船が岸壁を離れたとき、涙が止まらなかった。「さよならニッポン」という感覚と、「これは遊びの旅ではない。もう一度己の立ち位置を見つめ直すのだ」という強い意識が全身を支配した。

私は自由だった。どこで働こうとどこに居住しようと自分で選ぶことができた。日本から遠く離れて気に入った国を見つけて永住権を取り、そこで骨を埋めてもいいと思った。期限のない旅、日本を放棄する旅、現代人にそんなことが許されるはずはないと思っていた。しかし、いったん決意すると、それは意外と簡単だった。

恋人、仕事、お金、親……、すべてのしがらみを断ち切ったときに自由が手に入る。これから始まるドラマを全身で受け止め、明日に向かって生きようと誓った。「目標は世界100ヵ国制覇！」と思い始めたら、興奮が収まらなかった。

生き馬の目を抜く東京で、曲がりなりにもライブハウス経営という一つの仕事を成功させた経験が、未知の旅への自信を裏打ちしてくれた。どこの国に行こうが、どこに住もうが自分一人の生活くらいどうにでもなるさ。そんな「勝手流」で行けるんだ。こうして私はロックの現場から離れ、世界へと旅立った。

エピローグ

ロフト10周年記念イベント

GO! GO! LOFT!! ～10th ANNIVERSARY～

◎1986年5月23日㊎～31日㊏ 新宿ロフト

23日㊎〈FEMAL NIGHT〉キャー↓／パパイヤパラノイヤ／他

24日㊏〈WECHSELBALG NIGHT〉ジュネ／サディサッズ／G・シュミット

25日㊐〈SENTIMENTAL NIGHT〉センチメンタル・シティ・ロマンス &FRIENDS

26日㊊〈T・ROCKERS NIGHT〉リザード &OTHERS

27日㊋〈T・NETWORK NIGHT〉メトロファロス &OTHERS

28日㊌〈NAGOMU NIGHT〉ケラ&HIS FRIENDS

29日㊍〈LIVE092 NIGHT〉アンジー／山善&ミッドナイト・スペシャル／他

30日㊎〈TANK ROCK NIGHT〉遠藤ミチロウ &OTHERS

31日㊏〈FRIENDS GIG NIGHT〉ハートビーツ &FRIENDLY ALL STARS

◎1986年6月1日㊐ 新宿厚生年金会館

出演＝シーナ & ロケット／ルースターズ／BOØWY／ZELDA／ACCIDENTS／PERSONZ／CHUYA & THE DE-LAX

●ロフトの10年史をつくってきた代表的なアーティストたちが10日連続で出演。

●当時、私はほとんど日本にいなかったので、このロフト10周年イベントは見ていない。だが、遂にブレイクを果たしたBOØWYが出演してくれたのは嬉しかった。ロフト主催のホール・イベントはこれが初めて。

LOFT CIRCUIT '89

◎1989年4月15日㊏ 日比谷野外音楽堂
出演＝ニューエスト・モデル／THE WELLS／ニューロティカ／メスカリン・ドライヴ／ピーズ／THE BARRETT

◎1989年4月21日㊎ 大阪御堂会館
出演＝ニューエスト・モデル／メスカリン・ドライヴ／ニューロティカ／THE WELLS

◎1989年4月23日㊐ 福岡ビブレホール
出演＝ニューエスト・モデル／メスカリン・ドライヴ／ニューロティカ／THE WELLS

◎1989年4月24日㊊ 福岡ビブレホール
出演＝グレイトリッチーズ／ピーズ／ポテトチップス／DEEP & BITES

◎1989年5月3日㊌ 仙台 CADホール
出演＝グレイトリッチーズ／ピーズ／ポテトチップス／DEEP & BITES

◎1989年5月4日㊍ 仙台 CADホール
出演＝ニューエスト・モデル／メスカリン・ドライヴ／ニューロティカ／THE WELLS

◎1989年5月13日㊏ クラブチッタ川崎（アンコール・スペシャル）
出演＝ピーズ／ニューエスト・モデル／メスカリン・ドライヴ／THE BARRETT／ストラマーズ／ストロベリージーン／THE ROCK BAND／クスクス

◎1989年8月4日㊎ 名古屋クラブクアトロ
出演＝THE ROCK BAND／G.D.FLICKERS／マルコシアス・バンプ／The バナーム／THE BARRETT

◎1989年8月5日㊏ 名古屋クラブクアトロ
出演＝The ピーズ／ニューエスト・モデル／メスカリン・ドライヴ／グレイトリッチーズ／ストロベリージーン

LOFT CIRCUIT '90

◎1990年3月10日㊏ クラブチッタ川崎
出演＝大江慎也＋ONES／ザ・コレクターズ／メスカリン・ドライヴ／THE GROOVERS／THE BARRETT／赤と黒／マルコシアス・バンプ

◎1990年3月11日㊐ クラブチッタ川崎
出演＝ポテトチップス／スピッツ／グランド・ナッツ／NEW DAYS NEWz／ジムノペディア／16TONS／死ね死ね団／the pillows

◎1990年5月2日㊌ 仙台イズミティ21（小ホール）
出演＝スピッツ／Billy the Caps／16 TONS／NEW DAYS NEWz

◎1990年5月3日㊍ 仙台イズミティ21（小ホール）
出演＝グレイトリッチーズ／ポテトチップス／スカンク／the pillows

◎1990年5月4日㊎ 仙台イズミティ21（小ホール）
出演＝ニューエスト・モデル／メスカリン・ドライヴ／THE BARRETT／GO-GO-TIMES

◎1990年5月14日㊊ 福岡モモチパレス
出演＝ニューエスト・モデル／メスカリン・ドライヴ／マイム／スピッツ／ニューロティカ

◎1990年5月15日㈫ 大阪厚生年金会館
出演=スカンク／スピッツ／the pillows／他

◎1990年5月17日㈭ 名古屋クラブクアトロ
出演=スカンク／スピッツ／the pillows／他

◎1990年5月18日㈮ 名古屋クラブクアトロ
出演=グレイトリッチーズ／ポテトチップス／他

◎1990年5月20日㈰ 日比谷野外音楽堂
出演=カステラ／グレイトリッチーズ／スピッツ／ポテトチップス／スカンク／餃子大王／他

●世は空前のバンド・ブーム。この頃のロフトを盛り上げていた人気バンドが全国を回り、各地でロフトの熱気をアピールする目的で89年、90年に企画された。

GO! GO! LOFT ～20th ANNIVERSARY～

◎1991年9月14日㈯ 日比谷野外音楽堂
出演=アンジー／THE WELLS／カステラ／the pillows／The ピーズ／THE MINKS／ゲスト=マグミ(レピッシュ)

◎1991年9月15日㈰ 新宿ロフト
出演=SION & FRIENDS

◎1991年9月16日㈪ 渋谷公会堂
出演=G.D. FLICKERS／STRAWBERRY FIELDS／De＋LAX／TRACY／DER ZIBET

◎1991年9月17日㈫ 新宿ロフト
出演=赤と黒／SMILEY & THE DOCTORS／Ruby(柴山俊之 vo.／藤沼伸一 g.／奈良敏博 b.／野島健太郎 key.／池畑潤二 ds.)

◎1991年9月18日㈬ 新宿ロフト
出演=BAD MESSIAH／THE 100-S／ROAD CRUISE／THE MAGNETS

◎1991年9月19日㈭ 新宿ロフト
出演=JACK KNIFE／つれづれ草／風来坊／THE CRAPS

◎1991年9月20日㈮ 新宿ロフト
出演=ASYLUM／ジムノペディア／Z・O・A

◎1991年9月21日㈯ クラブチッタ川崎
出演=PANTA／THE POGO／THE RYDERS／THE STREET BEATS／THE STRUMMERS／レジスタンス

◎1991年9月21日㈯ 新宿ロフト
出演=60／40／他

◎1991年9月22日㈰ クラブチッタ川崎
出演=SKAFUNK／DEEP & THE BITES／びっくりしたなもう／ポテトチップス／電気 GROOVE

◎1991年9月23日㈪ クラブチッタ川崎
出演=THE BARRETT／マルコシアス・バンプ／MOJO CLUB／GLASS／伊藤銀次／SUPER BAD

◎1991年9月24日㈫ 新宿ロフト
出演=KABACH／ROSENKREUZ／THE WEED／THE ZOLGE

◎1991年9月25日㊌ 渋谷公会堂
出演＝クスクス／グレイトリッチーズ／JUN SKY WALKER(S)／ニューロティカ／THE BELL'S

●71年に烏山ロフトがオープンしてから20周年を記念して行われた、12日連続（全13公演）ツアー。新宿ロフト、クラブチッタ川崎、渋谷公会堂の3ヵ所で開催。バンド・ブームが終わり、日本のロックの真価が問われた時代にロフトの常連バンドが熱のこもったライブを繰り広げてくれた。

KEEP the LOFT “でで 出てけってよ”

1994年7月10日㊐ 日比谷野外音楽堂

〈プログラム〉

01 LOFT 23時（ARB）【仲野茂 vo.／甲本ヒロト vo.／マグミ vo.／和気孝典 vo.／田中一郎 g.／真島昌利 g.】
02 天国への扉（ボブ・ディラン）【遠藤ミチロウ vo.g.】
03 さようなら世界婦人よ（頭脳警察）【PANTA vo.g.／遠藤ミチロウ vo.g.／秋間経夫 vo.g.】
04 ふざけるんじゃねぇよ（頭脳警察）
05 コミック雑誌なんかいらない（頭脳警察）【PANTA vo.／今井秀明 g.／秋間経夫 g.／内田雄一郎 b.／梅本勝之進 ds.／大槻ケンヂ（ゲスト）】
06 空手バカボン（空手バカボン）
07 福耳の子供（空手バカボン）【ケラ vo.／大槻ケンヂ vo.／内田雄一郎 b.】

GO! GO! LOFT
20th. ANNIVERSARY

9.14 日比谷野外音楽堂
ANGIE/THE WELLS
カステラ/THE PILLOWS
The ピーズ/THE MINKS
ゲスト マグミ(レピッシュ)

9.15 新宿ロフト
SION&Friends

9.16 渋谷公会堂
G.D. FLICKERS
STRAWBERRY FIELDS
De+LAX/TRACY
DER ZIBET

9.17 新宿ロフト
倖と黒
SMILEY&THE DOCTORS
Ruby(Vo.柴山俊之、G.藤沼伸一、B.原長勉漢、Key.野島健太郎、Dr.池畑潤二)

9.18 新宿ロフト
BAD MESSIAH/THE 100-S
ROAD CRUISE
THE MAGNETS

9.19 新宿ロフト
JACK KNIFE/つれづれ草
風来坊/THE CRAPS

9.20 新宿ロフト
ASYLUM/GYMNOPEDIA
Z・O・A

9.21 クラブチッタ川崎
PANTA/THE POGO
THE RYDERS
THE STREET BEATS
THE STRUMMERS
RESISTANCE

9.21 新宿ロフト
「夜間清掃動員演奏会」
60/40 etc.

9.22 クラブチッタ川崎
SKAFUNK/Deep&Bites
びっくりしたなもう/ポテトチップス
電気GROOVE
LONG VACATION(Vo.ケラ)

9.23 クラブチッタ川崎
THE BARRETT
マルコシアス・バンプ/MOJO CLUB
GLASS/伊藤銀次
SUPER BAD

9.24 新宿ロフト
Kabach/ROSENKREUZ
THE WEED/THE ZOLGE

9.25 渋谷公会堂
KUSU KUSU/グレイトリッチーズ
JUN SKY WALKER(S)
NEW ROTEeKA
THE BELL'S

チケット 7/20 発売

ロフト会員特別優先予約！
ロフトの会員の方に限り電話にて先行予約ができます
7月14日（日）Am 10:00 ～
フリップサイド ☎03−3770−8899
お一人様各日2枚まで

08 不滅の男（遠藤賢司）【外丸健児 vo.／高木克 g.／伊藤秀孝 vo.g.】

09 ワンモアタイム

10 お前が欲しい（シーナ＆ロケッツ）【シーナ vo.／鮎川誠 g.／渡辺信之 g.／橋本潤 b.／東川元則 ds.】

転換／コメント＝ゆでたまご、崔洋一

11 BOYS & GIRLS（ARB）【マグミ vo.／榊原秀樹 g.／松橋秀信 g.／市川勝也 b.／KEITH ds.／野島健太郎 key.】

12 空を突き破れ（ARB）【岡田ヨシアキ vo.／松橋秀信 g.／古川秀俊 b.／KEITH ds.／野島健太郎 key.】

13 Just a 16（ARB）【OKI vo.／SEIZI g.／今井秀明 g.／KEITH ds.】

14 Tokyo City は風だらけ（ARB）【ヒカゲ vo.／SEIZI g.／今井秀明 g.／エンリケ b.／KEITH ds.】

15 トラブルド・キッズ（ARB）【井上篤 vo.／ジャッキー g.／SHON b.／KEITH ds.】

16 魂こがして（ARB）【甲本ヒロト vo.／白浜久 g.／篠原太郎 g.／EBI b.／KEITH ds.／野島健太郎 key.】

17 ヨコハマ・ホンキー・トンク・ブルース（原田芳雄）【原田芳雄 vo.／仲野茂 vo.／野島健太郎 key.】

18 MONA（THE ROOSTERS）【花田裕之 vo.g.／下山淳 g.／井上富雄 b.／池畑潤二 ds.】

19 FADE AWAY（THE ROOSTERS）【延原達治 vo.／花田裕之 g.／下山淳 g.／井上富雄 b.／池畑潤二 ds.】

20 DISSATISFACTION（THE ROOSTERS）【延原達治 vo.／花田裕之 g.／下山淳 g.／奈良敏博 b.／池畑潤二 ds.】

21 誰の為でもない（白竜）【白竜 vo.／花田裕之 g.／下山淳 g.／奈良敏博 b.／池畑潤二 ds.】

22 IMAGE DOWN（BOØWY）【南野伸吾 vo.／田中一郎 g.／林田正樹 b.／高橋まこと ds.】

23 BEAT SWEET（BOØWY）

24 NO! NY（BOØWY）【吉井"LOVIN"和哉 vo.／田中一郎 g.／林田正樹 b.／高橋まこと ds.】

25 心のもちようさ（ハートビーツ）【シャイ、高田エージ、ウルフ、マサ】

26 ビールス・カプセル（サンハウス）

27 キングスネークブルース（サンハウス）

28 レモンティー（サンハウス）【柴山俊之 vo.／鮎川誠 g.／奈良敏博 b.／浦田賢一 ds.】

29 銃をとれ（頭脳警察）【JOE vo.／SUGIZO g.／渡辺亨一 g.／ヒーセ b.／コバン ds.】

30 悪たれ小僧（頭脳警察）【PANTA vo.／SUGIZO g.／渡辺亨一 g.／ヒーセ b.／コバン ds.】

31 セル No.8（バトルロッカーズ）【中村義人 vo.／谷信雄 g.／穴井仁吉 b.／コバン ds.】

32 可愛いアノ娘（ロッカーズ）

33 キャデラック（ロッカーズ）【スマイリー原島 vo.／谷信雄 g.／花田裕之 g.／穴井仁吉 b.／コバン ds.】

34 ノット・サティスファイド（アナーキー）

35 心の銃（アナーキー）

36 団地のオバサン（アナーキー）

37 東京イズ・バーニング（アナーキー）【仲野茂 vo.／マリ g.／

真島昌利 g.／J b.／コバン ds.】

＊アンコール

38　LOFT 23時（ARB）【仲野茂 vo.／スマイリー原島 vo.／延原達治 vo.／水戸華之介 vo.／田中一郎 g.／真島昌利 g.／EBI b.／ヒーセ b.／KEITH ds.／高橋まこと ds.】

●新宿ロフトの立ち退き裁判が進行する中で開催されたロフト存続イベント。ロフトに縁のある錚々たる顔ぶれが一堂に会し、頭脳警察、サンハウス、ARB、ルースターズ、アナーキー、BOØWYらの代表曲を代わる代わる演奏してくれた。この顔ぶれと選曲を眺めるだけでも、日本のロックの歴史＝ロフトの歴史と言えるのではないだろうか。会場内ではロフト存続の署名参加も呼びかけた。

KEEP the LOFT ～PROPAGANDA SIGNAL～

〈KEEP the LOFT ～ PROPAGANDA SIGNAL ～1〉

◎1994年10月29日㊏　新宿ロフト（ALL NIGHT）

出演＝THE MINKS／RYOTA BAND／ザ・チャイナボウルズ／THE 100'S／G.D.FLICKERS

〈KEEP the LOFT ～ PROPAGANDA SIGNAL ～2〉

◎1994年11月12日㊏　新宿ロフト

出演＝RANTNRAVE／RYOTA BAND／THE MINKS／THE STREET BEATS

◎1994年11月13日㊐　新宿ロフト

出演＝レディオジャック／ザ・チャイナボウルズ／THE 100'S／G.D. FLICKERS

〈KEEP the LOFT ～ PROPAGANDA SIGNAL ～3〉

◎1994年12月15日㊍　クラブチッタ川崎

出演＝アコースティック・ユニット（JOE & OKI、BOICE ユニット、

KEEP the LOFT

“でででで出てけってよ”

「新宿LOFT」存続支援のためのイベントです。あえて出演者は発表致しませんが、ロフトにゆかりのある多数のアーティストによる一大セッションを行います。

7月10日（日）日比谷野外音楽堂

OPEN 15:30 START 16:30 指定・立見￥3,605（税込）

※当日の収益金はAIDS募金に寄付します

6月18日（土）プレイガイド発売開始!!

チケットぴあ 03-5237-9999　丸井チケットぴあ 03-5385-9999
チケットセゾン 03-5990-9999　CNプレイガイド 03-5802-9999

ロフト存続賛同者（順不同、敬省略）

泉谷しげる　忌野清志郎　レピッシュ　筋肉少女帯　THE BLUE HEARTS　BUCK-TICK　シーナ＆ロケッツ　布袋寅泰　山下久美子　JUN SKY WALKER(S)　崔 洋一　白浜 久　キース　平山雄一　パンタ　原田芳雄　住友利行　宮崎真理子　市川哲史　池畑潤二　渋谷陽一　浜田省吾　高橋まこと　吉本ばなな　氷室京介　斎藤ノブ　後藤次利　花田裕之　松井常松　朝本浩文　田中一郎　ブライヘーツ　白竜　THE MODS　遠藤ミチロウ　ケラ　マルコシアス・バンプ　コレクターズ　ソウルフラワー・ユニオン　THE GROOVERS　スピッツ　JACK KNIFE　THE YELLOW MONKEY　THE VINCENTS　NEW ROTEeKA　G.D. FLICKERS　DEEP　日影晃(THE STAR CLUB)　フランキージェットシティー　水戸華之介＆エレカマニア　仲野茂　柴山俊之　LUNA SEA　ZELDA　THE MAD CAPSULE MARKET'S　THE MINKS　ゆでたまご　COLTS　Mr. Children　原田喧太　佐々木和也　100-S　横道坊主　ZIGGY　SHADY DOLLS　GO-BANG'S　EBI　The Brick's Tone　GEENA　ストリートビーツ　エンリケ　The ピーズ　藤沼伸一　寺岡信芳　野島健太郎　村上"ポンタ"秀一　ボ・ガンボス　小林高夫　WILLARD　CHINA BOWLS　BOICE　原島宏和　下山淳　鈴木慶一　他

（※尚、ロフト存続賛同者と実際の出演者は異なる場合があります。）

info. Hot Stuff 03-5839-9999

IWATA ユニット[以上、横道坊主、THE MINKS、RYOTA BAND、ザ・チャイナボウルズ、DIE-ZW3E、THE 100'S、THE STREET BEATS、G.D. FLICKERS より]）／セッション・ユニットA（佐々木和也、佐藤博英、高田佳秀、岡本有史、AKIO）／セッション・ユニットB（沢向要士、今井秀明、SHON、市川勝也、森原光司）／セッション・ユニットC（宇梶剛士、渡部充一、外丸健児、AMI、大山正篤）／セッション・ユニットD（水戸華之介、原敬二、JACKie、George、UDA）／「ＬＯＦＴ23時」セッション（全出演者、原敬二g.、セイジg.、RANDY b.、KEITH ds.、DEBU ds.）／総合司会＝スマイリー原島

●G.D. FLICKERSのＪＯＥの呼びかけにより、「KEEP the LOFT〟でで出てけってよ〟」出演者の次の世代の面々が一堂に会した。私がロフトを離れている間に成長した顔ぶればかりだが、本当にロフトのことを愛してくれているんだなと思うと胸が熱くなった。

ROCK OF AGES 1997

～SHINJUKU LOFT 20th ANNIVERSARY～

１９９７年７月24日㊍　日本武道館

出演＝アナーキー／ウルフルズ／筋肉少女帯／シーナ＆ロケッツ／SIAM SHADE／スピッツ／ザ・ハイロウズ／花田裕之＆ロックンロール・ジプシーズ／HOTEI（布袋寅泰）／THE MAD CAPSULE MARKETS／レピッシュ／ゲスト＝池畑潤二、石橋凌、泉谷しげる、井上富雄、遠藤ミチロウ、大島治彦、KEITH、KYON、柴山俊之、下山淳、スマイリー原島、高田佳秀、高橋まこと、Char、奴舞、奈良敏博、白竜、PANTA、南野信吾、他

●新宿ロフトの20年間の歴史を１日で見せてしまおうというロフト始まって以来の一大イベント。日本のロックの殿堂、武道館を日本で一番大きなライブハウスにしてしまおうというロフトならではの入魂の企画だった。ステージもロフトと同じ市松模様にし、出演者はロフトの20年間を語る上で欠かすことのできないミュージシャンばかり。わずか２００人のキャパシティ

として始まった新宿ロフトが1万人を収容する日本武道館でライブをやるなんて、ただそれだけで痛快ではないか。過去を振り返らない主義の私も、さすがにこの日ばかりは感慨に浸った。ロフトでの打ち上げの出演者たちの笑顔と楽しき語らいは私にとってとこしえに宝物だ。

ロックがロックである限り、60～70年代に生まれたロックの高揚を越えることはできないと個人的には思う。たとえば第2のコルトレーンがいないように、第2のビートルズや第2の細野晴臣、第2の頭脳警察がいないのと同じだ。もし今、当時のロックやジャズを越えるものがあったとしても、それはジャズともロックとも言わないものなのかもしれない。

日本のロックの黎明期、ライブハウスの現場で青春を過ごせた私は幸せだったのだろう。とにかくいろいろなバンドと接し、一緒に泣いたり笑ったり考え込んだりした。離合集散をし続けてきた日本のロックを理解できたかどうかは別にして、ライブハウスという現場で一番底辺にあるロックを見続けたのは私だろうと自負している。それほど私はロックの現場に長く居続けた。

「俺たちが支持する音楽をみんなに聴かせたい。しかし客が入らない」「じゃあ、どうやってお客さんを入れよう？」という熱意ある人間同士の共同作業からライブハウスのブッキングは始まる。この物語は、そうやって悪戦苦闘・試行錯誤の連続だったロフトの轍（わだち）を私なりの視点で書き綴ったものだ。もちろんロックから叩き出される熱のこもったサウンドは言葉で言い表すことはできないものだが、下手に妥協はするまいと思って書いてきた。

71年3月に烏山ロフトをオープンさせてから49年の歳月が過ぎた。当初から私は、店の方針を「雑多な音楽と雑多な表現者の集まり」と決め、ロフトという実験空間を維持してきたはずだった。一切のタブーはなく、種々雑多なものを一つの空間の中で同居させるから面白い。だからこそロフトは音楽だけではなくあらゆるカルチャーを巻き込んださまざまなムーブメントを構築できたと思っている。

85〜92年の新宿ロフトの風景

1984年後半から92年まで、私は日本のロック・シーンにあまり立ち会えていない。時折一時帰国することはあったが、空白の8年なのだ。

転機が訪れたのは92年。新宿ロフトがビルのオーナーから移転を求められ、私は再び日本の地に帰ってくるのだ。その時点で私は日本の音楽状況には全く疎い浦島太郎状態。48歳になっており、この8年もの空白を埋めるには年を取りすぎていた。

私は、日本のロックの系譜をもう一度勉強し直す必要があった。私が日本のライブハウス、言い換えればロックの最前線にいたのは84年の9月までだ。私は、その後大ブレイクする尾崎豊やブルーハーツ、X JAPAN、たま、そしてスピッツといった存在はほとんど知る由もなかった。

今さらながら、私が日本にいない間にロフトを支えてくれたスタッフや表現者たちに感謝しなければいけないんだと思う。帰国していざロフトに足を運ぶと、カステラ、グレイトリッチーズ、ガスタンク、スピッツ、ポテトチップス、Ｔｈｅピーズ、クスクス、ウルフルズといったバンドの熱気が充満していたが、私が不在にしていた8年間、日本のライブハウス・シーンに何が起こったのかを当時の店長だった小林茂明（ロフトプロジェクト代表取締役社長、２０１７年死去）に訊くしかなかった。

「僕がロフトに入ったのがちょうど、ソニーからウォークマンが出た頃かな？　１９８０年代前半って、日本のロックは揺籃の時代なんですよ。東京ロッカーズやハードコア・パンクが静まりかけたかと思うと、いわゆるめんたいロック系バンドが九州からやってきて、その一方でテクノポップもありつつ、関西メタルが東京へ進出。東のＢＯØＷＹ、西のモダンドールズなんて言われたこともあった。日本のロックが最も混沌としていて、一番価値のある時代だったような気がする。ここまでが悠さんが日本にいた時代。その結果として、85年以降のイカ天・ホコ天の一大バンド・ブームが来るんですよ。その時代、悠さんは愚かで絶望的だったと言っていたけど、ロフトは確実に日本のライブハウス・シーンを引っ張っていた。ロフトの80年代前半のスケジュールを見ていると、確かにＢＯØＷＹ、町田町蔵、スタークラブ、Ｐ‐ＭＯＤＥＬ、ヒカシュー、戸川純、オートモッドと錚々たる面子が揃っている。でも、ちょっと生意気だけど、『ロフトに出演しなければ本物のロックじゃない』って名を馳せたのは85年以降のバンド・ブームだと思う。どんなバンドを見れば今（92年）の日本のロックの最先端が理解できるんだと言われると、ちょっと複雑で悠さんにはよく分からないと思うけど、とりあえずカステラ、Theピーズ、クスクス、ウルフルズ、ニューロティカ、スピッツなんかを見てください。昔と違って東京にはライブハウスもたくさんできましたし。競争相手もたくさんあるんですよ」

日付はいつだったか忘れてしまったが、私が新宿ロフトに現場復帰してから小林社長に教えてもらったバンドを次々と観戦していった。その当時の私の感想を誤解を恐れずに言わせてもらうと、彼らが醸し出すそのメッセージの意味のなさとノリの軽さに、衝撃のあまり思わず考え込んでしまった。「日本のロックはここまで変質してしまったのか?」といった感覚を持った。それは驚きというよりも、多分落胆したと言ったほうが近いのだろう。

そこには私が期待していた「思想(=カウンター・カルチャー、対抗文化)としてのロック」はほぼ皆無で、聴衆は健全そうな若い少年少女ばかりだった。カステラやTheピーズは「ピーマンなんか食いたくねーよ」「ビデオ買ってよ」と、何の意味もなさないことをリズミカルに歌うだけ。クスクスの「寂しくないんだ、みんなで手をつなげば……」なんていう歌詞が耳に入ってくると、私はもう訳が分からなくなってきた。ライブハウスの店内は、少年少女の爽やか健全ムードが満ち溢れ——確かに軽いウエストコーストっぽい、ノリのいいリズム隊は素敵だったが……——まるでジャニーズのコンサートのようにみんな両手を揺らし、一緒になって歌を歌ってウェーブしている光景には、「これじゃまるで仲良しクラブ的歌声喫茶ではないか」と思ったくらいだ。

その当時のことをつい最近、音楽ライターの吉留大貴に話したところ、彼はこう説明してくれた。

「平野さんが帰ってきた90年代初頭は、ラフィン・ノーズやブルーハーツが放った重いメッセージからクール・ダウンしていた時代だったんです。意味性からの解脱なんですよ。彼らはできるだけ意味のないことを歌い、歌詞がないと歌えないというだけでしか歌詞を捉えていなかった。だから平野さんのとまどいは当然なわけですよ」

当時の新宿ロフトには、階段を下りて入場するだけでも不良の匂いがする、薄汚くていつも何かが起こりそうな危険で妖しげな雰囲気はもうなかった。突っ張っている演奏者もお客もいなかった。

「そうか、今のロックに文化や社会との接点である思想を求めてはいけないのだ。反権力なんて歌うのは時代遅れで、この世紀末の時代にはロック・ミュージックが意味性を歌い上げてはいけないのだ」と痛切に思い、日本に戻ってまたもや私の居場所が今の日本のロック・シーンにはないことを痛感し、「もう一度ロックの最前線にいたい」という意欲がどんどん失せていくのを感じた。

日本のロックはどこに行くのだろうか？

混沌とした現在の音楽状況を見ると、時代に息づいているのではなく全く方向を見失ってしまっていると言えるのかもしれない。かつてのロックは既成概念や体制に対する反抗心や怒りを強く表現することが主体で、対抗文化（カウンター・カルチャー）としての存在意義を持っていた。しかしその後、ロックはカウンター・カルチャーから一般大衆に受けるメイン・ストリームへと躍り出てしまったのだ。

私が84年に日本を飛び出し世界を放浪し、海外移住の夢に破れ92年に戻ってきたとき、「バブル」や「イカ天、ホコ天のバンド・ブーム」はすでに終わっていた。東京の音楽シーンでは空前のバンド・ブームを経て、ロックのジャンル別による演奏空間の棲み分けができ上がっていた。さらにはライブハウスの悪名高いノルマ制度が一般化しているのにビックリして、ロフトのスタッフに聞いた。

「えっ、客が入らないとライブハウスは表現者から罰金を取るのか？」

「はい、ライブハウスの出演料です」

「出演料って店側が払うものじゃないの？　カラオケの間違いじゃないのか？」

「アマチュア・ミュージシャンを相手にしたカラオケの豪華版です」

「ジャズ界ではこんなシステムはあり得ない。世界では通用しないシステムだな。そうか、お客さんがゼロでもライブハウスは基本的に損をしないんだ」

日本に帰ってきたばかりの私はとにかく驚いた。確かに店も商売である以上、ノルマ制度がよくないとは簡単に言えない。だが、私にはどうにもこのノルマ制というものが腑に落ちなかった。

新宿ロフトの避難場所として誕生した下北沢シェルター

1991年、西新宿で数々の伝説を生みながら15年を経た新宿ロフトも、ビルの老朽化とともにその役目を終えようとしていた。新宿副都心再開発により、新宿ロフトが入っているビルが取り壊され、新ビルにその姿を変えようとしていたのだった。

ビルのオーナーはゴルフ場などを経営していてバブリーな感じではあったが、ロフト大改装計画を持つ私にとっては新築建て替えは渡りに船で、それは大きな冒険でもあるが歓迎すべき再出発でもあると思っていた。

立ち退きか再入居かと迫られていたロフトは、「ビルの地下部分を私たちの自由に設計させてもらえる」というところでオーナーと合意していた。私たちはすでに新しい設計図面をビル側に提出していた。問題はビルの建て替えの時期と期間の長さであった。ビルの建て替えには最低2〜3年はかかる。その間、ライブハウスを休業しているわけにはいかない。

この時点でロフトの店舗は新宿ロフト1軒しかなかった。再入居し、そのビルにさらに大きなライブハウスをつくろうとしていた手前、ビル側に休業資金を出せとは言えなかった。当時のロフトの面積が65坪強であったのに対して、新しい店は我々の設計図では200坪、天井の高さが6メートルを超える大きな構想であった。これによって多くのロック・ファンを驚かせる自信もあった。

時はまだあの日本中を狂わせたバブルが終焉する少し前で、取引銀行からは、改装資金を借りる内諾を受けていた。いずれにしろ、新しい新宿ロフトができるまでの期間、どこかでロックの灯をささやかでも灯し続けなくてはならなかった。

毎日の不動産屋通いが始まり、最終的に私は、下北沢の駅近くに物件を見つけることができた。時代も時代だったので、この物件は高い買い物だったが、私は過去、下北沢ロフト（1975年オープン、1982年に当時の店長だった長沢幹夫に暖簾分け）を開店・運営した経験もあり、下北沢は土地勘もあったので、新店舗オープンと経営には若干の自信があった。この新たなライブハウスは、新宿ロフトの「避難場所」の意味も込めて「シェルター」と名づけられた。

初代店長・平野実生が語るシェルター

「シェルターがやった革命っていうのはね、ロフトでもライブ・インでもラ・ママでもどこもできなかった、オルタナな時代をきちんと意識していたこと。当時のライブハウス系バンドは、ライブハウス～渋谷公会堂～日本武道館というステップ・アップの公式があって、みんなそれを目指していた。ロフトをいったん卒業してしまうと、みんな出演しなくなった歴史があるじゃない？　でも、アメリカではインディーズのアーティストがメジャー・レコード会社に頼らず、何百万枚のセールスをあげられる時代になっていた。だから、武道館でやった次の日でもシェルターでやれるようなバンドを探すことから始めたんだ。

小さなハコでやることが、ちっともイメージ・ダウンにならない雰囲気づくりから始めたかな。当然初めはお客が入らなかったけど、5年後にはそれが成功したと思っている。俺たちは懸命に、ニルヴァーナとかのグランジ・ブームを勉強したわけよ。それ、悠さんに説明しても分からないと思うな。まぁ、小さなハコの意地というか。『メジャーくそくらえ！』っていう意識かな。つまり、『Do It Yourself』を目指そうとした。パワステみたいなハコは全くのメジャー志向だったし、ビジュアルは絶対にやらなかった、ビジュアルって出演者の入り待ち、出待ちでたくさんの少女が店の前でたむろするでしょ？　近所迷惑になるからやれなかっただけの話で、本当はやりたかったな。俺も嫌いじゃなかったし、客入るし。

辛かったことと嬉しかったこと？　嬉しかったことはね、ニューヨークの偉大なバンド、レイルロード・ジャークが、素晴らしすぎるライブの後の打ち上げで、当時の常連さんたちとバカ騒ぎしてくれたこと。帰り際、ベースのトニーが『ひどい店！　サイテークラブ！』（奥さんが日本人のため多少しゃべれる）と笑いながら言った後、突然真面目な顔で、『But Most Greatest Fuckin' Club of The World』（ホントにココは世界一のクラブだと思う）と言ってくれたこと。あの当時、ニューヨークのCBGBをソールド・アウトさせてたバンドの言葉だよ？　当時はその場にいたみんな、ここが世界一だって純粋に感じていた。シェルターって、毎日そう思ってる人たちが集まる場だったんだ」

こうして下北沢シェルターは素晴らしいスタッフたちによって次々と新しいシーンを獲得していった。

新宿西口ロフト改装計画には、「今ならロック文化の天下を獲っている日清パワーステーションに肉薄できる！」というロフトの信念があった。しかし、物事はそう順調にはいかなかった。新宿ロフトのビルのオーナー会社がバブル崩壊によって潰れ、ビルは裁判所によって「競売」に移されてしまったのだ。これには困った。契約会社のオーナーが去り「競売」となると、私たちロフトが有する数々の権利（営業権や店舗保証金等）がなくなってしまうからだ。

こうして、ロフトは新宿の中で新たな拠点を探す羽目になった。ロフトの長年の拠点である新宿の街を離れるわけにはいかなかったのである。その結果、新宿ロフトは世界一スリリングな歓楽街として知られる歌舞伎町へ移ることになった。この歌舞伎町移転計画には「危険すぎる」という多くの反対意見が社内でもあったが、「日本のロックを牽引してきたロフトがそんなことを恐れてどうする!?」と私は強引に押し切った。

かくして1999年3月17日に新宿西口にあったロフトは23年間の歴史に幕を閉じることとなり、4月24日に歌舞伎町へ移転してリニューアル・オープンした。550人収容のライブ・スペースと100人収容のステージ付きラウンジ・スペースを併せ持つライブハウスとして生まれ変わった新宿ロフトは、2020年でオープン21周年を迎えた。場所は変われど、「雑多な音楽と雑多な表現者の集まり」というロフトのポリシーは今も不変だ。

「新宿ロフト」主要スケジュールとイベント 86→96

86～96年の10年間は、BOØWYのブレイクによって日本のロックが真の意味で大衆化を果たし、未曾有のバンド・ブームが訪れ、やがてバブルの崩壊とともに失速していく激動の時代だ。この10年間におけるロフトの主要スケジュールを最後に紹介しよう。

1986.7

1日(火) 〈Revolution GIG〉バイエル／サイケデリック・クロース／CRACK THE MARIAN／THE SONIC DARTS

2日(水) THE BLACK-50／MORAL(from 名古屋)

3日(木) 水の羽(b. U-KO ex. アレルギー)

4日(金)～6日(日) 〈ANTHEM 3DAYS〉

7日(月) THE OUT／赤と黒

9日(水) THE COMES

10日(木) 〈ハッスル時代3～パラダイスマンボ、南へ〉あけぼの印／ゲスト=サラスヴァティ

11日(金)・12日(土) 〈Heartful Melody Four Islands Tour Opening Act〉ガスタンク

13日(日) 〈Smile Party〉THE BLUE HEARTS／我殺／THE LONDON TIMES／レピッシュ／ペイントボックス／ジ・イエッツ

14日(月) 〈ELECTRIC COOL ACID AGAIN〉WHITE HEAVEN／ミュータント・モンスター・ビーチパーティ／他

15日(火) FAKES／ハイドラ／ティラノ・サウルス

16日(水) CLAN／日の丸ファクトリー／SENSE OF VIEW

17日(木) ケンジ

18日(金) ZEITLICH VERGELTER／バツ

19日(土) 〈HEAD-U Presents Romantic Revolution〉PERSONZ

19日(土) 【ALL NIGHT】〈LIVE GATHERED!〉SHEENA & ROKKETS

20日(日) 〈ゲリラ ジャンクション〉パパイヤパラノイア

21日(月) 〈REBEL BEAT FACTORY〉THE BURNUM(from 名古屋)／THE STRUMMERS／ゲスト=LOUD MACHINE

22日㊋〈Another Birth〉THE SHAKES
23日㊌〈レコード発売記念GIG〉ビアズリー
24日㊍〈SHOT THE SNAP〉SNAPS／THE COLLECTORS／GO-GO-BOYS
25日㊎〈DEAD END GIG Vol.7〉リップクリーム
25日㊎【ALL NIGHT】〈LOFT ALL NIGHT SUMMER PARTY〉
26日㊏〈LIVE! DO IMAGINATION〉MODERN DOLLZ
27日㊐THE FOOLS
28日㊊レジスタンス／他
29日㊋・30日㊌〈ばちかぶり・泯比沙子 2DAYS〉
ゲスト＝29日＝筋肉少女帯、30日＝NON BAND
31日㊍〈ピラニア・パーティ Vol.2〉キャー↓

●85年2月に結成されたTHE BLUE HEARTSは同年4月3日に新宿ロフトで初ライブを行ったが、しばらくは渋谷屋根裏を中心に活動していた。87年5月に『リンダリンダ』でメジャー・デビューするまで、この時期の彼らはストレートな歌とパフォーマンスでめきめきと頭角を現し、着々と動員数を伸ばしていた。

●ばちかぶりは、今や俳優・ナレーターで知られる田口トモロヲがボーカルを務めていたバンド。彼がばちかぶりの前にやっていたガーリンというバンドでは、今の穏やかなナレーションからは全く想像のつかない過激なパフォーマンスを繰り広げていた。

ROOF TOP
PERSONZ
MODERN DOLLZ
レジスタンス
GO/GO/LOFT//-10th ANNIVERSARY-
Mar

ROOF TOP

GO/GO/LOFT//
—10th ANNIVERSARY—
etc.
May.

ROOF TOP

BOØWY
etc.
June.

1987.5

1日㊎・2日㊏	〈POWER-PASSION TOUR FINAL〉PERSONZ
3日㊐・4日㊊	〈ビデオスターリン・デビューギグ〉 ビデオスターリン
4日㊊	【ALL NIGHT】THE ROOSTERZ
5日㊋	〈我殺五周年記念ギグ〉我殺／UNION／ ニューロティカ／菊／16TONS／ THE STRUMMERS／THE JUMPS／ THE BURNUM（from 名古屋）／ガーゼ
6日㊌	〈THE ROCK ACADEMY〉ナルミ&ザ・ミスターズ／ ONE'S／ルーレッツ
7日㊍	〈……風色の夜〉BL.WALTZ
8日㊎	〈帰ってきたサンダル親父ナイト〉レジスタンス
9日㊏	〈THE COVER〉THE ROCK BAND／ 柴山俊之 & ROCK HOUSE + 下山淳（THE ROOSTERZ）／PANTA／ COOKIN STOVE（内海利勝 g.・相原誠 ds.）／ ANEMONE
10日㊐	〈STAGE 9th DAY ～南より来たるもの〉 メッセンジャーズ／モノレール／φ（ファイ）／ たけのうちカルテット（以上、from 博多）／ あけぼの印／ラベリッシュ
11日㊊	〈売上税反対 GIG〉THE KINGBEES／木魚／ ザ・ビッターズ
12日㊋	〈MODEL HOUSE PRESENTS〉HEAVEN
13日㊌	SUPER BAD／SCANTY
14日㊍～16日㊏	〈丸っ・太陽ロフト 3DAYS〉
14日㊍	〈第1夜・12インチ発売記念ギグ〉THE EDEN／ ゲスト=MUDDY LUMPS
15日㊎	〈第2夜・太陽建国祭〉第三火の宮
16日㊏	〈第3夜・HURRY UP MODE ツアー〉BUCK-TICK
16日㊏	【ALL NIGHT】THE STAR CLUB
17日㊐	〈アナタの笑い口の背中について〉水の羽
18日㊊	赤と黒／THE SHAM（from 博多）
19日㊋	〈BEAT REVOLUTION 我儘にも限度があるぜ〉 NEW DOBB
20日㊌	PRIME TIME／エクシーズ
21日㊍	D'f／LISA'S
22日㊎・23日㊏	恒松正敏 & HIS UNIT 2DAYS ゲスト=22日・ザ・ファントムギフト 23日・マリィルイーズ
24日㊐～28日㊍	〈HUMAN BEING・TOKYO Part.1〉大江慎也 5DAYS
29日㊎	ACCIDENTS
30日㊏	あぶらだこ
31日㊐	THE SHAKES

●アナーキー（この頃は THE ROCK BAND と名乗っていた）の仲野茂がプロデュースする「THE COVER」は、今も新宿ロフトで不定期に行われている息の長い企画。茂が敬愛する先輩・柴山俊之（サンハウス）と PANTA（頭脳警察）を迎え、世代の垣根を超えて不滅のロック・クラシックを歌い継いで

いくという意義深いイベントだ。こうしたイベントはまさにロフトならではのものと言えるだろう。

●BOØWYに継いで人気を博した群馬出身のロック・バンド、BUCK-TICKが当時所属していたインディーズ・レーベル「太陽レコード」の3DAYS企画に出演している。現在のヴィジュアル系に通じる耽美な出で立ちで注目を集めた彼らは、のちのバンド・ブームを牽引した中心的存在だ。

1988.12

日付	内容
1日㊍	〈噂のバンプ ワンマン・ライブ〉マルコシアス・バンプ
2日㊎・3日㊏	THE BELL'S 2DAYS ゲスト=2日=THE GROOVERS、 3日=ジムノペディア
4日㊐	〈ROOFTOP LIVE PARTY ACT.3〉司会=ケラ／ 第1部=痛郎／ミンカ・パノピカ／オバンド 第2部=ミシン／たま／死ね死ね団
5日㊊	〈1988・パンクロックでしめよう。〉 ビアズリー／ゲスト=つれづれ草
6日㊋〜8日㊍	〈新宿ロフト・1000人斬り!〉 ニューロティカ 3DAYS
9日㊎・10日㊏	〈ムイエビンで GO GO〉THE ROCK BAND 2DAYS
11日㊐	〈いつもの時間に、いつもの場所で〉THE WELLS
12日㊊	〈CROSS TO EROS〉チコヒゲ &HIS UNIT／ ゲスト=マネキン・ノイローゼ
13日㊋	〈ニク坊だジョー!〉ZIN-SAY!
14日㊌	〈CLUB MAGIC MASHROOM THAT'S CHARGE

15日㊍ FREE!〉KUSU KUSU／COW BOYS／バルンガ

16日㊎ 〈'88 LAST ONEMAN GIG in TOKYO〉MAD GANG
CANIS LUPUS

17日㊏ G―シュミット

17日㊏ 【ALL NIGHT】〈MIDNIGHT ROCK PARTY〉
THE GROOVERS／ゲスト=割礼

18日㊐ 〈BREAK OUT '88 GIG〉FUNKY DYNAMITE
＊ファンクラブのみ

19日㊊〜21日㊌ 〈BAR MALDOROR in TOKYO〉

19日㊊ DEATH IN JUNE／SOL INVICTUS

20日㊋ CURRENT 93-SET1／VASILISK（JAPAN）

21日㊌ CURRENT 93-SET2／触媒夜（JAPAN）

22日㊍ 〈噂のインチキマガジン『バンドやめようぜ！』配布ライブ〉グレイトリッチーズ／
ゲスト=ポテトチップス

23日㊎ 〈MAGICAL PSYCHIC X'MAS〉
ザ・ファントム・ギフト／ハバナ・エキゾチカ

24日㊏ 〈サンダル親父のクリスマス〉レジスタンス／
MACHINE GUN

24日㊏ 【ALL NIGHT】〈LOFT ALL NIGHT X'MAS PARTY〉

25日㊐ 〈スマイル・パーティ Vol.4〜NEW FACE X'MAS〉
STRUT／HELLOWS／The ピーズ／SKAFUNK／
THE MAGNETS／バッド・メサイア／
ブッチャーズ（from 札幌）／

26日㊊ イースタンユース（from 札幌）／THE GROOVERS
〈大晦日前バカロック自滅ワンマン〉DEEP & BITES

27日㊋・28日㊌ 〈THE STAR CLUB 2DAYS〉

29日㊍ THE BARRETT／THE KINGBEES／赤と黒／
ニューブーツ＆パンティーズ／他

30日㊎ BL.WALTZ／フレデリック／グランド・
ファーザーズ／Mr.クリスマス／
KABACH／他

31日㊏ カステラ／The ピーズ／ストロベリージーン／
THE WELLS／THE BELL'S／THE STRUMMERS／
THE ROODYS／THE BODIES（from 博多）／他

●この頃、ロフトの機関誌『ROOFTOP』はビデオ・マガジンを発売していた。『ROOFTOP LIVE PARTY ACT.3』はそのビデオ収録を前提に開催されたものだ。ケラ率いるナゴムレコードの面々が総出演している中、あの竹中労が「日本のビートルズ」と高く評価していたたまが目を引く。彼らがブレイクするのはこの翌年、『三宅裕司のいかすバンド天国』に出演してイカ天キングになって以降だ。この番組の影響で未曾有のバンド・ブームが訪れる一方、レコード会社による若手バンドの青田買いが進むという悪しき慣習が始まる。

●「新宿ロフト・１０００人斬り！」と題した3DAYSを敢行したニューロティカ。今や唯一のオリジナル・メンバーとなったボーカルのアッシは、未だに新宿ロフトのステージに立つことを誇りに感じてくれている。２００７年にロフト出演通算２００回という前人未到の記録を生み出せたのは、ブームに左右されることなくたゆまぬ活動を続けてきたからこそだろう。

1989.12

日付	出演
1日㊎	〈PILLOW TALK TOUR〉the pillows
2日㊏	〈これぞまさしく青田刈り〉風来坊／IDLE-GOSSIP／NEW DAYS NEWZ／T-UP
3日㊐	〈STAND AGAIN〉THE STRUMMERS
4日㊊	〈1989 LAST SHOW〉THE ZOLGE
5日㊋	〈DO YOU KNOW DELICIOUS BEAT?〉The CLYDE／THE FUSE／BELLETS
6日㊌	〈コンビニエンス・ギグ Vol.13〉我殺ハードビーツ／RADIO HACKER／ストロベリージーン／THE JOKERS
7日㊍	〈DG No.1〉死ね死ね団／電気グルーヴ（ex. 人生 vo. 石野卓球の新バンド）
8日㊎・9日㊏	〈LAUGHIN' NOSE 2DAYS〉
10日㊐	〈ルールールー・スペシャル・パーティー〉THE BOLD／SIGN／UB-TAPS／die Ambivalenz
11日㊊〜14日㊍	〈ソウルフラワー 4DAYS〉
11日㊊	THE NEWEST MODEL／メスカリン・ドライヴ／ゲスト=近藤房之助セッション・バンド
12日㊋	メスカリン・ドライヴ／ゲスト=ダウンホームスペシャル（from 京都）
13日㊌	THE NEWEST MODEL／ゲスト=フレデリック
14日㊍	THE NEWEST MODEL／メスカリン・ドライヴ／ゲスト=ソウルフラワーズ
15日㊎	〈わいのラッパを聴いてくれ〉DEEP & BITES
16日㊏	〈いちご超天然色 Vol.1〉有機生命体／たちくらみ／きどりっこ
17日㊐	〈LOFT → SELECTION'S〉SMILEY & THE DOCTORS／

THE KINGBEES／BIG SLUMBERS／THE FABULOUS／STRAWBERRY FIELDS／HOMEWARD TRIPS

18日(月) 〈えび発足1周年記念リサイタル〉えび／つれづれ草／THE CRAPS

19日(火) 〈GOLDEN TOKIO NITE Act.3〉UP-TEST／BILLY THE CAPS

20日(水) 〈「LOOK LIKE A FOOL」発売記念LIVE〉赤と黒

21日(木) 〈MOON DOG PARADE〉THE BARRETT／ゲスト＝KING SIZE (from 大阪)／PEACE MAKERS (from 仙台)

22日(金) 〈HUMANICAL GARDEN 6〉Z.O.A

23日(土) 〈MAXIMUM KISS TOUR '89〉THE GROOVERS

24日(日) 〈鳥になっちゃう日 Vol.1〉スピッツ／ポテトチップス／オシャカ

24日(日) 【ALL NIGHT】〈LOFT ALL NIGHT X'MAS PARTY〉

CHAIN THE THREE GANG／飛び入りセッション有り

25日(月) 〈スマイルパーティー〉イースタンユース／16 TONS／THE STRUMMERS／ジムノペディア

26日(火) 〈LOU! LOU! LOU! KABACH Vol.3〉KABACH

27日(水) ASYLUM

28日(木)・29日(金) 〈若き暗殺者〉THE STAR CLUB 2DAYS

30日(土) 赤と黒／SMILEY & THE DOCTORS／GLASS／THE BARRETT／レジスタンス／THE GROOVERS／SHAKES

31日(日) 〈1部・2部〉グレイトリッチーズ／ポテトチップス／THE STRUMMERS／THE MAGNETS／ジムノペディア／SKAFUNK／THE FUSE／シアターブルック／Zi:KILL／THE BARRETT／スピッツ／ストロベリージーン／BAD TIMINGS／他、ゲスト多数

●今や国民的バンドと言っても過言ではないスピッツが自主企画「鳥になっちゃう日」をスタートさせている。87年の結成当初から新宿ロフトに出演することが目標だった彼らは、ついに自主企画をやれるまでに成長していた。以下は『ROCK is LOFT』に掲載された草野マサムネ（ボーカル）と三輪テツヤ（ギター）の発言である。

三輪「アマチュア・ロック・バンドだったら誰でも夢見てたからね、ロフトに出るってことを。十代の頃、日本で一番ロックを感じられる場所だった。武道館的な存在のライブハウスって言うか…。だからすごく敷居が高かったよね」

草野「しかも、ダークな部分を持っていたから。アンダーグラウンドって言うか、危ない感じがいいなって」

三輪「そのダークな感じが余計に〝本物〟って感じさせてた（笑）。スピッツには縁遠い感じがしてさ」

草野「だからすごく憧れた、そのヤバイ感じに（笑）。実際に来るお客さんはそういうことはなかったんだけど、演奏中に空き缶とか投げてきそうな気がしてね。初めて出た時、缶とか飛んできたりケンカが起こったりするような状況に憧れつつ、演奏してた（笑）。（略）当時、バンド・ブームが進んでいくに従って、ニコニコして手拍子したり、みんなでお揃いの踊りをしたりするような空気が広まっていったんだけど、ロフトもそういうのに侵食されつつもダークな部分が残っていた唯一のライブハウスだったような気がする。それって新宿っていう街にあるっていうのも大きな理由だったのかもしれない」

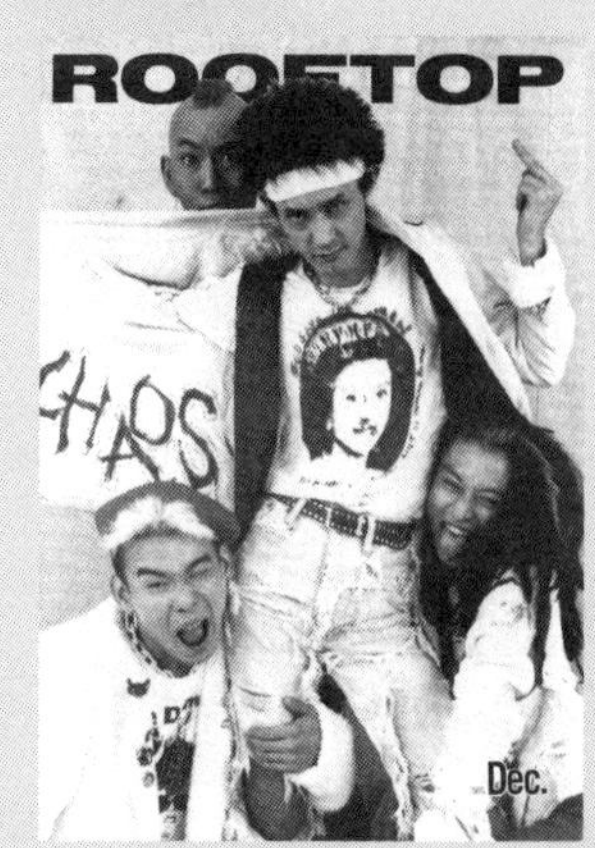

1990.1

6日㊏ 〈NO MORE BLANK ROCKER'S〉THE STRUMMERS

7日㊐ 〈東京3NIGHT〉SOFT BALLET

8日㊊ 割礼

9日㊋ ムスタング A.K.A／オシャカ／MIND GAMES

10日㊌ 〈ジムノペディア 2DAYS〉ジムノペディア／ゲスト＝BILLY THE CAPS

11日㊍ 〈ジムノペディア 2DAYS〉ジムノペディア／ゲスト＝風来坊

12日㊎ 〈LOVE THE LIVE '90～抵抗の王国～〉ARB

13日㊏ 〈LOFT → SELECTION'S〉PEACE MAKERS／THE VELVETS／GUTS／ピラルク／JUNK ART／TAI

14日㊐ 〈TRIPPING CRASH NIGHT〉TRACY

15日㊊ KABACH／THE WEED

16日㊋ 〈上を向いて歩こう Vol.2〉電気グルーヴ／たけのうちカルテット／フラワーズ

17日㊌ BAD TIMINGS／マイム／BERRIE

18日㊍ 〈JUMP TO JUMPS〉赤と黒／The CLYDE／THE SWITCH

19日㊎・20日㊏ 〈Zi：KILL 2DAYS〉

21日㊐ 〈鳥になっちゃう日 Vol.2〉スピッツ

22日㊊ 〈東京熱狂泥棒 Vol.1〉THE JOKER／つれづれ草／REV-UP／THE CRAPS

23日㊋ レジスタンス／WHO'S WHO

24日㊌ KAPLANS／和気孝典＆GANG LANDS／

25日㈭ SOLID BOND

26日㈮ 〈CD発売記念LIVE〉マルコシアスバンプ

27日㈯ 〈MOON DOG PARADE Vol.3〉THE BARRETT／SHAKES

28日㈰ 〈SURVIVAL GAME〉THE MAGNETS

29日㈪ 〈FALLY MOVIES Act.6〉シアターブルック／SPEAR MEN

30日㈫ チコヒゲ&HIS UNIT／VELVETS from the LUNA

フレデリック／ピンキー＆ザ・クレイジーラブマシン（ピンキー青木vo.［ex.ザ・ファントムギフト］）

31日㈬ 〈Tシャツ大バーゲンセール・ワンマン〉ポテトチップス

●ARBが日本武道館公演の翌日に我が新宿ロフトへ出演してくれた。この「LOVE THE LIVE '90 TOUR」は彼らにとって最終期のツアーで、10月で13年間の活動に幕を下ろす。これ以降、石橋凌は急逝した松田優作の遺志を受け継ぎ役者に専念することになり、ARBの完全復活は98年1月まで待たねばならなかった。

●今やその名を世界に馳せるテクノポップ・ユニットの電気グルーヴだが、前身バンドにあたる人生（ZIN-SAY!）の活動中からロフトの常連だった。当時は石野卓球とピエール瀧以外のメンバーが流動的で、まだ人生の名残が強い色物的な存在と見られていた。

1991.11

日付	内容
1日㊎	〈裸の声 Vol.1〉風来坊／怒髪天／馬越秀生(from THE WELLS)
1日㊎	【ALL NIGHT】〈TOKYO SCREAMING NIGHT〉
2日㊏・3日㊐	〈忘れじの PUNK ROCK Vol.3〉KENZI
4日㊊	〈LOFT → SELECTION'S〉THE EDGE／G.I. JOE／KATSUYA／灘友正幸 & ジェントルマンズ／ウルトラポップ
5日㊋	THE SUNS／ゲッツ／RADI-X／WHISKY RAIN
6日㊌	〈WORLD WIDE EYES〉ルーディーミッドナイトランナーズ
7日㊍	〈"BREAK DOWN THE WALLS"1991 TOUR〉THE ZETT／ゲスト=RADIO HACKER
8日㊎	〈ふさわしき挑戦者たち〉THE STANDS／THE BODIES／ゲスト=ザ・ロケットボーイズ
9日㊏	GLASS
9日㊏	【ALL NIGHT】〈夜間徘徊助長演奏会 Vol.11〉60／40／他
10日㊐	〈SSE プレゼンツ〉YBO2／マッチ売りの少年／SHOW CASE
11日㊊	mother-goose／SIGHS OF LOVE POTION
12日㊋	VIRUS／ゲスト=ジルドレイ
13日㊌	〈SWANK SWAIN SWORDS〉マジェスティックイザベル／VILE／ROSEN FELD
14日㊍	〈ROCK'N ROLL CIRCUS Vol.6〉SMILEY & THE DOCTORS
15日㊎	シアターブルック／JACKIE & THE CEDRICS
16日㊏	〈Look Out!! GIG〉山羊智詞 & 赤羽楽団
17日㊐	〈アコースティックホリデー SPECIAL "新宿フォークジャンボリー"〉よしや／Jiっく／片桐麻美／VANILA／GIB & MORRIS／レイン&ザ・スノウ／牲捜／南野くん(from 新宿ロフト)／高田エージ(from SUPER BAD)
18日㊊	Z-BACK
19日㊋	UB-TAPS／GROOVY SIZE／THE JAGG
20日㊌	〈ウルフルズ ワンマン！〉ウルフルズ
21日㊍	THE POGO
22日㊎	〈TENDANES and EYES〉LOVERS／Velvet Endroit／RATE GREEK
23日㊏	〈～ REAL SWEET VISION ～ LEV.1〉ハーレム Q／バックボーン／他
24日㊐	〈～ REAL SWEET VISION ～ LEV.1〉ベルサーチ／サイバヴォイス／ライトアンドシェード／センシャルモード
25日㊊	〈ALBUM『P.O.P』発売記念 GIG〉THE MAD CAPSULE MARKET'S
26日㊋	〈上を向いて歩こうー Vol.13〉マーブルダイヤモンド／THE 50 CENTS／他
27日㊌	THE ZULU／READY'S／THE JUNKS

28日㈭　〈INSANE TERRORIST TOUR FINAL〉THE MAGNETS
29日㈮　〈BAD BUT PLEASURE〉LOVE CHAMELEONS／VALENTZ／GAUCH!／THE CURRENT
30日㈯　〈フラワーズとピーズ〉フラワーズ／The ピーズ

●95年に『ガッツだぜ!!』でブレイクを果たしたウルフルズがロフトで初のワンマン。当時は結成から3年、すでに大阪では絶大な人気を誇っていたようだが、東京ではまだ無名の頃。「豪快な衣装で惑わすトータス松本のワンレン振り乱しで歌う大真面目なラブソングが実は人気の秘密らしい」とこの月の『ROOF TOP』では紹介されている。

1992.10

1日㈭・2日㈮　Ruby（柴山俊之）
3日㈯・4日㈰　〈1992 LOFT FINAL GIG'S〉THE STAR CLUB
5日㈪　THE STREET BEATS
6日㈫　The Roodys／Yellow／THE LIGHTNIN' STRIKES
7日㈬　GOLD WAX／RUN BROTHER／The ビッグボス
8日㈭　PHI／ビリケン／DEJA VUE
9日㈮　〈SOUL KITCHEN Vol.1〉SUPER BAD
9日㈮　【ALL NIGHT】〈TOKYO SCREAMING NIGHT〉SHON（ニューロティカ）／GAL TEAM／ジャクソン井口／東京牛パラダイスオーストリア／A・K・I／他
10日㈯　JETZT
11日㈰　アニマルボート／ムービーズ／TROUBLE and STRIDE

12日(月) JOE vo.(G.D. FLICKERS)／岩永凡 g.(UP-BEAT)／橋本潤 b.(レイジー・ルーズ・ブギ)／湊雅史 ds.(60／40)

13日(火) 仲野茂 &RAINBOW BLUES JUNKES

14日(水)・15日(木) THE COLTS

16日(金) 〈裸の声 Vol.7〉佐々木和也／KATSUYA／他

17日(土) 〈CLUB THE STAR NIGHT "BEAT THE BEAT"〉NICKEY & THE WARRIORS／THE SOLUTIONS／THE WARBABY'S

17日(土) 【ALL NIGHT】〈VIRGIN BREAK of the NERVOUS NIGHT〉GLASSTIQUE BLUE／GLAY／GROCK CLOCK／mother-goose／SCARECROW

18日(日) 〈SNUFF HEAD CREW Vol.8〉ROAD CRUISE／GUSTY BOMBS

19日(月) 〈東京 DRASTIC ROCKERS Vol.8〉VALENTZ／BELLETS／GROOVY SIZE

20日(火) MOTHER／NERVOUS RED／RUFFIANS

21日(水) EXCENTRIQUE NOIZ／モンゾーズ／他

22日(木) 〈LEAD! LIED! LEED! SHOW〉BOOSKA & THE LEDS／50cc／他

23日(金) シアターブルック／GIANT MAMA／COOL ACID SUCKERS

24日(土) THE CRAPS／市★民／死ね死ね団／THE MONSTER-A-GOGO'S／THE JAIL GANG

24日(土) 【ALL NIGHT】〈夜間徘徊助長演奏会 Vol.21〉60／40／他

25日(日) 〈FUNKY PARTY Vol.6〉グレイトリッチーズ

26日(月)～30日(金) 〈Rock'n Roll Confrontation ～行楽の秋にわきあがるRock Band 一大戦国絵巻～〉

26日(月) THE STRUMMERS VS THE STREET BEATS

27日(火) THE ZETT VS THE MAGNETS

28日(水) THE GROOVERS VS GROUND NUTS

29日(木) THE BODIES VS えび

30日(金) CRACK THE MARIAN VS ROCKET RIDE

31日(土) 黒夢

31日(土) 【ALL NIGHT】〈LOFT ALL NIGHT PARTY ザ・パーリィ6発目〉バーテンダーズ 他、ゲスト若干有り

●思わず見落としそうになるが、GLAYの名前がある。硬派なバンドが幅を利かせていた時代だが、こうしたヴィジュアル系バンドも意欲的に並行してブッキングしていた。「ジャンルに貴賤なし、面白いバンドならOK」というロフトのモットーに変わりはない。

●THE STRUMMERS、THE STREET BEATS、THE GROOVERSといった当時のロフトを代表する看板バンドたちの対バン・シリーズ「Rock'n Roll Confrontation ～行楽の秋にわきあがるRock Band 一大戦国絵巻～」が何ともロフトらしい企画だ。イベンターの持ち込み企画も結構だが、こうした店主導のイベントが他に真似できない独自の個性を生むのだ。

●清春率いる黒夢のワンマンは、後に『1997.10.31 LIVE AT 新宿LOFT』のタイトルで音源化・映像化された。ロフト出演が憧れだったという清春は、「初めてロフトで演った時の充実感は、武道館や横浜アリーナで演ったときよりも確かでした」と『ROCK is LOFT』の中でコメントしている。

●この時代は空前のロックブーム。ミ

スチルやルナシーなどたくさんのバンドがロフトに出演したがった。しかし、数回のステージで、彼らは武道館を一杯にする実力を備え、ライブハウスから去っていった。

カステラ

シアターブルック

THE POGO

1993.6

1日㊋	MILLION DYNAMITES／HOW…?／VALENTZ
2日㊌	〈アパッチ倶楽部～小唄の夕べ～〉アトミックバナナシュート／ギャーメランズ／THE CRAPS／藪蛇小屋
3日㊍	〈背徳の扉 Vol.5〉ゆらゆら帝国／マリア観音／800ランプ
4日㊎	THE WILD THING／YA 90 NAIL／リップス アウト
5日㊏	〈LIVE ON THE WILD SIDE '93〉THE STREET BEATS
6日㊐	〈ルパンⅢはアフリカ象が好き Vol.2〉恋愛信号
7日㊊	〈STRAWBERRY JAM〉ウルトラポップ
8日㊋	〈BATORS A GO GO '93〉LORDS OF THE DEAD
9日㊌	レンタルステージ
10日㊍	〈地球のっとり大物ロック day〉へたくそ／FOOLS／突然段ボール
11日㊎	〈THIS IS THE 90's ROCKERS Vol.12〉JUNGLE GROOVE／THE LEATHERS／鉄砲弾
12日㊏	〈THE COVER Vol.4〉穴井仁吉／井上富雄／浦田賢一／遠藤ミチロウ／小田原豊／小野口直人／川上次郎／木村誠／下山淳／J♂E／外丸健児／DEBU／仲野茂／奈良敏博／野島健次郎／原田芳雄／本田毅／渡部充一／延原達治／他
13日㊐	〈第55回アコースティックホリデースペシャル～よく来たなぁ まぁ座れ300分座りだこ LIVE!!～〉

藤乃家舞／テル(from ゴーシ)／牲捜／笹倉克也／岩川・下山 UNIT(from THE COLTS)／ノンポリ／EIJI & TETSU／YASS(from LORAN)／南野くん(from LOFT)

14日(月) 〈JUST LIKE MY SiSTER〉THE ZIP GUNS／ザ・カスタネッツ／SONIC SKY

15日(火) THE WHY?／NERVOUS RED／死ね死ね団

16日(水) TROUBLE and STRIDE／COIN／The ビッグボス

17日(木) 〈RUN CHICKEN RUN〉THE LIGHTNIN' STRIKES／THE MONSTER-A-GOGO'S／TOK¥O $KANKS

18日(金) 〈E.B.D.～TECHNO in LOFT～〉GULT DEP／B-2 DEP'T

19日(土) 〈麗しき泥酔者たちの夜 その第4夜〉THE CRUISIN' PUBLIES／THE STRIKES／THE DISMATE／The ピーズ

19日(土) 【ALL NIGHT】〈夜間徘徊助長演奏会 Vol.26〉60／40／他

20日(日) VELVET ENDROIT

21日(月) THE LEEDS

22日(火) CRAW FISH VS GIMMY ROCKETS

23日(水) THE MINKS VS ザ・チャイナボウルズ

24日(木) 〈NEW ROMANTIC NITE Vol.3〉BOICE／LOVERS／ラムロット

25日(金)・26日(土) 〈VIVA!! KUSU KUSU 5 SHUNEN〉KUSU KUSU

27日(日) 〈MAD CRUSH VS GIG Vol.2～S※SPEED フルアルバム発売記念 GIG ～この目に映るもの全て変わり始めても!?～〉

S※SPEED VS THE MAGNETS／FRONT ACT=ATOMIC BOMBERS

28日(月) HOBOS JUNGLE／圧巻麒麟児／LOW

29日(火) ヒデタカブロック

30日(水) 〈ドライブ兄弟 Vol.1〉MOTHERS／M・E・X／ZEPPET STORE／Hi-STANDARD

●空前のバンド・ブームが終息し、「ライブハウス冬の時代」と揶揄された時代だが、Hi-STANDARDという日本のメロディック・ハードコア・シーン屈指のバンドがそんな閉塞した状況に風穴を開けようとしていた。彼らが中心となって企画した「AIR JAM」は97年から00年まで3回開催され、一躍時代の寵児となった。11年間の歳月を経た2011年の復活劇は鮮烈だった。

1994.11

1日㊋	〈『LUKEWARM WIND』～bloodthirsty butchers CD発売記念ライブ!!～〉bloodthirsty butchers／GOD'S GUTS／eastern youth／ゲスト=ダイノジ+モリマン
2日㊌	〈COLLABORATION〉G.M.F／ジェイソンズ／DOG IN BLANKET／SCRAP TAMBOURINE
3日㊍	〈SPEED-iD THE LIVE〉SPEED-iD
4日㊎	ザ・カスタネッツ
5日㊏	HYPERMANIA／パレード／apple & pears
6日㊐	アトミックバナナシュート／桔梗／SKIP COWS／ORANGE FUN
7日㊊	〈WE GOT THE FORCE Vol.4〉SOUL SONIC FORCE／SUPER JUNKY MONKEY／WRENCH／SLIME FISHER
8日㊋	〈HEAVEN MUSIC Vol.21〉THE ZULU／

9日㊌ ZEPPET STORE／DUST IN MY HEAD
〈サイエンスの科学〉へたくそ／P.O.N（植村昌弘 ds.／鬼怒無月 g.／清水正樹 b.）／とうじ魔とうじ＆Z's

10日㊍ D.D.D UNCLE／圧巻麒麟児／スパンク

11日㊎ 〈GETTING ANY? Vol.2〉岸根光／NUDE

12日㊏・13日㊐ 〈KEEP THE LOFT～PROPAGANDA SIGNAL II～〉

12日㊏ THE STREET BEATS／THE MINKS／RYOTA BAND

13日㊐ G.D. FLICKERS／ザ・チャイナボウルズ／THE 100'S

14日㊊ BOICE／FEED（G. ex. ラルクアンシエル HIRO）

15日㊋ 〈フルアルバム『精神離脱者』発表記念〉Deshabillz

16日㊌ MOTHER'S SHIP／HAWKINS／THE WITNESS

17日㊍ 〈第四夜 悲劇の晩餐〉MALICE MIZER／SAKRUN／セシア

18日㊎ 〈集結第三金曜日〉BULLSHIT／東京スカンクス／JOHNNY CADE

19日㊏ 〈DAZZLING KILLMEN・JIM O'ROURKE 初来日公演〉DAZZLING KILLMEN／JIM O'ROURKE／ZENI GEVA／MELT-BANANA

20日㊐ THE BRUTISH BULLDOGS／GUITAR WOLF／THE MONSTER-A-GOGO'S／バズホウル

21日㊊ 〈CD先行発売ライブ〉D≒SIRE／ゲスト＝HYPERMANIA

22日㊋ 〈死ね死ね団ワンマン～人類憐みの令～〉死ね死ね団

23日㊌ 〈CD『SOPHIA』先行発売G－G〉SHAZNA／ゲスト＝Dress'La'cryma Christi

24日㊍ 〈MARCH OF THE FINAL DECADE '94 Vol.V〉CASBAH／NUKEY PIKES／GARLIC BOYS

25日㊎ MAXUS／BOOBY TRAP SPEAKER（from 大阪）／TOMOVSKY

26日㊏ D.E.A.D／BACTERIA／HELLCHILD

27日㊐ 〈MAD CRUSH VS GIG 6〉S※SPEED VS BAKI／オープニング・アクト＝DEAD CREEP

28日㊊ ファットルーズ／ZACK LOVES JACK／スモーキーリバース／RAIN DOGS

29日㊋ THE LEEDS VS RYOTA BAND

30日㊌ ザ・チャイナボウルズ

●MALICE MIZER、La'cryma Christi、SHAZNAといったヴィジュアル系バンドが大挙出演している月。とりわけファースト・アルバムの先行発売G－Gを行ったSHAZNAは、本物の女性と見紛うほど妖艶なルックスのIZAMによるキャッチーな歌と華麗なパフォーマンスで当時から人気を集め、この3年後のメジャー・デビュー後には社会現象と呼べるほどの大ブレイクを果たす。

●大の親日家であるジム・オルークの初来日公演も新宿ロフトだった。くりや坂田明、大友良英らとの共演で知られる彼は、私が敬愛する若松孝二監督の映画『実録・連合赤軍』の音楽も担当している。若松映画の全作品を鑑賞しているというオルークたっての希望だったらしい。

1995.7

1日㊏	〈eastern youth アルバム発売記念 LIVE “極東最前線・第三回・三匹が行く〟〉eastern youth ／ GOD'S GUTS ／ bloodthirsty butchers ／ fOUL
2日㊐	〈ZK & Less than TV presents〉WRENCH ／ MANWOMAN ／ NUKEY PIKES ／ fOUL
3日㊊	〈"ROUND 6 "TOUR〉THE MINKS
4日㊋	〈Time is on my side Vol.4〉 CAPTAIN COW ／安泰ガバメンツ／ミラクルマン
5日㊌・6日㊍	〈AH-WOOT RAPPII NETWORK Vol.2〉 HALF JAPANESE+JADANDNAO DUO SET ／ 共演=5日・キリヒト／パラダイスガラージ、 6日・Buffalo Daughter ／ Seagull Screaming Kiss Her Kiss Her
7日㊎	〈新宿 GOLD RUSH 爆発寸前〉THE BOMBERS ／ 東京スカンクス／ FRILL ／ THE GRASS JENNY
8日㊏	〈BORN TO BREED 2〉NAILS OF HAWAIIAN ／ SAWPIT ／ bloodthirsty butchers ／ HARD CORE DUDE（from 大阪）
9日㊐	RISE FROM THE DEAD ／ゲスト=MANWOMAN
10日㊊	PARAID ／ The Space Cowboys ／ブロンド
11日㊋	BARBARIANS ／ ALLNUDE ／ DISCRETE ZERO
12日㊌	〈高原組 AV ROCK SHOW〉仲野茂 BAND ／ 稲田錠・原敬ニ・DEBU（G.D. FLICKERS）／ 井上篤・JACKie・SHON（ニューロティカ）／ 中野D児／山本竜ニ／ AVギャル 他ゲスト多数
13日㊍	〈雷矢 7'EP 発売記念〉雷矢／ HELL CHILD ／ BLIND JUSTICE ／ eastern youth

14日㊎ 〈第6回ロックの現場〉ROUGH BOYS／carnies／HALLOW BROS

15日㊏ DIE-ZW3E

16日㊐ 〈SANDLOTTA〉ピエロ／JUNO／SELFISH EYES／ナルシスト

17日㊊ 〈GREY OVER THE WORLD〉THE CLOSE／HARTIN-MARTIN／Thin Glass Scissors／他

18日㊋ 〈江戸前ロッカーズ Vol.4〉THE サクシード／サボテン／JACKS／ダットサントラック

19日㊌ THE SECT／COSMIC BLUE SPIRAL／BLOVED

20日㊍ 舞士（藤沼伸一）

21日㊎ 〈-SSE PRESENTS- DIFFERANCE『AFFINITY』発売記念〉DIFFERANCE

22日㊏ COLD GOOSE／BREATH

23日㊐ 〈歌姫降臨 第2夜〉SHAZNA／ゲスト=Dress 他、セッション参加有り

24日㊊ apple & pears／MOBS／SHOCKING LEMON

25日㊋ ザ・ウィットネス／SUB ROSA／ジェットローラーコースター

26日㊌ 〈LIZARD CAR SMASH〉CRANK LIZARD SLIMS／ゲスト=THE BRUTISH BULLDOGS

27日㊍ 〈2nd デモテープ無料配布 G-G〉MAXUS／ゲスト=IZM（from 大阪）

28日㊎ 〈ザ・チャイナボウルズCD発売記念ライブ "狂った旋風を呼ぶどすえ"〉ザ・チャイナボウルズ／ばるぼら／HELLOWS

29日㊏ KENZI & THE TRIPS

30日㊐ 〈モダンバカの宴 Vol.5〉死ね死ね団／雫／Crow-Sis／舞

31日㊊ WATER SEEK／CASCADE／SEASIDE SUICIDE

●eastern youth、bloodthirsty butchers、WRENCH、NUKEY PIKESといったアメリカのハードコア直系のバンドが支持を集めてきた時期。ハードコア、メロコア、スカコア、エモコア、Oi系、ミクスチャー系とパンクが細分化されていった頃で、私は日本のロックがまた新たな段階に突入したことを実感した。当時はまだパソコンとインターネットがそれほど普及していなかったので、味のある手描きのフライヤーが多かったように記憶する。

1996.11

日付	出演
1日㊎	JUNIOR［カズキ vo.（ex. CRACK the MARIAN）／フカマチ g.／テル ds.（ex. CRACK the MARIAN）／カワカミツヨシ b.（ex. VINCENTS）］
2日㊏	SUPER STUPID／COCOBAT
3日㊐	〈活動停止、再び闇へ最後のレクイエム響く時まで〉AUTO-MOD 1999
4日㊊	〈SWITCH STYLE CD 発売記念ワンマン〉SWITCH STYLE
5日㊋	〈HUSKY PRESENTS TOKYO SHOCKING NIGHT〉HUSKY／RAW／7th PANCAKE／アクセル4／ゲスト＝赤と黒
6日㊌	MIS／BE FREE／Solid
7日㊍	〈THE BUBBLEMEN ARE COMMING〉HARTIN-MARTIN／Sur／BLUME／イズミ
8日㊎	〈境界線上の天国ポップ～天才は嗤う〉ザ・チャイナボウルズ
9日㊏	〈LOFT SELECTION〉ザ・ウィットネス／ブラッド／The GEMMS／シェイプ2フューチャー／EDGE／HIGH BLOOD PRESSURE／ダイナマイトヘッズ
10日㊐～17日㊐	〈LOFT 20th ANNIVERSARY 7DAYS〉
10日㊐	THE HATE HONEY／PEALOUT／フロントアクト＝The Close
11日㊊	舞士／WRENCH
12日㊋	2*COME／東京ストレートバンド／フロントアクト＝スパイ7
13日㊌	ワイパーズ／Navel Peel Soap（ex.DEEP 渡部充一）
14日㊍	Ruby（柴山俊之）
15日㊎	TAKEMI & THE SPECIALTY／赤と黒／フロントアクト＝Buzz House
16日㊏	THE MINKS／GEENA（高橋まこと）／フロントアクト＝Bullsit
17日㊐	BREATH／Blue Cadilac Orchestra／フロントアクト＝GROSS
18日㊊	〈江戸前ロッカーズ〉R&R ボス／シルバーミサイル／あすなろ／THE サクシード
19日㊋	スーパーポケット／Move!／Pole's Tar
20日㊌	〈第5回 死ね死ね団人間卒業式〉死ね死ね団／SLUM JUNKIE／16PIANO／RAPTURE
21日㊍	Thinglass Scisors／ザ・ルーディーズ／30min JAM／スパイニーロブスターズ
22日㊎	〈SUB-LOW records『Super Cross Toke』CD 発売記念ライブ〉LOOK LIKE MOH／リトルフジコ／ヌードルス／the fantastic designs／CANE
23日㊏	〈SUB-LOW records『Super Cross Toke』CD 発売記念ライブ〉SUBNAME／TURBINE／BRAHMAN／ナマステ／颱風一家
24日㊐	Gardens／サイクロプス／Blue Berry Jam／ACID HEAD CHILD
25日㊊	ハーフライフ／WRENCH／DOVE／GMF

26日㊋　〈ULTRA NOISECORE FLOWERS Ver 2.0〉BACTERIA／NUKEY PIKES／The BRUTISH BULLDOGS

27日㊌・28日㊍　ピエロ

29日㊎　〈Giant Step presents〉Brain Art／他

30日㊏　〈BRAHMAN CD発売ライブ〉BRAHMAN／颱風一家／JASONS／NAILS OF HAWAIIAN

●新宿ロフトのオープンから20周年の節目に当たる年。Ruby（柴山俊之）、GEENA（高橋まこと）、舞士（藤沼伸一）といったロフトに縁の深いバンドマンが在籍したバンドと勢いのある若手バンドが混在した「LOFT 20th ANNIVERSARY 7DAYS」が開催された。このように新旧のバンドやジャンルの異なるバンドが混ざり合うことがお互いを刺激し合い、ひいてはロック・カルチャーの成熟を促進させるのだ。

ROOFTOP
96' 1

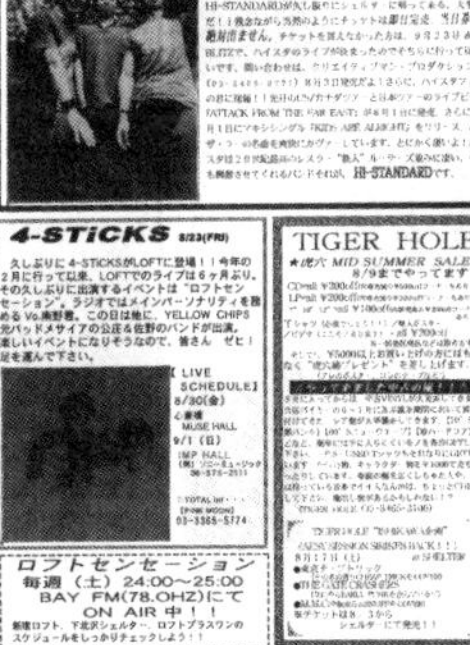

追記・あとがき

２０１０年の夏の暑さはとにかく異常だった。私はその暑さと倦怠感に襲われ、相当落ち込んでいた。これは相変わらずの私の習性でもあるのだが、「自分の居場所がどこにもない」という勝手な苛立ちもあったような気がする。新宿百人町のヘッドオフィス、東京に散らばる各店舗、どこに顔を出しても面白くなかった。生みの苦しみとともに史上初めて挑戦したトークライブハウス「ロフトプラスワン」は、１９９８年6月の歌舞伎町移転直後あたりから、コンスタントに営業利益が出始めた。そうなるといつだって私はほとんど用なしになる。後は若い奴らがあれこれ考えてやればいいのだ。

そして２００４年12月に「ネイキッドロフト」、２００７年12月に「阿佐ヶ谷ロフトA」をオープンさせたのだが、これらの店もそれなりに軌道に乗り始めていた。その結果として、誰からも必要とされていない悲しい自分と対峙(たいじ)することになってしまった。「これも去りゆく老兵の宿命」と、会社を退職することを受け入れるべきか、いや、いっそロフト解散か、などとあれこれ考えるようになっていた。しかし、「これからの老後をどう生きてゆくのか」という命題を前に、しばし考え込んでしまった。夏から秋に向かう中で、私は「孤独願望病」というか、毎日毎日を一人ぽつんと過ごす時間が多くなっていた。旅にも出てみたし、本も音楽もたくさん読んだり聴いたりしたが、心は晴れなかった。

そんな折、私はその5年ほど前からロフトのフリーペーパー『ROOFTOP』で書き続けていたロフトの歴史の記事を一冊の本としてまとめたいと考えるようになった。この記事は、私がロフトの現場に直接関わっていた期間（1971年から84年まで）の現場の雰囲気を、私なりの勝手な解釈で書き上げたものだ。書き始めてみて我ながら驚いた。ロフト1号店のオープンから現在までの41年間、特に初期の頃の資料が全く残されていないのである。今思えば本当にもったいないことをしたものだ。70年代初頭から日本を襲ったロック旋風がここまで日本の音楽のメイン・ストリームになるとは私自身思っていなかったのだろう。

行き当たりばったりで書き進めていくうち、「ロフトの歴史を書き上げる」という重責がじわじわとのしかかってきた。それはとても孤独な作業だった。何しろ40年近く前のライブハウスにまつわる事象の数々を、乏しい記憶の中から一つひとつ可能な限り思い出すしかなかったのである。そのため、中には思い違いや事実誤認があるかもしれない。だが、もう何十年も昔のことだし、みんな許してくれるよな、と思いながら勢いで書いてしまった。また、ミュージシャンのコメントは97年にロフト・ブックスから刊行した『ROCK is LOFT』からいただいた。この場を借りて改めて温かいコメントを贈ってくれたミュージシャン各位に感謝したい。

そんなわけで本書は、残されたロフトのスケジュールを振り返りながら、一人ひとりのミュージシャンとの触れ合いを思い出しながら綴ったライブハウスのオヤジの回顧録である。私は頭のどこかで過去に出会ったロックやフォークの歴史をしっかりと意味づけなくては死なない、と思ったりしているが、「たかがロック、今じゃカウンター・カルチャーにもなっていない伝統芸能だ。そんなことを書いたところでいったい何の意味がある?」と自問自答を繰り返しながら書き連ねた。しかし、現実には私が創設したロフトは今もロックの最前線を疾走し続けている。「継続は力なり」と言うが、41年という長きにわたる期間、ロフトという会社を維持し続けるとやはり感無量であり、感傷にも近い感覚に陥る。

この本の制作には実はとても苦労した。原稿を書き始めて何度も推敲（すいこう）を重ね、気がつけば6年近くの年月が過ぎた。これだけの時間がかかってしまったのは、別に自分としては作家でもないので出版しなくても困ることはないというのが最大の理由だ。それに、ロフトは40年もの歴史があるので、どこで区切りをつければよいのか悩んだ。結果として、私自身が現場に立っていたロフトの黎明期を書くしか選択肢はなかった。今や巨大産業と化した日本のロックがまだ市民権を得る前の時代だ。バンドもスタッフも我々ライブハウスの人間も手探りで自分たちにしか体現できないロックを世に問いたいと悪戦苦闘していた。その時代特有の、今のロック産業が失ってしまった大切な何かを私は書き留めておきたかった。

何も昔はよかったと言いたいわけでは決してない。だが、誰もが徒手空拳でロックという新たな地平を開拓していた70~80年代は、ルールが確立されていないぶんだけミュージシャンも私たちも柔軟な発想でアイデアをぶつけ合い、まだ誰もやっていないような音楽やパフォーマンスを形にしようと躍起になっていた。やり方は稚拙だったが、誰もが真剣だった。自分だけの表現に懸ける情熱があった。その迸る（ほとばしる）情熱の欠片（かけら）を、この本の行間から感じ取ってもらえたら嬉しい。

結局のところ、私がロフトという空間でやってきたことはただ一つなのだ。それはつまり、内なる感情が爆発して、とても五線譜には乗りきらない音を紡ぎ出す表現者を支持し、その歌声をライブハウスという密接な空間でお客さんと共有し、一緒になって感動すること。ミュージシャンやお客さんとの有機的なコミュニケーションにこそ、日本のロックの、そしてロフトの原点がある。それがライブハウスの本質でもあることを、ロックを愛するすべての人たちに忘れないでいてほしいという願いを込めつつ、筆を擱きたい。（2012年6月・記）

新装版のためのあとがき

講談社から8年前に出版した『ライブハウス「ロフト」青春記』は有難いことに刊行後ほぼ品切れとなったのだが、講談社の編集担当者がなぜか増刷ではなく絶版にしてしまい、私は少々慌てた。絶版となりロフトの歴史本が読めなくなってしまう事態に、ロフトブックス編集部はやはりどうしてもこの歴史本が長いあいだ読み継がれるべきとの考えから、今回こうして改訂再発することになった。

この本にはロフトという空間で育ったあの坂本龍一さんや山下達郎さん、氷室京介さんからも賛同のコメントが寄せられており、ロックとともに生きてきたロフトとしては誇り高い一冊だと自負している。

この本は1971年の烏山ロフトの開店から91年に開店させた下北沢シェルターの記事で終わっている。私は80年代後半から都内6軒あった店を新宿ロフトだけ残し、あとは部下に暖簾分けして旅に出て、90年に日本に帰ってきてシェルターをオープンさせたわけだが、日本を離れていた期間とそれ以降現在に至るまで、ロフトが関わってきた音楽シーンにほとんど立ち会っていない。私自身としてはもうロックの先頭を走り続けることを断念した。本来ならば書ききれなかった歴史を丹念に拾っていかねばならないのだが、それは後進に譲るしかないと思っている。

しかしながら烏山ロフトの誕生から50年近くが経ち、今もなおロフトの各店舗から次世代を担う若いミュージシャンが日々育ってきている。きっと面白い歴史的な出来事も盛りだくさんなのだろう。おそらく近い将来、さらなるロフトの歴史本が出版されるに違いない。それはやはり、今も昔もロフトの歴史が日本のロックの歴史でもあるからだと私は思う。

ライブハウス「ロフト」の歩み 1971→2021

1971年3月　「烏山ロフト」が世田谷区南烏山にオープン

1973年6月　「西荻窪ロフト」が杉並区西荻北にオープン

1974年11月　「荻窪ロフト」が杉並区荻窪にオープン

1975年12月　「下北沢ロフト」が世田谷区代沢にオープン

1976年8月　フリーマガジン「ルーフトップ」を創刊

1976年10月　「新宿ロフト」が新宿区西新宿にオープン

1977年10月　レコードレーベル「ロフトレーベル」を発足

1980年6月　「自由が丘ロフト」が目黒区自由が丘にオープン

1980年から82年にかけて「新宿ロフト」を残し、他の店舗を閉鎖もしくは当時の店長に譲渡（「下北沢ロフト」は現在も営業、「自由が丘ロフト」は2018年4月に閉店）

1986年6月　「新宿ロフト」のオープン10周年記念イベント「Go! Go! LOFT!! ～10th ANNIVERSARY～」を新宿厚生年金ホールにて開催

1991年10月　「下北沢シェルター」が世田谷区北沢にオープン

1994年11月　プロダクション「ピンクムーン」を設立

1995年5月　レコードショップ「タイガーホール」が世田谷区北沢にオープン（のちに新宿区西新宿へ移転、現在は閉鎖）

1995年7月　「ロフトプラスワン」が新宿区富久町にオープン

1997年1月　インディーズレーベル「ロフトレコード」を発足

1997年7月　「新宿ロフト」のオープン20周年記念イベント「LOFT 20th ANNIVERSARY ～ROCK OF AGES 1997～」を日本武道館にて開催

1998年6月　「ロフトプラスワン」が新宿区歌舞伎町へ移転

1999年4月　「新宿ロフト」が新宿区歌舞伎町へ移転

2004年12月　「ネイキッドロフト」が新宿区百人町にオープン
2006年1月　「新宿ロフト」のオープン30周年記念イベント「SHINJUKU LOFT 30th ANNIVERSARY ～ ROCK OF AGES 2006 ～」を1年間にわたり開催
2007年12月　「阿佐ヶ谷ロフトA」が杉並区阿佐谷南にオープン
2014年4月　「ロフトプラスワンウエスト」が大阪市中央区宗右衛門町にオープン
2016年4月　「ロフト9渋谷」が渋谷区円山町にオープン
2016年10月　「新宿ロフト」のオープン40周年記念イベント「SHINJUKU LOFT 40TH ANNIVERSARY ROCK OF AGES 2016 ～ Big beat together with spirits, stay alive ～」を中野サンプラザにて開催
2018年3月　「ロックカフェロフト」が新宿区歌舞伎町にオープン
2018年7月　「ロフトヘヴン」が渋谷区渋谷にオープン
2019年10月　「松本ロフト」が長野県松本市にオープン
2019年10月　「ロフトテン高円寺」が杉並区梅里にオープン
2020年2月　「フラワーズロフト」が世田谷区北沢にオープン
2021年3月　「烏山ロフト」のオープンから50周年を迎える

謝辞

この本の執筆にあたり、いろいろな友人や仕事仲間には大変お世話になった。
とりわけ、膨大な未整理原稿をまとめて下さったフリー編集者の森棟隆公氏、ロフトブックス編集長の椎名宗之氏、『週刊女性』編集部の由井恵美さん、講談社生活文化第三出版部副部長の木原進治氏、
我がロフトプロジェクト社長の加藤梅造氏には底知れぬ感謝を捧げます。

参考文献

地引雄一・著『ミュージック・マガジン増刊 ストリート・キングダム～東京パンク／インディーズ・シーンの記録～』（１９８６年）

地引雄一・著『ストリート・キングダム～東京ロッカーズと80's インディーズシーン』K&Bパブリッシャーズ（２００８年）

『宝島2月増刊号ROCK FILE VOL.7』宝島社（１９８８年）

『日本ロック大百科 年表篇（1955～1990）』宝島社（１９９２年）

ビル・グレアム、ロバート・グリーンフィールド・共著、奥田祐士・訳『ビル・グレアム～ロックを創った男～』大栄出版（１９９４年）

『ROCK is LOFT ～ HISTORY OF LOFT ～』ロフトブックス（１９９７年）

『ロック・クロニクル・ジャパン Vol.1（1968 ～ 1980）～はっぴいえんどから ＹＭＯまで～』音楽出版社（１９９９年）

『ロック・クロニクル・ジャパン Vol.2（1981 ～ 1999）～ A LONG VACATION から★★★★★まで～』音楽出版社（１９９９年）

『キネ旬ムック 表現者～石橋凌～』キネマ旬報社（１９９９年）

『別冊宝島９４２ 音楽誌が書かないJポップ批評（33）バンドブームクロニクル 1985-1987』宝島社（２００３年）

北中正和・責任編集『風都市伝説～１９７０年代の街とロックの記憶から～』音楽出版社（２００４年）

大野木啓人・責任編集『空間プロデュースの視点』角川学芸出版（２００４年）

『聴け！伝説の日本ロック１９６９―79』宝島社（２００４年）

篠原 章・著『日本ロック雑誌クロニクル』太田出版（２００５年）

中村 靖、梶 百十九・共著『大人のライブハウス遊び』全音楽譜出版社（２００５年）

高橋まこと・著『スネア』マーブルトロン（２００７年）

『渋谷百軒店 ブラック・ホーク伝説』音楽出版社（２００７年）

『大人のロック！ ２００６春号 vol.6』日経ＢＰ出版センター（２００６年）

『AERA臨時増刊 AERA in FOLK』朝日新聞社（２００６年）

宮入恭平・著『ライブハウス文化論』青弓社（２００８年）

『ライブに行こう！～東京ライブ・スポット・ガイド～』ギャップジャパン（２００９年）

大木雄高・著『下北沢祝祭行～レディ・ジェーンは夜の扉～』幻戯書房（２０１１年）

＊その他、ロフト機関誌『ROOFTOP』（１９７６年８月号～）の記事からも引用。

著者略歴

平野 悠 Yu Hirano

1944年8月10日、東京に生まれる。ライブハウス「ロフト」創立者、またの名を「ロフト席亭」。

1971年、ジャズ喫茶「烏山ロフト」をオープン以降、東京になくなってしまったロック・フォーク系のライブハウスを開業。1973年「西荻窪ロフト」、1974年「荻窪ロフト」、1975年「下北沢ロフト」、1976年「新宿ロフト」、1980年「自由が丘ロフト」を次々とオープンさせた後、1982年に無期限の海外放浪に出る。

5年にわたる海外でのバックパッカー生活（100カ国制覇）を経て、カリブ海の島・ドミニカ共和国にて市民権を獲得。1987年に日本レストランと貿易会社をドミニカに設立。1990年、大阪花博のドミニカ政府代表代理、ドミニカ館館長に就任。1991年にドミニカ完全撤退、1992年に帰国。

1991年、「下北沢シェルター」をオープン。1995年、世界初のトークライブハウス「ロフトプラスワン」をオープンし、トークライブの文化を日本に定着させる。2004年に「ネイキッドロフト」、2007年に「阿佐ヶ谷ロフトA」、2014年に「ロフトプラスワンウエスト」、2018年に「ロックカフェロフト」と、近年はトークライブハウスを次々とオープンさせている。

古希を過ぎてこだわっているテーマとして「音楽」「旅」「政治」「脱原発」を掲げ、日々それらとふれあい続けて今に至る。

定本 ライブハウス「ロフト」青春記

二〇二〇年六月二五日　第一刷発行

著者　平野 悠

発行者　加藤梅造

発行所　有限会社ルーフトップ／ロフトブックス編集部
東京都新宿区百人町一―五―一 百人町ビル三階（〒一六九―〇〇七三）
TEL: 03-5287-3766　FAX: 03-5287-9177

発売所　株式会社世界書院
東京都江東区亀戸八―二五―一二（〒一三六―〇〇七一）
TEL: 03-5875-4116　FAX: 03-5937-3919

印刷所・製本所　中央精版印刷株式会社

ISBN978-4-7927-9584-9 C0095

＊本書は二〇一二年に講談社より刊行された『ライブハウス「ロフト」青春記』に加筆・修正を施し、新刊として再編集したものです。